M. Voth, H. Henze, M. Howe, K. Tünte, R. Walther

Lernsituationen Einzelhandel

2. Ausbildungsjahr

1. Auflage

Bestellnummer 67865

Bildungsverlag EINS

Bildquellenverzeichnis

BilderBox, A-Thening
Bundesministerium für Verbraucherschutz, Ernährung und Landwirtschaft, Berlin
Canon Deutschland GmbH, Krefeld
CASIO Europe GmbH, Norderstedt
Checkpoint Systems GmbH, Heppenheim
Metro AG, Düsseldorf
MEV Verlag, Augsburg
Nokia GmbH Unternehmenskommunikation, Düsseldorf
Project Photos GmbH & Co. KG , Augsburg
Sharp Electronics (Europe) GmbH, Hamburg

www.bildungsverlag1.de

Gehlen, Kieser und Stam sind unter dem Dach des Bildungsverlages EINS zusammengeführt.

Bildungsverlag EINS
Sieglarer Straße 2, 53842 Troisdorf

ISBN 3-427-**67865**-2

Vorwort

Die *Lernsituationen Einzelhandel* erscheinen in drei Bänden. Der vorliegende zweite Band deckt die Lernfelder 6–10 des Rahmenlehrplans für die Ausbildungsberufe Verkäuferin/Verkäufer sowie Kauffrau/Kaufmann im Einzelhandel ab. Er enthält Geschäftsprozesse aus der Praxis des Einzelhandels in pädagogisch aufbereiteter Form. Ganzheitliche Sichtweise, überschaubare Arbeitsaufträge und selbstorganisiertes Lernen zur Förderung der beruflichen Handlungskompetenz waren die Leitlinien bei der Entwicklung der Lernsituationen.

Das dazugehörige *Informationshandbuch Einzelhandel* stellt die Lerninhalte in systematischer Form dar. Wir haben uns bemüht, die Themen möglichst anschaulich darzustellen und die Texte durch Übersichten und Abbildungen aufzulockern.

Beide Bände sind eng aufeinander abgestimmt.

Autoren und Verlag hoffen, dass die Bände
- die berufspraktische Ausrichtung des Unterrichts in Einzelhandelsklassen fördern,
- das selbstständige Lernen der Auszubildenden unterstützen und – nicht zuletzt –
- die Freude am Lernen erhöhen.

Autoren und Verlag im Frühjahr 2005

Inhaltsverzeichnis

Lernfeld 10 Besondere Verkaufssituationen bewältigen

Lernfeld 6 Waren beschaffen

1 Ein Sortiment verändern

Seit sich in der Nähe des City-Warenhauses ein Drogerie-Fachmarkt niedergelassen hat, geht es mit der Abteilung Drogerie/Parfümerie im City-Warenhaus abwärts. Frau Esser, 1. Kraft in dieser Abteilung, war über die Entwicklung sehr unglücklich, wusste aber nicht, wie sie reagieren sollte. Die Preise des Fachmarktes waren einfach unschlagbar. Manchmal lag der Verkaufspreis eines Artikels des Drogerie-Fachmarktes unter dem Einkaufspreis des City-Warenhauses. Auch das Sortiment entsprach wohl genau den Wünschen der Kunden. Frau Esser hatte sich das Sortiment des Mitbewerbers bei einem Konkurrenzgang genau angesehen.

Sortimentsvergleich			
City-Warenhaus (Abteilung Drogerie/Parfümerie)		**Drogerie-Fachmarkt**	
1	Baby-Artikel	1	Geschenke
2	Damen-Kosmetik	2	Hobbythekprodukte
3	Herren-Kosmetik	3	Haushaltsgeräte, z. B. Mundduschen, Soda-Geräte
4	freiverkäufliche Arzneimittel	4	Lebensmittel, z. B. Müsli, Vitamine und Mineralstoffe
5	Reform- und Naturkost	5	Wasch- und Reinigungsmittel
6	Reinigungs- und Pflegemittel	6	Bücher
		7	Tiere, Haus & Garten
		8	Tee-Shop
		9	Gesundheitsprodukte, z. B. Fitnessgeräte
		10	Modische Accessoires, z. B. Handschuhe, Schals, Sonnenbrillen, Tücher, Krawatten

Nun sitzen sich Frau Esser und Herr Bauer in einem Gespräch gegenüber.

Herr Bauer: *„Der Umsatz Ihrer Abteilung ist zurückgegangen. Das ist eindeutig. Aber nicht alle Warengruppen laufen schlecht."*

Frau Esser: *„Nein, nein, die Herrenkosmetik läuft z. B. ausgezeichnet. In einigen Fällen sind aber erhebliche Preisabschriften notwendig, um die Artikel zu verkaufen."*

Herr Bauer: *„Was macht das Sortiment des Drogerie-Fachmarktes nach Ihrer Meinung so interessant?"*

Frau Esser: *„Eigentlich bietet das Sortiment ein großes Durcheinander – vom Geschenkartikel über Müsli und Natur-Kosmetik zum Selbermachen bis zum schicken Sommerhut. Aber die Produkte entsprechen offensichtlich den Kundenansprüchen."*

Herr Bauer: *„Was schlagen Sie vor?"*

Frau Esser: *„Ich meine, wir sollten unser Sortiment zunächst einmal genau unter die Lupe nehmen, um die Stärken und Schwächen der einzelnen Sortimentsteile herauszufinden, z. B. Umsatzentwicklung, Lagerumschlag und erreichte Kalkulation. Danach ist zu entscheiden, welche Produkte wir herausnehmen und welche Warengruppen wir hinzufügen."*

Herr Bauer: *„Gut. Ich hoffe, dass Ihre Vorschläge die aktuellen Trends im Konsumverhalten berücksichtigen."*

Frau Esser: *„Natürlich. Darum werde ich mich besonders bemühen."*

Arbeitsauftrag

Ermitteln Sie die Probleme in der Sortimentszusammensetzung der Abteilung Drogerie/Parfümerie und entwickeln Sie eine Sortimentsstrategie, mit der sich die Abteilung gegenüber dem Drogerie-Fachmarkt behaupten kann.

1. Erstellen Sie eine Sortimentsanalyse der Abteilung mithilfe der unten stehenden Informationen.
   a) Machen Sie sich die Umsatzentwicklung der einzelnen Warengruppen deutlich, indem Sie die Tabelle „Umsatzzahlen" ausfüllen.
   b) Stellen Sie die Anteile der Warengruppen an der Verkaufsfläche dar. Füllen Sie dazu die unten stehende Übersicht „Verkaufsfläche" aus.
   c) Ergänzen Sie die unten stehende Tabelle „Kalkulation" zu einem Vergleich von geplanter und erreichter Kalkulation in den einzelnen Warengruppen für das abgelaufene Geschäftsjahr.
   d) Berechnen Sie aus den unten angegebenen durchschnittlichen Lagerbeständen der Warengruppen die jeweilige Umschlagshäufigkeit (Lagerumschlag). Die Werte beziehen sich wieder auf das abgelaufene Jahr.
   e) Ermitteln Sie die Rangfolge der Warengruppen beim Umsatz, bei der Flächenleistung, bei der erreichten Kalkulation und bei der Umschlagshäufigkeit (bezogen auf das abgelaufene Jahr).
2. Entwickeln Sie eine Sortimentsstrategie für die Abteilung Drogerie/Parfümerie. Gehen Sie davon aus, dass die Verkaufsfläche auf 112 m² vergrößert werden kann. Legen Sie fest, welchen Flächenanteil die einzelnen Warengruppen erhalten sollen.

Herr Bauer: *„Wenn Sie attraktive Sortimentsvorschläge entwickeln, könnten wir die Verkaufsfläche Ihrer Abteilung sogar vergrößern. Wann stellen Sie mir Ihre Sortimentsüberlegungen vor?“*
Frau Esser: *„In einer Woche bin ich so weit.“*

Für die Tabelle „Umsatzzahlen“

Sortimentsbeschreibung
Die Sortimentsbreite der Abteilung Drogerie/Parfümerie entspricht mit sechs Warengruppen dem Kernsortiment der üblichen Drogerie-Fachgeschäfte.

Die Warengruppe **Baby-Artikel** reicht von Baby-Nahrung über Pflegemittel bis zu Spielzeug, Essgeschirr und Flaschen, wobei der Kunde innerhalb jeder Warenart eine große Zahl von Artikeln vorfindet. Diese Warengruppe ist daher tief sortiert. Der Umsatz zu Bruttoverkaufspreisen belief sich im abgelaufenen Jahr auf 63.000,00 € (Vorjahr 62.000,00 €).

Zahlreiche Warenarten und Artikel stehen dem Kunden ebenfalls in der Warengruppe **Damen-Kosmetik** zur Verfügung (Umsatz: 135.000,00 €, Vorjahr 129.000,00 €).

Die Warengruppe **Herren-Kosmetik** ist in den letzten Jahren zwar vertieft worden, allerdings ist die Auswahl immer noch relativ gering (Umsatz 22.000,00 bzw. 17.000,00 €). Der Verkauf von **freiverkäuflichen Arzneimitteln** brachte im abgelaufenen Jahr einen Umsatz von 68.000,00 € (Vorjahr 81.000,00 €). Die Zahl der angebotenen Warenarten und Artikel ist gering. Das Gleiche gilt für **Reform- und Naturkost** (Umsatz 52.000,00 bzw. 46.000,00 €). In der Warengruppe 6 (**Reinigungs- und Pflegemittel**) hat der Kunde eine reichhaltige Auswahl der üblichen Haushaltsprodukte (Umsatz 40.000,00 € bzw. 68.000,00 € im Vorjahr).

Umsatzzahlen der Abteilung Drogerie/Parfümerie

Warengruppen Nr. Bezeichnung	Sortimentstiefe (tief/flach)	Umsatz in € abgelaufenes Jahr	%-Anteil	Vorjahr	%-Anteil	Umsatzveränderungen in %
1 Baby-Artikel	tief	63.000,00	16,58	62.000,00	15,38	+ 1,61
2 Damenkosmetik						
3 Herrenkosmetik						
4 freiverkäufliche Arzneimittel						
5 Reform- und Naturkost						
6 Reinigungs- und Pflegemittel						
Summe						

Für die Tabelle „Verkaufsfläche“

Gesamtverkaufsfläche der Abteilung 65 m²

Warengruppe 1	10 m²	Warengruppe 4	13 m²
Warengruppe 2	21 m²	Warengruppe 5	5 m²
Warengruppe 3	1,5 m²	Warengruppe 6	14,5 m²

Die Flächenleistung betrug im Branchendurchschnitt 6.120,00 €.

Verkaufsflächen

Warengruppen Nr. Bezeichnung	Verkaufsfläche in m²	Anteil in %	Umsatz in 20(0) €	Anteil in %	Flächenleistung (Umsatz pro m² in (vollen) €
1 Baby-Artikel					
2 Damenkosmetik					
3 Herrenkosmetik					
4 freiverkäufliche Arzneimittel					
5 Reform- und Naturkost					
6 Reinigungs- und Pflegemittel					
Summe					

Im Branchendurchschnitt wurde ein Kalkulationszuschlag von 72,41 % erzielt.

Für die Tabelle „Kalkulation“

Reingewinn
Warengruppe 1 5.670,00 €, 2 12.150,00 €, 3 5.280,00 €, 4 5.440,00 €, 5 10.400,00 €, 6 Verlust von – 1.200,00 €; Gesamtgewinn 37.740,00 €

Kalkulationszuschlag = Zuschlag auf den Bezugspreis zur Berechnung des Bruttoverkaufspreises siehe Seite 173

Kalkulation				
Nr	Warengruppe Bezeichnung	geplanter Kalkulationszuschlag in %	erreichter Kalkulationszuschlag in %	Reingewinn €
1	Baby-Artikel	70	69	
2	Damenkosmetik	80	75	
3	Herrenkosmetik	100	99	
4	freiverkäufliche Arzneimittel	70	64	
5	Reform- und Naturkost	80	77	
6	Reinigungs- und Pflegemittel	70	59	
			gesamt:	
		Branchendurchschnitt:		

Die Umschlagshäufigkeit gibt an, wie oft der durchschnittliche Lagerbestand pro Jahr verkauft (umgeschlagen) worden ist.

Die Berechnung der Umschlagshäufigkeit mit VK-Preisen führt zum gleichen Ergebnis wie die Berechnung mit Einkaufspreisen.

Umschlagshäufigkeit (Lagerumschlag)			
Nr.	Warengruppe Bezeichnung	durchschnittlicher Lagerbestand zu VK-Preisen (in €)	Umschlagshäufigkeit
1	Baby-Artikel	19.500,00	3,2
2	Damenkosmetik	48.200,00	
3	Herrenkosmetik	2.400,00	
4	freiverkäufliche Arzneimittel	17.450,00	
5	Reform- und Naturkost	5.100,00	
6	Reinigungs- und Pflegemittel	26.700,00	
		Abteilungsdurchschnitt:	
		Branchendurchschnitt:	3,2

Beispiel zur Berechnung der Umschlagshäufigkeit:

$$\text{Baby-Artikel} = \frac{63.000{,}00}{19.500{,}00} = 3{,}2$$

Rangliste											
Warengruppe	Umsatz €	+/- %	WG	Flächenleistung in €	WG	erreichte Kalkulation (%)	WG	Reingewinn €	WG	Lagerumschlag
Branchendurchschnitt:										

Mögliche Zielgruppen

Die Abteilung Drogerie/Parfümerie wird häufig von älteren Kunden aufgesucht, die eine Diät einhalten müssen oder generell um ihre Gesundheit besorgt sind. Darüber hinaus kommen aber zunehmend gesundheits- und umweltbewusste Kunden. Außerdem suchen modebewusste Kundinnen (gelegentlich auch männliche Kunden) die Abteilung auf, weil sie die Beratungskompetenz der Kundenberaterin in kosmetischen Fragen schätzen. Viele Kundinnen kaufen für ihren Partner hochwertige Parfüms mit klangvollem Namen (zunehmend auch männliche Kunden für den Eigenbedarf).

Aufgabe 1

Erstellen Sie eine Umsatzplanung für das folgende Geschäftsjahr. Füllen Sie die unten stehende Übersicht aus, und beachten Sie dabei die nachfolgenden Informationen.

Annahmen von Frau Esser über das folgende Geschäftsjahr

- Der Umsatz in der Warengruppe Baby-Artikel kann durch das verstärkte Angebot von Beratungsleistungen um 10 % gesteigert werden.
- Durch eine Flächenausweitung und Sortimentsvertiefung wird ein Umsatzzuwachs von 30 % in Warengruppe 2 vermutet.
- Durch eine kräftige Ausweitung der Verkaufsfläche und durch die Aufnahme weiterer attraktiver Marken-Parfüms erwartet Frau Esser in der Herren-Kosmetik eine Umsatzsteigerung von 30 %.
- In der Warengruppe freiverkäufliche Arzneimittel wird durch die Einschränkung des Angebotes mit einem Rückgang des Umsatzes um 25 % gerechnet.
- Die Warengruppe Reform- und Naturkost ist in die Warengruppe „Bio-Produkte“ umgewandelt und flächenmäßig stark erweitert worden. Sie enthält umweltverträgliche Reinigungs- und Pflegemittel sowie Gesundheits-Unterbekleidung. Die Warengruppe 6 (Reinigungs- und Pflegemittel) wurde aufgegeben, Teile davon der Wargengruppe 5 angegliedert. Von der neuen Warengruppe erwartet der Geschäftsinhaber einen Umsatz von 100.000,00 €.

Umsatzplanung							
Warengruppe		Ist-Umsatz einschließlich Umsatzsteuer abgelaufenes Jahr 20(0)			Soll-Umsatz einschl. Ust Folgejahr 20(+1)		
Nr.	Bezeichnung	in €	Umsatzanteil in %	Umsatzanteil Vorjahr in %	Abweichungen 20(+1) gegenüber 20(0) in %	in €	Umsatz-anteil in %

Siehe Arbeitsauftrag oben.

Aufgabe 2

Stellen Sie fest, ob Sie durch Ihre Sortimentsstrategie das Sortiment der Abteilung Drogerie/Parfümerie bereinigt, erweitert oder umstrukturiert haben.

Aufgabe 3

Was soll das City-Warenhaus in seiner Werbung betonen, wenn es seine Sortimentsveränderungen abgeschlossen hat?

1 Die Preiswürdigkeit seiner Produkte
2 Die gute fachliche Beratung
3 Serviceleistungen für den Kunden
4 Die große Auswahl in seinem Sortiment

Aufgabe 4

Handelt es sich bei den nachfolgend beschriebenen Situationen um

a) eine Sortimentsbereinigung,
b) eine Sortimentserweiterung oder
c) um eine Sortimentsumstrukturierung?

1 In der Lebensmittelabteilung eines Warenhauses werden vermehrt Bio-Artikel (naturbelassene Lebensmittel, Reformhaus-Produkte, Obst- und Gemüse aus biologischem Anbau) aufgenommen, sodass dem Kunden eine größere Auswahl an Warenarten und Artikeln zur Verfügung steht.

2 Ein Kfz-Geschäft richtet innerhalb des Verkaufsraumes einen „Zubehör-Shop“ ein. Zubehör (Pflegemittel, Dachgepäckträger, Autoradios u. Ä.) hatte der Betrieb vorher nicht in seinem Sortiment.
3 Weil der Umsatz zurückgeht, nimmt ein Uhren-Schmuck-Geschäft anstelle des traditionellen Sortiments verstärkt modisch orientierte Ware auf.
4 Ein Möbel-Fachgeschäft verringert das Angebot an Kindermöbeln, weil die Nachfrage zurückgegangen ist.
5 Ein Schuheinzelhändler gliedert seinem Geschäft eine Reparaturwerkstatt an.
6 Ein Fotofachgeschäft nimmt die Warengruppe „Digitalfotografie“ in sein Sortiment auf.
7 Ein Hifi-Geschäft ersetzt nach und nach preisgünstige Geräte durch Artikel mit höherem Produktniveau.

Aufgabe 5

Welche der nachfolgenden Aussagen trifft auf ein schmales und tiefes Sortiment zu?

1 Das Sortiment hat viele Warengruppen, aber nur wenige Warenarten und Artikel.
2 Das Sortiment hat viele Warengruppen und viele Warenarten und Artikel.
3 Das Sortiment hat wenige Warengruppen und wenige Warenarten und Artikel.
4 Das Sortiment hat wenige Warengruppen und viele Warenarten und Artikel

Aufgabe 6

Betrachten Sie die Kunden und das Sortiment Ihres Ausbildungsbetriebes.

a) Lassen sich bestimmte Trends bei den Kundenansprüchen beobachten (z. B. ein verstärkter Wunsch nach umweltschonenden, hochwertigen, preisgünstigen, modischen oder zweckmäßigen Produkten)? Geben Sie Beispiele für Ihre Beobachtungen.
b) Hat sich Ihr Ausbildungsbetrieb auf diese geänderten Kundenansprüche durch geeignete Sortimentsanpassungen eingestellt? Begründen Sie Ihre Meinung.
c) Nehmen Sie an, Sie könnten über die zukünftige Zusammensetzung des Sortiments Ihres Ausbildungsbetriebes entscheiden. Wie würden Sie das Sortiment gestalten?

2 Liefermöglichkeiten durch eine Anfrage erkunden

„Glänzende Absatzzahlen für Inlineskater“

lautete die Überschrift in einer Fachzeitschrift für den Handel. Frau Abel, die Leiterin der Sportabteilung im City-Warenhaus, war da allerdings ganz anderer Meinung. In ihrer Abteilung verlief der Absatz dieses Trendproduktes eher schleppend. Sie war der Meinung, dass die Auswahl für die Kunden nicht ausreichte und dass vor allem nicht die richtigen Marken im Sortiment angeboten wurden.

Der Ausdruck aus der Liefererdatei zeigt, dass nur von zwei Herstellern Inlineskater bezogen wurden, die außerdem nicht zu den führenden Marken gehörten. Vor allem hatten die Hersteller nicht die Trendprodukte im Sortiment, die z. B. in der Werbung regelmäßig groß herausgestellt wurden.

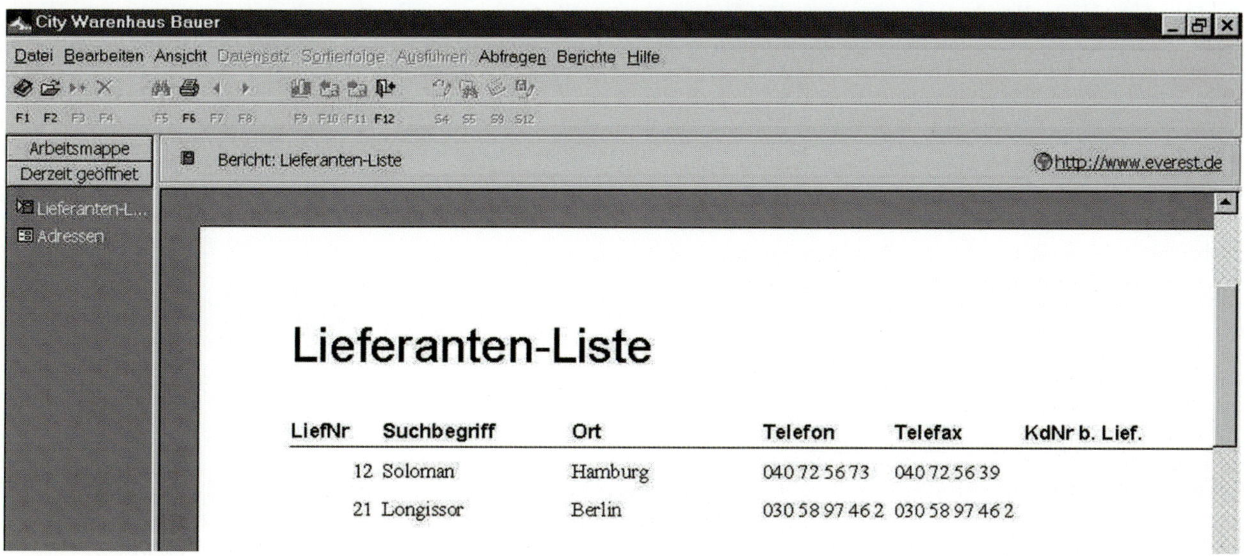

Frau Abel beschloss daher, Vergleichsangebote einzuholen, um neue Marken in das Sortiment aufzunehmen. Allerdings soll die Zahl der Lieferanten nicht zu groß werden, weil andernfalls Mengenrabatte nicht genutzt werden können. Zwei, höchstens drei Lieferer für Inlineskater müssten nach Meinung von Frau Abel ausreichen.

In der Fachzeitschrift haben zwei Hersteller von Inlineskatern annonciert.

professionell
innovativ
ausgereift

KA3 Sportartikel
Bersarinstraße 56
09130 Chemnitz
Tel. 0371 894530
Fax: 0371 894544
E-Mail: ka3@t-online.de

Rollersports GmbH
Benzstraße 12

91058 Erlangen

Tel. 09131 42340
Fax: 09131 42355
E-Mail:
Rollersports@aol.com

Frau Abel will die Lieferer KA3 und Rollersports um ein Angebot bitten.

Arbeitsauftrag
Entwerfen Sie zwei schriftliche Anfragen (Brief, Fax oder E-Mail) an KA3 und Rollersports und bitten Sie um deren Angebote.

Anfrage
Angebot

Datum: 08. Sept. 20(0)
Zum Inhalt der Anfrage:
1. Bitte um Angebot über ...
2. Nur aktuelle, trendgerechte Ware kommt in Frage
3. umsatzstarke Sportabteilung im City-Warenhaus Bauer, bei günstigem Angebot ist eine dauerhafte Geschäftsbeziehung möglich

Aufgabe 1
Prüfen Sie, ob der Einzelhändler mit dem Absenden der Anfragen eine Verpflichtung zum Kauf eingegangen ist.

bestimmte,
unbestimmte
Anfrage

Aufgabe 2
Ein Einzelhändler ruft bei seinem Lieferanten an und fragt nach dem aktuellen Preis für italienische Weintrauben. Welcher der nachfolgenden Aussagen stimmen Sie zu?

1 Es handelt sich um eine Bestellung des Einzelhändlers, weil er eine konkrete Kaufabsicht deutlich wissen ließ.
2 Es handelt sich um eine unbestimmte Anfrage des Einzelhändlers, weil er noch unbestimmte Kaufvorstellungen hat.
3 Der Einzelhändler hat eine bestimmte Anfrage gestellt, weil seine Frage sich auf eine konkrete Ware bezog. Ein Kaufvertrag ist dadurch aber noch nicht zustande gekommen.

Aufgabe 3
Schildern Sie Situationen, in denen Kunden eine Anfrage an den Einzelhändler richten.

City-Warenhaus Bauer

City-Warenhaus Bauer, Oberstraße 17, 40878 Ratingen

Oberstraße 17
40878 Ratingen

Telefon: 02102 56742-0
Fax: 02102 56733
E-Mail: City-Warenhaus@t-online.de

Ihr Zeichen, Ihre Nachricht vom	Unser Zeichen, unsere Nachricht vom	Telefon, Name 02102 56742-	Datum

Inhaber
Sven Bauer

Bankkonto
Sparkasse Ratingen, BLZ 301 516 60, Konto-Nr. 4 565 051 000

Handelsregister Düsseldorf
HR A 124477

City-Warenhaus Bauer

Fax Deckblatt

DATUM: **ZEIT:**

AN:

FAX:

Oberstraße 17
40878 Ratingen

Telefon: 02102 56742-0
Fax: 02102 56733
E-Mail: City-Warenhaus@t-online.de

Inhaber
Sven Bauer

Bankkonto
Sparkasse Ratingen, BLZ 301 516 60, Konto-Nr. 4 565 051 000

Handelsregister Düsseldorf
HR A 124477

E-Mail-Formular

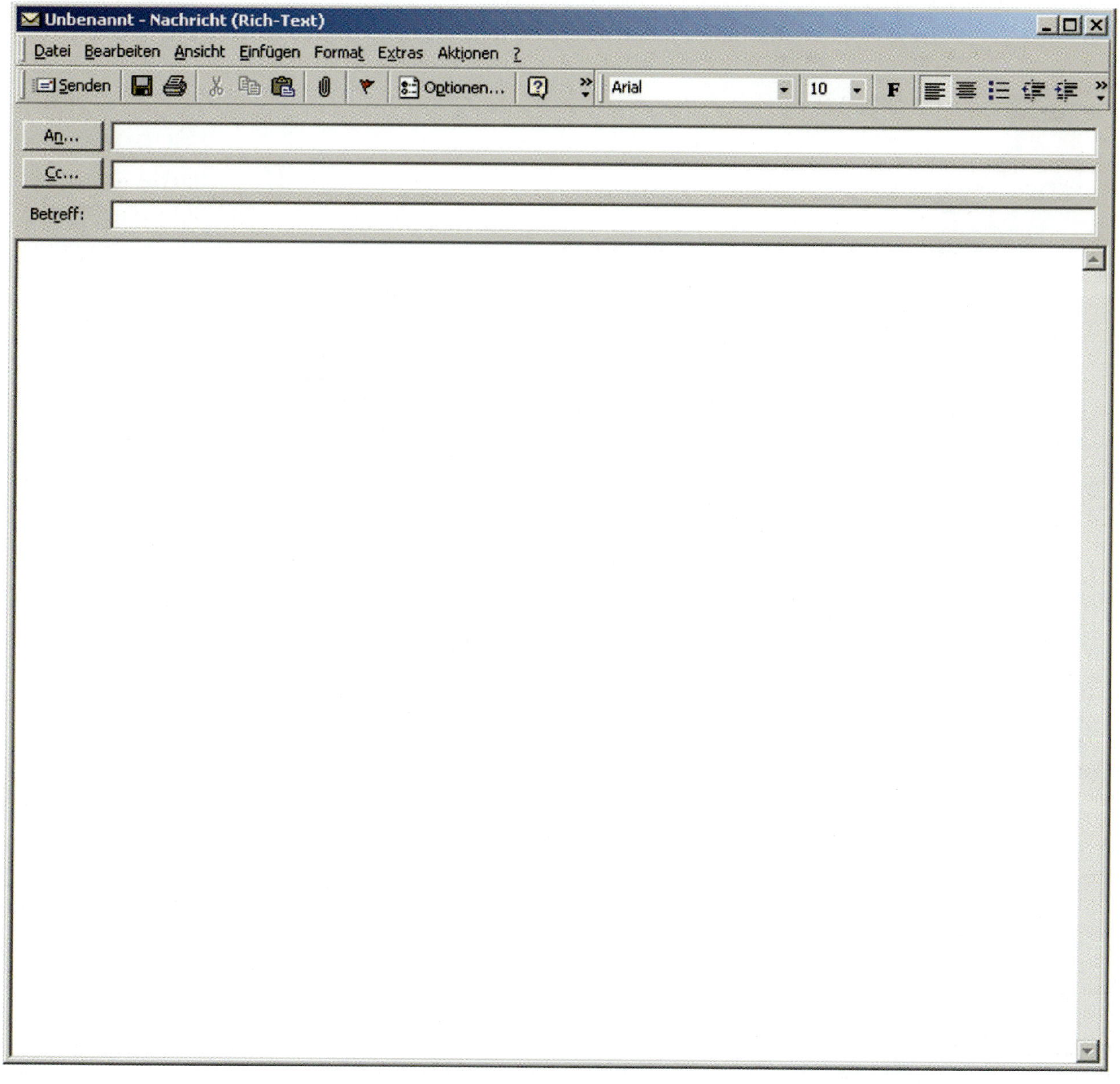

3 Angebote von Lieferanten vergleichen

Die Hersteller KA3 und Rollersports haben sofort auf die Anfrage reagiert und folgende Angebote übersandt:

KA3
Sportartikel
Bersarinstraße 56
09130 Chemnitz

KA3, Bersarinstraße 56, 09130 Chemnitz

City-Warenhaus Bauer
Oberstraße 17
40878 Ratingen

Tel.: 0371 894530
Fax: 0371 894544
E-Mail: ka3@t-online.de

Ihr Zeichen, Ihre Nachricht vom	Unser Zeichen, unsere Nachricht von	Telefon, Name 0371 89453 –	Datum
ab-de 08.09.20(0)	sn	12 Schneider	12.09.20(0)

Angebot

Sehr geehrte Frau Abel,

vielen Dank für Ihre Anfrage über Inlineskater. Aus unserem Programm bieten wir Ihnen an:

Inlineskater ON AIR, Bestell-Nr. 3477, Größen 35 – 49, Nettopreis 112,50 €. Bei einer Abnahmemenge ab 100 Stück gewähren wir einen Rabatt von 10 %. Wir liefern die Ware mit eigenem Lkw frei Haus.

Zahlungsbedingungen: Zahlung innerhalb 30 Tagen netto Kasse oder innerhalb von 10 Tagen mit 3 % Skonto.

Über Ihren Auftrag würden wir uns sehr freuen.

Mit freundlichen Grüßen

Schneider

- Schneider -

Anlage:
Prospekt

Bankkonto
Commerzbank Chemnitz, BLZ 840 700 00, Kontonummer 5 755 433

Geschäftsräume
Bersarinstraße 56, 09130 Chemnitz

Rollersports GmbH
Benzstraße 12
91058 Erlangen

Tel. 09131 42340
Fax: 09131 42355
E-Mail: Rollersports@aol.com

Rollersports GmbH, Benzstraße 12, 91058 Erlangen

City-Warenhaus Bauer
Oberstraße 17
40878 Ratingen

Ihr Zeichen, Ihre Nachricht vom	Unser Zeichen, unsere Nachricht von	Telefon, Name 09131 4234 –	Datum
ge-nt 08.09.20(0)	gr	34 Grell	12.09.20(0)

Angebot über Inlineskater

Sehr geehrte Frau Abel,

wir danken Ihnen für Ihre Anfrage. Auf der Grundlage unserer allgemeinen Geschäftsbedingungen bieten wir Ihnen an:

> Bestellnummer S-887-00, Typ U4, Stückpreis netto 107,25 €, einschließlich Versandverpackung, farblich und größenmäßig sortiert. Lieferbedingung: Für den Versand berechnen wir eine Versandkostenpauschale von 1,50 € pro Stück

Bei Bestellungen ab 100 Stück erhalten Sie 15 % Rabatt. Unsere Zahlungsbedingungen lauten: Zahlbar innerhalb von 30 Tagen nach Rechnungsdatum; bei Zahlung innerhalb von 10 Tagen 2 % Skonto.

Eine detaillierte Produktbeschreibung entnehmen Sie bitte dem beiliegenden Prospektmaterial.

Wir freuen uns über Ihren Auftrag.

Mit freundlichen Grüßen

Rollersports GmbH

Grell

- Grell -

Anlagen:
Prospektmaterial

Bankverbindung: Hypovereinsbank Erlangen, BLZ 763 200 72, Kontonummer: 422 149 300

Frau Abel hat sich die Artikelliste mit den bisher geführten Produkten ausdrucken lassen, damit ein Angebotsvergleich durchgeführt werden kann.

City Warenhaus Bauer

Bericht: Artikel-Liste

Art.-Nr.	Lieferer	Artikel	Listenpreis	Rabatt	Zahlung	Lieferung
42331204	Sokoman	FT 9	99,75	–	30 Tage, 14 Tage 2 % Skonto	frei Haus
42332106	Longissor	Mission one	92,25	10 % ab 50 Stück	30 Tage netto Kasse	Bezugskosten 1,00 € pro Stück

Für die Kalkulation des Bezugspreises verwendet Frau Abel ein Tabellenkalkulationsprogramm.

Microsoft Excel - Angebotsvergleich_LS.xls

	A	B	C	D	E	F
1	**Angebotsvergleich**					
2						
3	**Artikel**	**Inlineskater**			**Menge**	**100 Stück**
4						
5	**Lieferer**	**Sokoman**	**Longissor**	**KA3**	**Rollersports**	
6						
7	Listenpreis					
8	./. Rabatt					
9	= Zieleinkaufspreis					
10	./. Skonto					
11	Bareinkaufspreis					
12	+ Versandkosten					
13	= Bezugspreis					
14						
15						

Angebotsvergleich
- quantitativ
- qualitativ

Neben den Preisen sollen aber auch andere Leistungen der Lieferanten ausschlaggebend für die Entscheidung sein, welche Inlineskater zukünftig im Sortiment des Warenhauses angeboten werden sollen.

Frau Abel hat dazu Informationen über die Lieferer zusammengetragen. Für Sokoman und Longissor können die bisherigen Einkaufserfahrungen genutzt werden.

Sokoman

Unsere Bestellungen wurden von diesem Unternehmen stets umgehend und zuverlässig erledigt. Das Lieferverhalten ist daher sehr positiv einzuschätzen. Reklamationen wurden im Großen und Ganzen korrekt abgewickelt; im Einzelfall fehlte es an Kulanz. Die Qualität der Produkte lässt häufig zu wünschen übrig. Das Unternehmen hat zunehmend Schwierigkeiten, seine Produkte auf dem technisch neuesten Stand zu halten. Dementsprechend hat der Name „Sokoman“ bei den Endverbrauchern stark an Ansehen verloren. Das Image des Unternehmens leidet unter dem biederen Aussehen der Produkte und fehlender werblicher Begleitung in den Medien.

Longissor

Das Lieferverhalten von Longissor ist zufrieden stellend. Gelegentliche Terminüberschreitungen können als gerade noch akzeptabel bezeichnet werden. In Reklamationsfällen zeichnet sich das Unternehmen durch eine großzügige Abwicklung aus. Die Qualität der Produkte liegt auf einem mittleren Niveau. Es fehlen technische Neuerungen und eine gewisse Spritzigkeit im Design. Das Image von Longissor kann als solides Mittelmaß beschrieben werden. Es spricht eher die mittlere Kundengeneration an, weniger die kauffreudige junge Kundschaft.

Über Herrn Bauer, der sich mit Geschäftsfreunden in Verbindung gesetzt hat, erhielt Frau Abel folgende Informationen über die beiden neuen Anbieter:

KA3

In Bezug auf die Lieferverpflichtungen gilt das Unternehmen als zuverlässig. Reklamationen werden großzügig und umgehend bearbeitet. Die Produkte von KA3 sind technisch auf dem neuesten Stand und von hoher Qualität.

Dem Unternehmen ist es gelungen, sich gerade bei jungen Kunden positiv ins Bild zu setzen. KA3 gilt als das Produkt der Spitzensportler mit innovativem Image.

Rollersports

Liefer- und Reklamationsverhalten gelten als untadelig. Die Qualität der Produkte ist gut, wenn auch nicht überragend. Es fehlt insbesondere an herausragenden Innovationen.

Das Unternehmen profitiert von seiner früheren Stellung als Marktführer bei Inlineskatern. Viele Kunden schätzen Rollersports-Produkte aufgrund ihres Namens. Jüngere Kunden werden von Rollersports weniger angesprochen.

Mithilfe einer Nutzwertanalyse wird Frau Abel die Angebote vergleichbar machen:

Nutzwert-analyse

Angebots-inhalte	Gewich-tung	Sokoman		Longissor		KA3		Rollersports	
	%	Bewertung (1 – 10 Punkte)	Bewertung x Gewich-tung	Bewertung (1 – 10 Punkte)	Bewertung x Gewich-tung	Bewertung (1 – 10 Punkte)	Bewertung x Gewich-tung	Bewertung (1 – 10 Punkte)	Bewertung x Gewich-tung
Bezugspreis									
Summe	100								

Sobald der Angebotsvergleich durchgeführt worden ist, sollen 100 Inlineskater bei dem Anbieter bestellt werden, der im Vergleich am besten abgeschnitten hat.

Bestellung

Arbeitsauftrag

Vergleichen Sie die Angebote von KA3 und Rollersports mit den Angeboten der bisherigen Lieferanten und entscheiden Sie, welche zwei bis drei Lieferer zukünftig mit ihren Produkten im Sortiment des Warenhauses vertreten sein sollen.

Bestellen Sie nach Ihrer Entscheidung 100 Inlineskater beim Lieferanten Ihrer Wahl.

Aufgabe 1

Ermitteln Sie die Bezugspreise bei folgenden Angeboten:

Produkt A: Listenpreis 420,00 €, Skonto 3 %, Frachtkosten 8,00 €, Kosten für eine Transportversicherung 1,00 € pro Stück.

Produkt B: Listenpreis 390,00 €, Rabatt 10 %, Kosten für die Versandverpackung 5,00 €, Beförderungskosten 20,00 €

Produkt C: Listenpreis 450,00 €, Rabatt 15 %, Skonto 2 %, Verpackungskosten 10,00 €, Beförderungskosten 15,00 €

Aufgabe 2

a) Ermitteln Sie zu nachfolgenden Angeboten über Schraubstöcke den preisgünstigsten Anbieter.

Angebot 1

Schraubstock Nr. 211.422, Gewicht 4 kg, Schmiedestahl, Zweifachschneckengewinde, Stückpreis 24,80 €, ab 50 Stück 5 % Rabatt, ab 100 Stück 10 % Rabatt, Versandart: Unfrei, Beförderungskosten 55,00 € pro 100 kg, Lieferzeit cirka 14 Tage, das Angebot ist „unverbindlich".

Angebot 2

Schraubstock Nr. 428 S, Gewicht 4 kg, Schmiedestahl, Zweifachschneckengewinde, Stückpreis 25,10 €, ab 100 Stück 15 % Rabatt, Zahlungsbedingungen: 14 Tage mit 2 % Skonto, 30 Tage netto Kasse; Verpackungskosten zum Selbstkostenpreis von 10,00 € pro Kiste (100 Stück). Lieferbedingung: Ab Werk, Beförderungskosten 44,00 € pro 100 kg.

Angebot 3

Schraubstock Nr. 12.488, Gewicht 4 kg, Schmiedestahl, Zweichfach-Schneckengewinde, Stückpreis 23,70 €, Zahlung: 3 % Skonto in 10 Tagen, in 30 Tagen netto Kasse, Verpackungskosten 4,00 € pro Karton (25 Stück), Lieferbedingungen: Unfrei, Beförderungskosten 35,00 € pro 100 kg.

b) Beantworten Sie folgende Fragen:

ba) Angebot 1 enthält keine Angaben über die Zahlungsbedingungen. Wann müsste eine Rechnung nach diesen Angebotsbedingungen bezahlt werden?

bb) Wer trägt eventuell entstehende Verpackungskosten, wenn sie im Angebot nicht erwähnt werden (vgl. Angebot 1)?

bc) Angebot 3 enthält keine Aussage zur Lieferzeit. Wann müsste der Anbieter liefern, falls ihm der Auftrag erteilt wird?

Aufgabe 3

a) Wie könnte die Beförderungsbedingung mit dem Kunden eines Einzelhändlers lauten, die der Regelung „ab Werk" entspricht? Bedenken Sie, dass der Einzelhändler keine Fabrik (kein Werk) hat.

b) Der Kunde eines Einzelhändlers verlangt die Zustellung der gekauften Ware in seine Wohnung. Wie könnte die Vereinbarung mit dem Kunden lauten?

Aufgabe 4

Wie nennt man die Preisnachlässe in folgenden Fällen:

a) Schreiben des Lieferanten an den Einzelhändler: „Weil Sie in der Zeit vom 01.01. bis 31.12.20(0) mehr als 200 Inlineskater abgenommen haben, gewähren wir Ihnen eine Rückvergütung von 5 %.

b) Immer wenn der Kunde Müller seine bestellten Weine abholt, legt der Einzelhändler stillschweigend noch eine Flasche zusätzlich in die Kiste, die nicht berechnet wird.

c) Einzelhändler an der Kasse: „Die Flasche Weißherbst, die ich Ihnen empfohlen habe, ist zum Probieren, die berechne ich Ihnen nicht."

d) Im Einzelhandel ist gegenüber dem Kunden häufig von einem „Barzahlungsrabatt" die Rede. Handelt es sich dabei eigentlich um einen Rabatt? Begründen Sie Ihre Antwort.

Aufgabe 5

Welche Angaben in den nachfolgenden Produktbeschreibungen bezeichnen die Art, welche Güte/Beschaffenheit der Ware?

a) Bohrhammer AEG pneumatic 2000, mit Elektronik und Rechtslinkslauf, Pneumatic-Schlagwerk und stufenloser Schlag-Drehzahlsteuerung.

b) Herrenpullover, mit Raglanarm und variabler Kragenform, reine Schurwolle, patentgestrickt, Größe 50, grün.

Aufgabe 6

Ein Lebensmitteleinzelhändler erhält ein Angebot über 400 kg Äpfel. Die Verkaufsverpackung (die Steigen, in denen die Äpfel lagern) wiegt 10 kg und kostet – falls sie dem Einzelhändler gesondert berechnet wird – 15,00 €. Welcher Angebotspreis ergibt sich jeweils bei folgenden Preisangaben:

1. „Preis pro 100 kg Reingewicht einschließlich Verpackung 80,00 €"
2. „Preis pro 100 kg Reingewicht ausschließlich Verpackung 80,00 €"
3. „Preis pro 100 kg 80,00 €" (d. h. das Angebot enthält keine Aussage über die Verpackungskosten).

Aufgabe 7

Welche der folgenden Regelungen zum Gewicht, das der Preisberechnung zugrunde gelegt wird, entspricht der gesetzlichen Bestimmung des BGB?

1. Nettogewicht einschließlich Verpackung
2. Nettogewicht ausschließlich Verpackung

Aufgabe 8

Welche Zahlungsbedingung eines Lieferanten ist aus der Sicht des Einzelhändlers am günstigsten?

1. Zahlbar innerhalb von 30 Tagen
2. Lieferung gegen Vorauszahlung
3. Lieferung gegen bar
4. Lieferung gegen Nachnahme

Aufgabe 9

Ein Kunde bestellt telefonisch bei einem Einzelhändler in der Nachbarstadt Waren und bittet um Zusendung der Artikel. Über die Beförderungskosten wird nichts vereinbart.

a) Was muss der Einzelhändler unternehmen, damit der Kunde die Ware bekommt?

b) Wer trägt welche Beförderungskosten?

Aufgabe 10

Stellen Sie fest, bei welchen Formulierungen die Lieferzeit auf den Tag genau festgelegt ist:

1 Lieferung innerhalb von drei Monaten.
2 Lieferung am 15.12.20(0).
3 Lieferung bis spätestens 15.12.20(0).

Aufgabe 11

Welche Freizeichnungsklausel ist für den Lieferanten am wenigsten verbindlich?

1 Preise unverbindlich
2 freibleibend
3 solange Vorrat reicht
4 Preiserhöhungen vorbehalten
5 Lieferung freibleibend

Aufgabe 12

Ein Kunde fragt bei dem Einzelhändler Müller telefonisch nach dem Preis für einen bestimmten PC. Gleichzeitig holt er ein Vergleichsangebot beim Konkurrenten ein. Am nächsten Tag erteilt der Kunde einen telefonischen Auftrag an Herrn Müller. Ist Müller noch an sein Angebot gebunden?

Aufgabe 13

Ein Einzelhändler hat einem Kunden auf dessen Wunsch ein schriftliches Angebot am 13.12.20(0) per Post zugeschickt. Am 14.12.20(0) erfährt der Einzelhändler, dass durch einen Großbrand bei seinem Lieferanten der Bezug der angebotenen Ware nicht mehr sichergestellt ist. Der Einzelhändler möchte daher das Angebot unwirksam machen. Was hat er zu tun?

Aufgabe 14

Welche der folgenden Überlegungen können nach Ihrer Meinung neben dem Preis für den Angebotsvergleich bedeutsam sein:

1 Eine langjährige geschäftliche Zusammenarbeit mit einem Anbieter,
2 Zuverlässiges Einhalten der Lieferfrist,
3 Gleichbleibende Qualität der Produkte,
4 Kurzfristige Nachlieferungsmöglichkeit,
5 Großzügige Behandlung von Reklamationsfällen,
6 Verwandtschaftliche Beziehungen zu einem Anbieter.

Aufgabe 15

Prüfen Sie, ob in folgenden Fällen nach einer Bestellung des Käufers eine Bestellungsannahme/Auftragsbestätigung des Lieferanten erforderlich ist.

1 Der Lieferant hat ein freibleibendes Angebot gemacht.
2 Der Lieferant hat ein Angebot gemacht mit dem Vermerk „Preise unverbindlich“.
3 Schriftliches Angebot vom 15.11.20(0), schriftliche Bestellung vom 25.11.20(0) zu den Angebotsbedingungen.
4 Telefonisches Angebot vom 15.11.20(0), schriftliche Bestellung am 19.11.20(0)
5 Verbindliches schriftliches Angebot vom 15.11.20(0), schriftliche Bestellung „gemäß Ihrem Angebot“ am 19.11.20(0).
6 Rechtzeitige Bestellung gemäß den Angebotsbedingungen, allerdings verlangt der Käufer zusätzlich einen Sonderrabatt von 10 %.

Aufgabe 16

Schuh-Einzelhändler können ihre Waren in einem elektronischen Schuh-Ordersystem (ESOS) bestellen, sofern sie als registrierte Teilnehmer zugangsberechtigt sind.

a) Beschreiben Sie den Bestell-Ablauf anhand der nachfolgenden Abbildungen.
b) Welche Vorteile ergeben sich aus dem Bestellsystem für den Einzelhändler und die Schuhhersteller? Verwenden Sie auch den unten stehenden Informationstext des Ordersystems.

Informationstext des Software-Hauses (Betreiber von ESOS)

Das von der EBG-data angebotene elektronische Ordersystem esos dient der Übermittlung von Angeboten und Bestellungen zwischen Herstellern und Schuheinzelhandel. Der Datenaustausch erfolgt über das Internet in einer geschlossenen Benutzergruppe. Mit esos werden die Dispositionszeiträume verkürzt und dadurch eine stärkere Orientierung der Warenversorgung am Saisonverlauf erreicht. Zudem hilft esos personalkostenintensive und fehleranfällige manuelle Erfassungsvorgänge zu reduzieren – bei gleichzeitiger Verkürzung der Bearbeitungszeiträume. Die Lieferanten präsentieren in esos ihr aktuelles Produktangebot, die präsentierten Artikel werden durch Bilder und Verfügbarkeitshinweise ergänzt. Die teilnehmenden Fachhändler können dann aus diesem Angebot der Lieferanten 24 Stunden pro Tag und 365

Tage im Jahr auswählen und ordern. esos bietet ausführliche Produktinformationen sowie einen Überblick über Saison- und Sonderangebote. Zudem ermöglicht es die gezielte Order von Artikeln zur Schließung von Sortimentslücken. Die weitreichenden Möglichkeiten und die einfache Handhabung von esos sind der Grund dafür, dass unser Ordersystem in einem von FORUM 2000 in Zusammenarbeit mit dem Bundeswirtschaftsministerium veranstalteten Wettbewerb mit dem Silber Award in der Kategorie Kunden/Lieferanten-Bindung ausgezeichnet wurde.

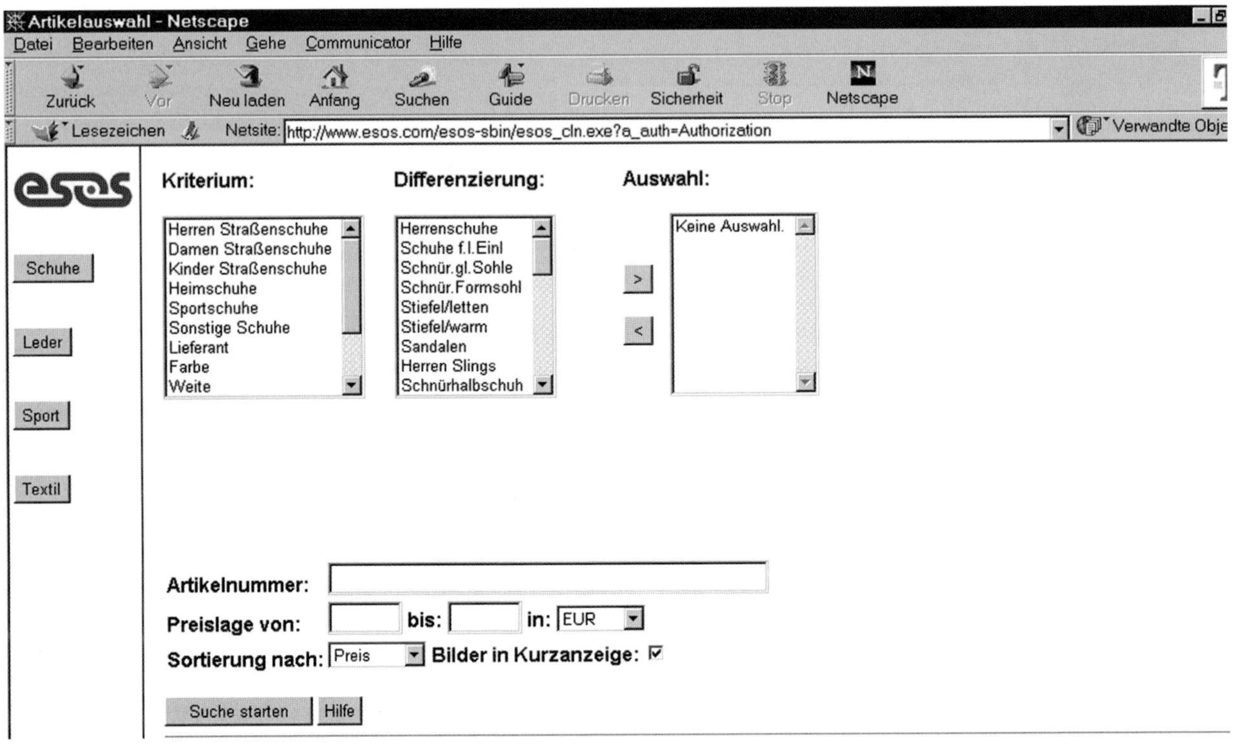

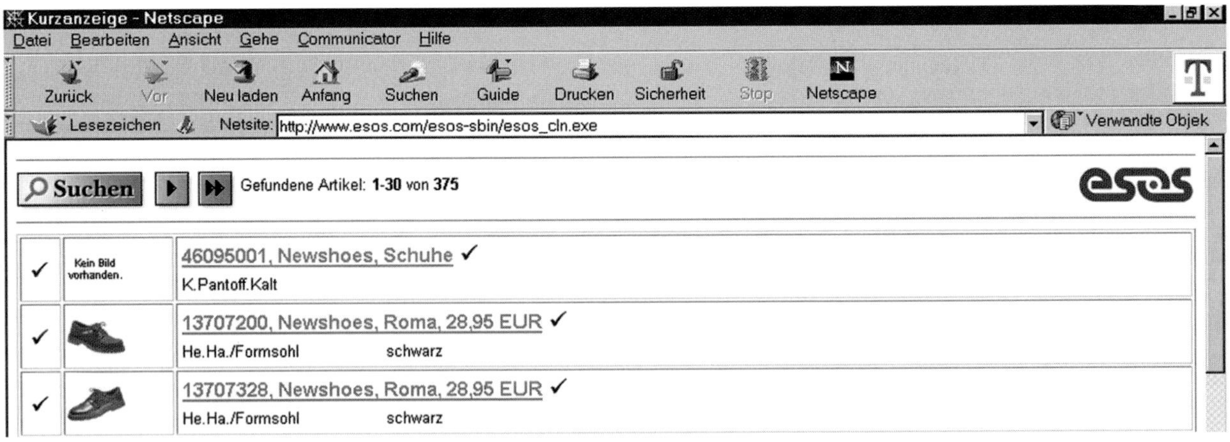

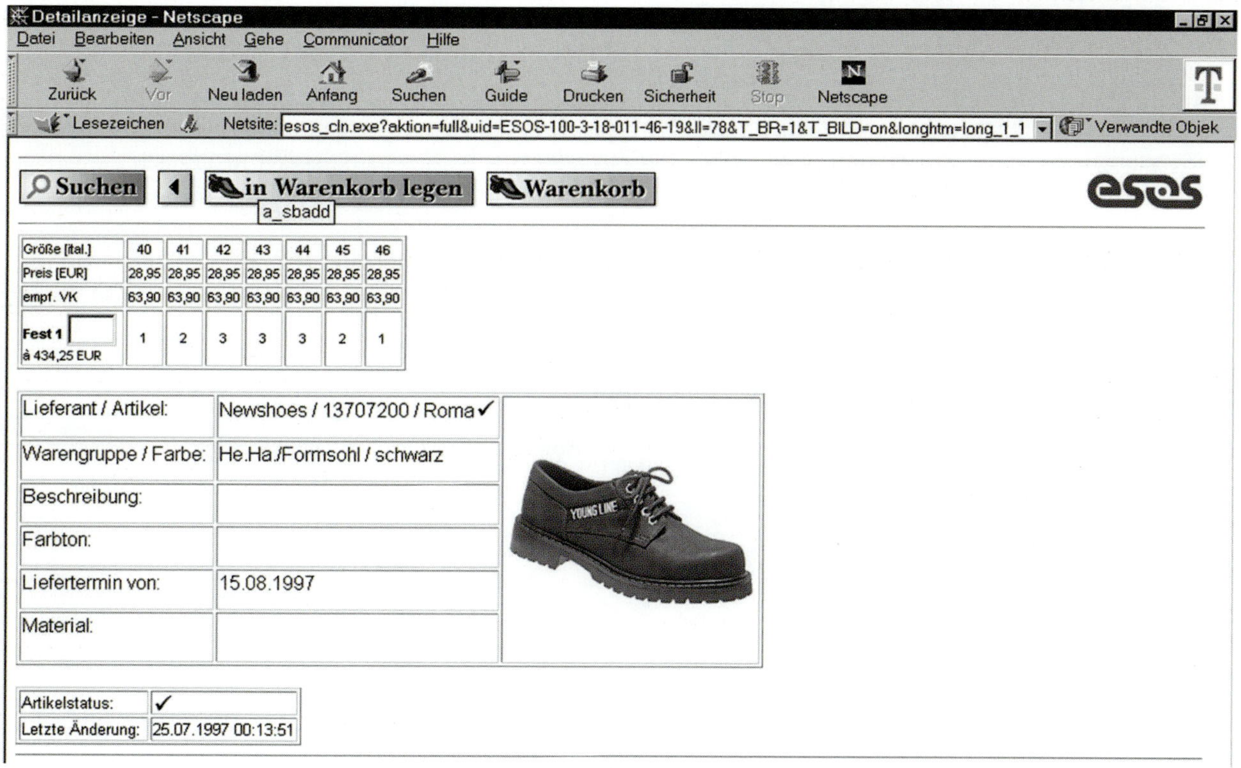

Größe [ital.]	40	41	42	43	44	45	46
Preis [EUR]	28,95	28,95	28,95	28,95	28,95	28,95	28,95
empf. VK	63,90	63,90	63,90	63,90	63,90	63,90	63,90
Fest 1 à 434,25 EUR	1	2	3	3	3	2	1

Lieferant / Artikel:	Newshoes / 13707200 / Roma ✓
Warengruppe / Farbe:	He.Ha./Formsohl / schwarz
Beschreibung:	
Farbton:	
Liefertermin von:	15.08.1997
Material:	

Artikelstatus:	✓
Letzte Änderung:	25.07.1997 00:13:51

Aufgabe 17

Wie wird in Ihrem Ausbildungsbetrieb Ware bestellt? Erläutern Sie auch das Verfahren zur Überwachung der Bestellungen.

4 Den Bezugspreis kalkulieren

Für die Lederwarenabteilung ist eine Sendung (1 Postpaket) mit Damenhandtaschen eingetroffen. Die äußere Prüfung und auch eine Kontrolle des Inhalts erbrachten keine Beanstandungen. Da die Sendung unfrei befördert worden ist, verlangte der Zusteller der Post 7,90 € für den Transport der Sendung.

Der Sendung ist die nachfolgend abgebildete Rechnung beigefügt.

Deutsche Post

Düsseldorf 16.05.20(0)

7,90 €

Preis Postpaket

Lederwarenfabrik Müller KG — **MKG**

Lederwarenfabrik Müller KG, Fritz-Walter-Weg 34, 70372 Stuttgart

City-Warenhaus Bauer
Oberstraße 17
40878 Ratingen

Fritz-Walter-Weg 34
70372 Stuttgart

Telefon: 0711 533876
Fax: 0711 533843

Rechnung-Nr. 4234/0 Kunden-Nr.: 45400 Datum: 14.05.20(0)

Menge	Artikel-Nr.	Artikelbezeichnung	Einzelpreis/€	Gesamtpreis/€
10	1286	Damentaschen farblich sortiert	105,00	1.050,00
			./. 5 % Rabatt	52,50
			Nettobetrag	997,50
			16 % USt	159,60
			Bruttobetrag	1.157,10

Zahlungsziel: 30 Tage ab Rechnungsdatum; innerhalb 10 Tagen mit 2 % Skonto.

Unsere Bankverbindung: Raiffeisenbank Stuttgart BLZ 600 605 99 Konto-Nr. 3 420 300 200

Im Büro wird die Rechnung geprüft und der Bezugspreis einer Damenhandtasche ermittelt, damit anschließend der Verkaufspreis kalkuliert sowie die Ware ausgezeichnet werden kann.

City-Warenhaus Bauer

Fax Deckblatt

DATUM:	15.01.20(0)	**ZEIT:**	14:45
AN:	Lederwarenfabrik Müller, KG, Fritz-Walter-Weg 34, 70372 Stuttgart		
Fax:	0711 533843		

Oberstraße 17
40878 Ratingen
Telefon: 02102 56742–0
Fax: 02102 56733
E-Mail: City-Warenhaus@t-online.de

Bestellung

Liefern Sie mir bitte zum nächstmöglichen Termin

10 Damentaschen, Artikel-Nr. 1286, farblich sortiert,

zum Listenpreis von 105,00 € pro Stück, abzüglich 5 % Rabatt und 2 % Skonto bei Zahlung innerhalb von 10 Tagen. Lieferbedingung: Unfrei.

Mit freundlichen Grüßen

Bauer

Arbeitsauftrag
Prüfen Sie die Rechnung auf ihre sachliche und rechnerische Richtigkeit und errechnen Sie den Bezugspreis für eine Damentasche. Gehen Sie davon aus, dass die Rechnung innerhalb von 10 Tagen bezahlt wird.

Tipp: Verwenden Sie eine Übersicht wie beim Angebotsvergleich auf Seite 18

Aufgabe 1

Betrachten Sie noch einmal das Schema zur Kalkulation des Bezugspreises.

a) Woher kommt die Bezeichnung „Zieleinkaufspreis“? Vergleichen Sie dazu die Zahlungsbedingung auf der Rechnung.

b) Welche Auswirkung hat die Umsatzsteuer in Höhe von 159,60 € in der Rechnung der Lederwarenfabrik Müller auf den Bezugspreis?

Siehe Rechnung Seite 24

System der Umsatzsteuer siehe Lernfeld 3

Aufgabe 2

a) Berechnen Sie anhand der nachfolgenden Belege (Rechnung der Alpin-Milchprodukte GmbH und Quittung der Hermeier-Spedition) den Bezugspreis für 1 Stück Kräuterkäse. Achten Sie auf die richtige Behandlung der Umsatzsteuer (Vorsteuer) in der Bezugskalkulation.

b) Welche Beträge sind an die Alpin-Milchprodukte GmbH und an den DPD-Paketdient zu zahlen?

DPD Heilbronn
Fontanestraße 74
74074 Heilbronn

DPD

Quittung

von Lebensmittelmarkt Georg Schenk

für Hausfracht

	€
Nettobetrag	25,00
+ 16 % Umsatzsteuer	4,00
Bruttobetrag	29,00

erhalten.

Heilbronn, 28.03.20(0) Schober

(Unterschrift)

Alpin-Milchprodukte GmbH Singen

Alpin-Milchprodukte GmbH Wieselstraße 16 78224 Singen

Lebensmittelmarkt
Georg Schenk
Carl-Zeuss-Straße 8

74078 Heilbronn

Wieselstraße 16
78224 Singen

Telefon: 07731 24556
Fax: 07731 24558

Rechnung-Nr. 22457 Kunden-Nr.: 433 Datum: 27.05.20(0)

Menge	Artikel-Nr.	Artikelbezeichnung	Einzelpreis/€	Gesamtpreis/€
320	234	Kräuterkäse	1,50	480,00
			./. 5 % Rabatt	24,00
			Nettobetrag	456,00
			7% USt	31,92
			Bruttobetrag	487,92

Zahlungsziel: 30 Tage ab Rechnungsdatum; innerhalb 10 Tagen mit 3 % Skonto.
Unsere Bankverbindung: Südwestbank BLZ 69 260 211 Konto-Nr. 2 439 120 312

Lebensmittel: 7 % Umsatzsteuer

Aufgabe 3

Berechnen Sie die Bezugspreise aus folgenden Angebotsangaben. Gehen Sie davon aus, dass die Skontofrist ausgenutzt wird.

Angebot 1: Ringbucheinlage „Saturn", DIN A 4, 200 Blatt, 70-g-Papier, Preis 1,30 €, ab 500 Stück 10 % Rabatt, zahlbar innerhalb von 30 Tagen ohne Abzug, bei Zahlung innerhalb von 10 Tagen 2 % Skonto. Bezugskosten für 500 Stück 30,00 €

Angebot 2: Ringbucheinlage – Planet, DIN A 4, 200 Blatt, 80-g-Papier, Preis 1,35 €, ab 300 Stück 5 % Rabatt, ab 500 Stück 8 % Rabatt, zahlbar innerhalb von 30 Tagen netto Kasse, 3 % Skonto bei Zahlung innerhalb von 10 Tagen, Frei-Haus-Lieferung.

Aufgabe 4

Das City-Warenhaus Bauer erhält am 19.12.20(0) folgende Rechnung eines Lieferers. Kalkulieren Sie den Bezugspreis für ein Langarmtrikot und verdeutlichen Sie die Auswirkung des Skontoabzuges auf die Vorsteuer. Verwenden Sie dazu die unten stehende Übersicht.

Tiemann
Import und Export GmbH

Postfach 3647
22525 Hamburg
Telefon: 040 510-0
Telefax: 040 511200

City-Warenhaus Bauer
Oberstraße 17
40878 Ratingen

Rechnung Nr.: 092455 — 18.12.20(0)

Kunden-Nr: 0102 — Auftrag vom 07.12.20(0) — Versand: Lkw-Stückgut/frei Haus; Lieferung: 15.12.20(0)

Menge/ Stück	Artikel-Nr.	Bezeichnung	Einzelpreis/€	Gesamtpreis/€
10	RB 76672	Langarmtrikot Red Bull	30,00	300,00
			10 % Rabatt	30,00
			Nettobetrag	270,00
			+ 16 % Umsatzsteuer	43,20
			Bruttobetrag	313,20

Zahlungsziel: 10 Tage mit 2 % Skonto oder 30 Tage nach Rechnungsdatum netto Kasse

Bankverbindung: Stadtsparkasse Hamburg (BLZ 770 308 70) Kto.-Nr. 320 87

Eingangsrechnung Tiemann

„alte“ Rechnung	
	300,00
10 % Rabatt	30,00
Nettobetrag	270,00
+ 16 % Umsatzsteuer	43,20
Bruttobetrag	313,20
– 2 % Skonto	
Überweisung	

Skonto

„neue“ Rechnung (nach Skontoabzug)	
	300,00
10 % Rabatt	30,00
Nettobetrag	270,00
– Skonto	
Nettobetrag	
+ 16 % USt	
Bruttobetrag	

Kalkulation

	€
Listeneinkaufspreis	
– Rabatt	
= Zieleinkaufspreis	
– Skonto	
= Bareinkaufspreis	

= 100 %

: 30 Stück = ______ €

Aufgabe 5

Bestimmen Sie den Listeneinkaufspreis (LEP) für Putenfleisch:
Bruttogewicht 500 kg, Verpackung 10 kg, Preis 5,50 € je kg Reingewicht einschließlich Verpackung

Aufgabe 6

Wie hoch ist in den folgenden Fällen der Listeneinkaufspreis (LEP)?

Lieferer	Bruttomenge	Tara	Warenpreis je Einheit
Schulz	135 kg	5 %	7,00 €/kg netto
REGA	30 Kisten zu je 45 kg	5 %	18,50 €/kg netto
Borg	2.500 kg	40 kg	2,50 €/kg netto

Aufgabe 7

Ermitteln Sie den Listeneinkaufspreis für Erdbeeren auf der Grundlage folgender Rechnungsangaben:
Rohgewicht 400 kg, 6 % Tara, Preis je 5-kg-Kiste 15,00 € (Reingewicht ausschließlich Verpackung)

Aufgabe 8

Errechnen Sie den Bareinkaufspreis für 85 Kisten Bananen zu je 40 kg netto. Der Listeneinkaufspreis beträgt 0,75 € je kg Reingewicht einschließlich Verpackung; Rabatt 20 %, Liefererskonto 2 %.

Aufgabe 9

Ein Einzelhändler hat 1.500 Konservendosen zum Listenpreis von 2.889,00 € bezogen. Ihm wurden 15 % Rabatt und 3 % Skonto gewährt (Umsatzsteuersatz 7 %).

a) Berechnen Sie
- den Rechnungspreis
- den Überweisungsbetrag (Skonto wird in Anspruch genommen).

b) Kalkulieren Sie den Bareinkaufspreis für eine Konservendose.

Aufgabe 10

Mit einem Tabellenkalkulationsprogramm erleichtern Sie sich die Arbeit.

Im City-Warenhaus Bauer sind unten stehende Rechnungen eingetroffen. Ermitteln Sie aufgrund dieser Rechnungen den Bezugspreis für ein Trekking-Rad.

Zweirad-Import Gerstner GmbH
Bredenstraße 47
28195 Bremen

Zweirad-Center Breuer
Steinstraße 24
40212 Düsseldorf

Kunden-Nr: 0102
Auftrag vom 05.08.20(0)
Versand: unfrei
Datum: 06.08.20(0)

Rechnung Nr. 03-477-001

Menge/ Stück	Artikel-Nr.	Bezeichnung	Einzelpreis: €	Gesamtpreis €
10	RX-1177	X-8 Trekking, art brush design	1.200,00	12.000,00
		5 % Rabatt		600,00
				11.400,00
10		Spezial-Versandboxen	10,00	100,00
			Nettobetrag	11.500,00
			16 % USt	1.840,00
			Rechnungsbetrag	13.340,00

Zahlungsziel: 30 Tage ab Rechnungsdatum netto Kasse

Bankverbindung: Bremer Bank Bremen BLZ 290 800 10 Kto.-Nr. 122 377 05

Zweirad-Center Breuer Steinstraße 24 40212 Düsseldorf	**INTERSPED GmbH** Internationale Spedition Merkurstraße 14, 40223 Düsseldorf

Rechnung Nr. 03-14233

Kundennummer	Speditionsauftrags-Nr.	Vom	Datum
140123	12443-20(0)	03.08.20(0)	06.08.20(0)

Pos.-Nr.	Text	€
001	10 Fahrräder, 120 kg, Bremen – Düsseldorf, 310 km	80,00
	Nettobetrag + 16 % USt	80,00 12,80
	Bruttobetrag	92,80

Zahlbar sofort und ohne Abzug – Düsseldorfer Volksbank – BLZ 301 600 83 – Kontonummer 724 527 455

	A	B	C
1	**Kalkulation Bezugspreis**		
2	**Eingabeteil**		
3	**Artikel**	**X-8 Trekking**	
4	**Lieferer**	**Gerstner**	
5			
6	Listenpreis in €		
7	Stückzahl		
8	Rabatt in %		
9	Skonto in %		
10	Bezugskosten in €		
11			
12	**Ausgabeteil**		
13			
14		**€**	
15	Listenpreis		
16	./. Rabatt		
17	= Zieleinkaufspreis		
18	./. Skonto		
19	Bareinkaufspreis		
20	+ Bezugskosten		
21	= Bezugspeis gesamt		
22			
23	Bezugspreis Stück		
24			

LS_19_4_Bezugspreis / Tabelle2 / Tabelle3

Vorschlag: Zunächst den Bezugspreis für 10 Trekking-Räder berechnen, dann den Stückpreis

Aufgabe 11

Die Inhaberin der Geschenkboutique „Dies & Das“ will fünf Kisten Kerzen, farbig sortiert, bei einem Kerzenhersteller bestellen. Zur Kalkulation des Bezugspreises entnimmt sie dem Angebot des Kerzenherstellers die unten stehenden Angaben.
Errechnen Sie den Bezugspreis der Sendung.

Daten für die Bezugskalkulation:

Gewicht:	40 kg Kerzen je Kiste
Preis:	7,50 € je kg Reingewicht einschließlich Verpackung
Rabatt:	20 %
Skonto:	2 % bei Zahlung innerhalb von 10 Tagen
Transportversicherung:	3 ‰ vom Listenpreis
Fracht:	5,50 € pro 100 kg

Aufgabe 12

Der Baumarkt Weber KG hat bei der Dura GmbH Fugenfüller laut Angebot vom 23.06.20(0) bestellt. Diese Sendung wird am 29.06.20(0) in 20 Kisten durch eine Spedition geliefert. Das Gewicht der Sendung beträgt 420 kg, davon sind 20 kg als Tara anzusetzen. Der Spediteur stellte 75,00 € netto + 16 % USt in Rechnung. Dem Angebot des Lieferers sind folgende Daten zu entnehmen:

Daten für die Bezugskalkulation:

Preis:	1,20 € per kg Nettogewicht ausschließlich Verpackung
Rabatt:	15 %
Zahlungsbedingungen:	sofort netto Kasse
Verpackung:	1,50 € pro Kiste

Errechnen Sie den Einstandspreis der Sendung und den Preis für 1 kg Fugenfüller.

Aufgabe 13

Ein Warenhaus bezieht Radialreifen der Abmessungen 185/65 H15. Errechnen Sie den Bezugspreis für einen Autoreifen der Lieferung vom 18.01.20(0) auf der Grundlage des folgenden Auszugs aus der Liefererdatei.

Liefererdatei (Auszug)

Lieferer: **Artikel:**	**Nedevaar, Reifenfabrik, van Hallweg 13, Dieren (NL)** **Radialreifen, 185/65 H15**				
Rabatt:	8,5 % (ab 50 Stück)		Transportkosten:	1,55 € netto/Reifen	
Skonto:	3 % (innerhalb 14 Tagen)				
Listenpreis €	**Bestellung**		**Wareneingang**		**Bemerkungen**
	Datum	Stück	Datum	Stück	
82,00	10.01.20(0)	85	18.01.20(0)	85	–

Aufgabe 14

Ein Obst- und Gemüsefachgeschäft erhält eine Sendung Speisekartoffeln, die ein Bruttogewicht von 1.800 kg hat. Die Tara beträgt 1,5 %, der Listenpreis 1,10 €/kg netto. Der Lieferer gewährt 3 % Rabatt und 2 % Skonto bei Zahlung innerhalb von 10 Tagen, Fracht 3,10 € je 100 kg Bruttogewicht.
Mit welchem Bezugspreis kann das Fachgeschäft den 2,5-kg-Beutel kalkulieren?

Aufgabe 15

Das Fachgeschäft für Bürobedarf Hans Haller hat sechs gleichartige Schreibtische für 6.138,72 € (Überweisungsbetrag) eingekauft.

a) Berechnen Sie den Listenpreis für einen Schreibtisch mithilfe des unten stehenden Rechnungsausschnitts und dem Rechenschema. Dem Fachgeschäft wurden 10 % Rabatt und bei Zahlung innerhalb von 10 Tagen 2 % Skonto gewährt.

b) Kalkulieren Sie den Bareinkaufspreis für einen Schreibtisch.

Rechnung

Menge	Artikel-Nr.	Bezeichnung	Einzelpreis	Gesamtpreis
6	22455	Schreibtisch – Rabatt		
		Nettobetrag + 16 % USt		
		Rechnungsbetrag		
		– Skonto		
		Überweisungsbetrag		6.138,72

Rechenschema

Listeneinkaufspreis		100 %
– 10 % Rabatt		– 10 %
= Nettobetrag		90 % ← 100 %
+ 16 % Umsatzsteuer		+ 16 %
= Rechnungsbetrag		100 % → 116 %
– 2 % Skonto		– 2 %
= Überweisungsbetrag		98 %

Kalkulation

Listeneinkaufspreis		
– Rabatt		
= Zieleinkaufspreis		
– Skonto		
= Bareinkaufspreis		: 6 =

Aufgabe 16

Wie ändert sich der Bezugspreis, wenn folgende Veränderungen in der Bezugskalkulation vorgenommen werden?
Gehen Sie jeweils von folgenden Werten aus:
Listenpreis: 1.000,00 €; Rabatt: 100,00 €; Skonto: 20,0 €; Bezugskosten: 50,00 €

a) Der Listeneinkaufspreis bleibt unverändert, der Skonto erhöht sich um 15,00 €, der Rabatt erhöht sich um 15,00 €, die Bezugskosten vermindern sich um 30,00 €.
b) Der Listeneinkaufspreis bleibt unverändert, der Rabatt erhöht sich um 20,00 €, der Skonto vermindert sich um den gleichen Betrag, die Bezugskosten bleiben gleich.
c) Der Bareinkaufspreis steigt um 9,00 €, die Bezugskosten sinken um 10,00 €.
d) Der Zieleinkaufspreis verändert sich nicht, der Skonto erhöht sich um 6,50 €, die Bezugskosten sinken um diesen Betrag.

	€	a) €	b) €	c) €	d) €
Listenpreis					
./. Rabatt					
= Zieleinkaufspreis					
./. Skonto					
Bareinkaufspreis					
+ Bezugskosten					
= Bezugspreis					

Aufgabe 17

Füllen Sie anhand der nachfolgenden Angaben den unten stehenden Kassenbericht aus und berechnen Sie die Bareinnahme des Tages. Beachten Sie die Spalte „Vorsteuer".

Datum 25. März 20(0),
Kassenbericht Nr. 73
Kassenschlussbestand des Vortages (Wechselgeld): 300,00 €

	€
Kassenschlussbestand bei Geschäftsschluss	4.825,00
Barkauf von 2 Additionsrollen einschließlich 16 % Umsatzsteuer	11,60
Privatentnahme durch den Geschäftsinhaber	300,00
Wareneinkauf per Nachnahme, netto 215,00 € + 16 % USt 34,40 € =	249,40
Hausfracht wird bar bezahlt einschließlich 16 % USt	29,00
Kunde bezahlt Rechnung Nr. 245/20(0) bar	150,00
Bankeinzahlung	2.000,00
Der Mieter im Geschäftshaus zahlt seine Miete bar	400,00

Kassenbericht	vom		Nr.
			€
Kassenschlussbestand			
	Vorsteuer	**Nettobetrag**	
Ausgaben			
1. Zahlungen für Wareneinkäufe			
2. Geschäftsausgaben			
3. Privatentnahmen			
4. Sonstige Ausgaben (z. B. Bankeinzahlungen)			
		→	
		Summe	
abzüglich Anfangsbestand (Wechselgeld)			
= Kasseneingang			
abzüglich sonstige Einnahmen			
= Bareinnahme			

5 Mit besonderen Bedingungen bestellen

Situation 1: Einen Probekauf tätigen

In der Fahrradabteilung des City-Warenhauses:
Mit einer Zeitung in der Hand geht Herr Blank, der Bereichsleiter, auf seine Erstverkäuferin, Frau Abel, zu.

Herr Blank: *„Haben Sie das schon gelesen? Das Fahrrad-Center steht mal wieder groß in der Zeitung. Dabei ist das doch ein billiger Gag. Diese Trikots mit den Autogrammen bekannter Sportler können wir doch ganz normal bei Sprenger & Sohn per Katalog bestellen."*

Frau Abel: *„Ja, das stimmt, aber die Kombination mit einer echten Autogrammstunde, noch dazu mit dem Sieger des Sechs-Tage-Rennens vom letzten Sonntag, wirkt natürlich wie ein Magnet. Der Laden war zum Bersten voll."*

Herr Blank: *„Diese Trikots müssen wir auf jeden Fall auch anbieten. Bestellen Sie zunächst einmal eine kleine Menge, sagen wir mal 20 Stück. Wenn die Trikots gut laufen, bestellen wir einen größeren Posten. Aber machen Sie das dem Lieferanten auch deutlich, dann bekommen wir einen höheren Rabatt."*

Frau Abel: *„Ich möchte aber daran erinnern, dass wir beim letzten Mal, als wir mit den Sporttaschen nachzogen, eine viel schlechtere Qualität geliefert bekamen."*

Herr Blank: *„Das darf natürlich nicht wieder passieren. Schicken Sie doch einfach Karin ins Fahrrad-Center. Dort soll sie ein Trikot kaufen. Das legen Sie dann der Bestellung bei und verlangen genau solche Trikots, klar?"*

Frau Abel: *„Klar."*

Arbeitsauftrag 1

Entwerfen Sie ein Bestellschreiben für die Trikots. Verwenden Sie geeignete Fachbezeichnungen, die sicherstellen, dass Trikots in der gewünschten Qualität geliefert werden. Machen Sie dem Hersteller deutlich, dass eventuell ein größerer Auftrag folgt.

Kauf
- auf Probe
- nach Probe
- zur Probe

Empfänger: Textilwerke Sprenger & Sohn, Soldiner Straße 15, 13359 Berlin
Angaben zum Produkt: Artikel-Nr. 549TA, Größen 46 bis 52 sortiert, zur sofortigen Lieferung, Listenpreis 11,25 €, Lieferungs- und Zahlungsbedingungen laut Katalog Nr. 4/20(0)

Aufgabe 1

Um welche Kaufart handelt es sich jeweils?

a) Der Kunde eines Sportfachgeschäftes möchte einen Tennisschläger für drei Tage ausprobieren. Falls er ihm zusagt, will er ihn endgültig behalten.

b) Ein Schuheinzelhändler bestellt auf einer Messe Schuhe für die nächste Saison nach den Ausstellungsstücken der Hersteller.

c) Weil immer wieder Kunden nach hochwertigen Designer-Uhren verlangen, beschließt der Inhaber eines Uhren-/Schmuckgeschäftes sein Sortiment um eine kleine Auswahl von Designer-Uhren zu erweitern. Falls der Trend anhält, will er beim Hersteller größere Mengen ordern.

Aufgabe 2

Betrachten Sie folgende Kaufvertragsbeziehungen:

a) Einzelhändler kaufen Waren bei ihren Lieferanten.

b) Kunden erwerben in Einzelhandelsgeschäften Waren.

c) Die Auszubildende Marion verkauft ihrer Freundin eine CD, die sie nicht mehr haben möchte.

bürgerlicher Kauf
einseitiger Handelskauf
zweiseitiger Handelskauf

Welche der nachfolgenden Aussagen trifft auf a) bis c) jeweils zu?

1 Es handelt sich um einen „bürgerlichen Kauf".
2 Es liegt ein „einseitiger Handelskauf" vor.
3 Hier spricht man von einem „zweiseitigen Handelskauf".

Situation 2: Auf einem Stand einer Herbstmesse

Die Bereichsleiterin der Abteilung Textilien des City-Warenhauses, Frau Yildirim, und ein Aussteller für Herrenhosen, Herr Esser, sitzen an einem kleinen Tisch auf dem Messestand.

Frau Yildirim: *„Ich halte noch einmal fest: Von Artikel Nr. 380033, 65/35 Baumwolle/Polyester, Einschubtaschen seitlich, abgesteppte Nähte, mit 2 cm Umschlag sowie Gürtel reservieren Sie uns 300 Stück. Die Spezifizierung folgt in 14 Tagen schriftlich."*

Herr Esser: *„Es wäre uns lieb, wenn wir die Abruftermine frühzeitig wüssten."*

Frau Yildirim: *„Die gebe ich Ihnen ebenfalls in 14 Tagen."*

Arbeitsauftrag 2

Entwerfen Sie das Schreiben (als Brief, Fax oder E-Mail) an den Hosen-Hersteller, indem Sie die Bestellung auf der Messe nach Farben und Größen spezifizieren sowie die Abruftermine mitteilen. Verwenden Sie die nachfolgenden Informationen.

Kauf auf Abruf
Spezifikationskauf
Terminkauf
Fixkauf

Empfänger: HEKO GmbH, Textilwerk, Höhenstraße 45, 14469 Potsdam
Datum: 28. Sept. 20(0)

Beziehen Sie sich auf die Messe-Bestellung vom 14.09.20(0)

<u>Spezifizierung:</u>	1. Farbe 006, Größen:	44	5 Stück
		46	5 Stück
		48	20 Stück
		50	40 Stück
		52	20 Stück
		54	10 Stück
	2. Farbe 244, Größen:	wie oben	
	3. Farbe 487, Größen:	wie oben	
Abruftermine:	Ab 01.02.20(0) bis 15.04.20(0) jeweils zum 1. Werktag im Monat.		

Aufgabe 3

Welche Kaufarten werden in den nachfolgenden Kaufvertragsvereinbarungen beschrieben?

a) „Lieferung Ende September 20(0)"
b) „Liefern Sie bitte nach vorliegendem Muster ..."
c) „Falls Ihnen die Ware nicht zusagt, können Sie sie innerhalb von 14 Tagen umtauschen."
d) „Artikel Nr. 14466, Menge 300 Stück, Lieferung: In drei Teillieferungen, Abruf jeweils 10 Tage vor Lieferung."
e) Ein Warenhaus hat einen Artikel in seinen Weihnachtsprospekt aufgenommen, der am 10.12. an alle Haushaltungen verteilt wird. Die Bestellung an den Lieferanten lautet: „Ich bestelle für den 06.12.20(0) fest:"

Aufgabe 4

a) Welche der unten beschriebenen Situationen kennzeichnet den Verkauf von Kommissionsware, welche „Franchising"?

Franchising siehe Lernfeld 4

Situation 1
Ein Warenhaus bietet in seiner Lebensmittelabteilung an einem besonderen Stand Süßigkeiten an. Es handelt sich um verschiedene Bonbonsorten in großen Gläsern, aus denen sich der Kunde selber bedient. Anschließend werden die Süßigkeiten von einer Verkaufskraft attraktiv verpackt. Ähnliche Einrichtungen findet der Kunde auch in anderen Warenhäusern oder als eigenständiges kleines Geschäft. Ausstattung und Sortiment sind überall gleich und stammen von einem Süßwarenhersteller.

Situation 2
Wie in allen Abteilungen eines Möbelgeschäftes werden in der Antiquitätenabteilung Möbel zum Verkauf dargeboten. Während aber Ausstellungsstücke vom Möbelhändler gekauft worden sind, er also Eigentümer der Ware ist, gehören die Antiquitäten verschiedenen Privatpersonen, die sie dem Möbelhändler überlassen haben, damit er die Antiquitäten für sie verkauft.

b) Das Franchising-System bietet gerade jungen Kaufleuten im Einzelhandel eine gute Chance, sich selbstständig zu machen. Worauf ist das zurückzuführen?

1 Der Einzelhandelskaufmann übernimmt ein Absatzkonzept, das sich an anderen Standorten bereits bewährt hat. Damit vermindert sich sein Risiko.

2 Der Franchise-Nehmer benötigt kein Startkapital, weil er Geschäftsräume, Geschäftseinrichtung und die Ware kostenlos vom Franchise-Geber erhält.

3 Der Franchise-Nehmer braucht sich gewöhnlich um Werbung, Ladengestaltung und die Sortimentszusammensetzung nicht zu kümmern, weil dies bereits vom Franchise-Geber vorüberlegt worden ist. Der Franchise-Nehmer hat so einen leichteren Start.

6 Bestellmengen disponieren

In der Abteilung Lebensmittel des City-Warenhauses Bauer:
Zweimal in der Woche muss Herr Berns festlegen, wie viel Ware beim Einkaufsverband nachbestellt werden soll. Weil Lebensmittel ein Mindesthaltbarkeitsdatum haben (in der Regel ca. 16 Tage) hat er sich für diesen kurzen Bestellrhythmus entschieden.
Zum Glück nimmt ihm der Computer einen großen Teil der Arbeit ab, weil er über das Warenwirtschaftssystem eine Liste mit Bestellvorschlägen erhält.
Allerdings darf er sich nicht vollständig auf die vorgeschlagenen Bestellmengen verlassen.
Er muss vielmehr in jedem Einzelfall überprüfen, ob auch zeitliche Besonderheiten (z. B. das Wetter, sportliche Ereignisse und Feiertage) ausreichend berücksichtigt worden sind. Fehler bei der Buchung der Wareneingänge können außerdem zu Bestellvorschlägen führen, die für ein geübtes Auge sofort als unsinnig erkannt werden.
Heute, am Dienstag, dem 01.06., ist noch in folgenden Fällen jeweils endgültig über die Bestellmenge zu entscheiden, bevor die Daten in den Computer eingegeben und um 13:00 Uhr von der Zentrale automatisch abgerufen werden.
Die Artikelnummer 01-5745 Zwiebel-Leberwurst einscheint unproblematisch zu sein. Der Bestellvorschlag von „2“ = 14 Stück Nachbestellung ist nach seiner Meinung in Ordnung.

Wo	23
Mo	
Di	1
Mi	2
Do	3
Fr	4
Sa	5

Dispositionsblatt | **Warenart: Wurst SB**
Dispositionsdatum: 01.06.20(0) | Ausdruck: 31.05.20(0) 00:35
Bestellweg: EDI | **Liefertermin:** **Do** 03.06.
Nächster Liefertermin: **Sa** 05.06.

Artikel-Nummer	Artikel Vk-Preis	letzt. WE/EK-Geb. off. WE/EK-Geb.	Hersteller letzt. Verk.	EK-Geb. L.-Tag	H-Bestand M-Bestand Bestand	DVK Werbung Vorschlag	Abweichung
01-5745	Zwiebel-Leberwu. 1,29	27.05./1	UMC 29.05.	7 St. Do	2 8 6	2,8 **2**	

Auch bei der Kalbsleberwurst müsse es wegen der ausstehenden Bestellung passen.

Artikel-Nummer	Artikel Vk-Preis	letzt. WE/EK-Geb. off. WE/EK-Geb.	Hersteller letzt. Verk.	EK-Geb. L.-Tag	H-Bestand M-Bestand Bestand	DVK Werbung Vorschlag	Abweichung
01-5768	Kalbsleberwurst 1,29	28.05./1 02.06./1	UMC 29.05.	7 St. Do	4 17 2	5,1 **2**	

Delikatess-Leberwurst keine Nachbestellung? Letzter Abverkauf 27.05.?
Bierschinken 5 bei einem Bestand von 69 Stück? Die Werbung für Bierschinken ist doch ausgelaufen!

Artikel-Nummer	Artikel Vk-Preis	letzt. WE/EK-Geb. off. WE/EK-Geb.	Hersteller letzt. Verk.	EK-Geb. L.-Tag	H-Bestand M-Bestand Bestand	DVK Werbung Vorschlag	Abweichung
01-5782	Delikatess-Leberw. 1,29	27.05./1 02.06/1	BELA 27.05.	14 St. Do	2 17 13	2,3 **0**	
01-5795	Bierschinken 1,49	25.05./1 02.06./2	DIET 29.05.	12 St. Do	9 65 69	19,2 **5**	

Am letzten Wochenende tollstes Grillwetter, aber für die nächsten Tage ist Regen angesagt. Wegen des Dauerniedrigpreises war die Bratwurst immer ein Renner; aber zehn Gebinde?

Schinkenwurst aus der Werbung nur zwei?

Am nächsten Wochenende ist DFB-Pokal-Endspiel und dann nur einmal Mini Cabanossi für den gemütlichen Fernsehabend?

Artikel-Nummer	Artikel Vk-Preis	letzt. WE/EK-Geb. off. WE/EK-Geb.	Hersteller letzt. Verk.	EK-Geb. L.-Tag	H-Bestand M-Bestand Bestand	DVK Werbung Vorschlag	Abweichung
01-5801	Bratwurst fein 1,79 Dauerniedrigpreis	28.05./1	HER 29.05.	10 St. Do	12 72 92	28,6 **10**	
01-5805	Schinkenwurst 0,69	28.05./6 02.06./5	BARF 29.05.	12 St. Do	29 209 281	60,1 W **2**	
01-5825	Mini-Cabanossi 1,89	28.05./6 02.06./1	MEN 29.05.	12 St. Do	4 29 40	8,9 **1**	

Legende:

EDI	Electronic Data Interchange = elektronischer Datenaustausch	H-Bestand	Höchstbestand
Vk-Preis	Bruttoverkaufspreis	M-Bestand	Mindestbestand
letzt. WE	letzter Wareneingang	Bestand	aktueller Bestand
off. WE	offener Wareneingang	DVK	täglicher Abverkauf in den letzten 10 Tagen
letzt. Verk.	letzter Verkauf	Werbung (W)	Produkt ist in der aktuellen Werbung
El-Geb.	Einkaufsgebinde (Mindest-Stückzahl)	Abweichung	Abweichung vom Bestellvorschlag (von Hand einzutragen)
L-Tag	Liefertag		

Erläuterung des Formularaufbaus an einem Beispiel

Artikel-Nummer	Artikel Vk-Preis	letzt. WE/EK-Geb. off. WE/EK-Geb.	Hersteller letzt. Verk.	EK-Geb. L.-Tag	H-Bestand M-Bestand Bestand	DVK Werbung Vorschlag	Abweichung
01-5322	Fleischwurst 1,19	28.05./1 02.06./2	HER 29.05.	12 St. Do	4 29 25	9,9 1	
		28.05./1 → Einkauf eines Gebindes (= 12 Stück am 28.05. 02.06./2 → 2 Gebinde (= 24 Stück) offene Bestellung Lieferung 02.06.	29.05. → letzter Verkauf	12 St. → Einkaufsgebinde (12 Stück) Do → Liefertag der aktuellen Bestellung	25 → aktueller Bestand 25 Stück 29 → Mindestbestand 29 Stück 4 → Höchstbestand (4 x 12 St. = 48 Stück)	9,9 → durchschnittlicher Verkauf pro Tag 1 → Bestellvorschlag des WWS (1 x 12 Stück)	

Berechnung des Bestellvorschlages durch das Warenwirtschaftssystem

Ausgangspunkt der Berechnung ist der Bestellrhythmus. Aus ihm ergibt sich eine Bevorratungszeit. Bei täglicher Bestellung beträgt die Zeit, für die ein Warenvorrat vorhanden sein muss, einen Tag. Wird z. B. zweimal pro Woche bestellt (wie im Beispiel oben), beträgt die Zeit drei Tage.
Jeder Tag wird grundsätzlich mit 2 multipliziert, damit ein Sicherheitsbestand existiert und die Regale nicht leerverkauft werden.
Die nächste wichtige Größe ist der durchschnittliche tägliche Abverkauf (als Durchschnittszahl der letzten zehn Tage). Im Beispiel oben wurden täglich 9,9 Artikel Fleischwurst mit der Artikelnummer 01-5322 verkauft.
Das Warenwirtschaftssystem multipliziert nun die Bevorratungszeit mit 2 und das Ergebnis mit dem durchschnittlichen Verkauf pro Tag. Von diesem Zwischenergebnis werden die offenen Bestellungen abgezogen (weil sie ja noch unterwegs sind und den Bestand bald erhöhen) und der aktuelle Bestand an Waren.
Das Ergebnis wird kaufmännisch auf eine ganze Zahl gerundet. Nun weist das WWS einen Bestellvorschlag unter Beachtung der Gebindegröße aus.

Bevorratungszeit		Sicherheitsfaktor		durchschnittlicher Verkauf pro Tag		offene Bestellungen		aktueller Bestand		gerundet
3	x	2	= 6 x	9,9	= 59,4 –	24	–	25	= 10,4	→ **10**

Weil die Gebindegröße 12 Stück beträgt, empfiehlt das Warenwirtschaftssystem die Bestellmenge „**1**“ (= **1** mal 12 Stück).
Der Disponent könnte z. B. wie folgt überlegen:

- Der Ausdruck (siehe Einstiegssituation oben) wurde in der Nacht von Sonntag auf Montag erstellt. Der letzte Verkauf ist am Samstag (29.05.) registriert worden. Der Artikel wird also aktuell nachgefragt.
- Die relativ hohe Abverkaufszahl (fast 10 Stück am Tag) führt dazu, dass der Bestand von 25 Stück am Montag und Dienstag (31.05. und 01.06.) fast ganz aufgezehrt wird. Am Mittwoch (02.06.) treffen zwar wieder 24 Stück ein; sie werden aber nach dem 02. und 03.06. fast wieder abverkauft sein.
- Ein Zugang von 12 Stück stellt zwar die Versorgung sicher, am Samstag könnte der Bestand aber auf „0“ gehen, bis die neue Lieferung eintrifft.

Bestandsentwicklung (Abverkauf auf 10 Stück gerundet)

		Bestand alt	Abgänge	Zugänge	Bestand neu
Mo	31.05.	25	10		15
Di	01.06.	15	10		5
Mi	02.06.	5	10	24	19
Do	03.06.	19	10	12	21
Fr	04.06.	21	10		11
Sa	05.06.	11	10		1

Der Disponent würde daher die Bestellmenge von 1 auf 2 (= 24 Stück) anheben.

Do	03.06.	19	10	24	33
Fr	04.06.	33	10		23
Sa	05.06.	23	10		13

Arbeitsauftrag
Überprüfen Sie die Bestellvorschläge des Warenwirtschaftssystems und wandeln Sie sie – falls erforderlich – ab.

Aufgabe 1

Es ist Samstag, der 27. Juni, 16:00 Uhr. Es ist ein schöner Sommertag und die Meteorologen haben weiterhin sonniges und warmes Wetter vorausgesagt.
Der Leiter des Lebensmittel-Supermarktes Hansen muss seinem Einkaufsverbund die wöchentliche Bestellung übermitteln. Wenn die Daten heute in den Computer eingegeben werden, trifft die Ware am Dienstagmorgen per Lkw ein. Herr Hansen geht nun mit seinem mobilen Datenerfassungsgerät durch die Regalreihen und disponiert die Bestellmengen. Bei einigen seiner Einkaufsentscheidungen schauen wir ihm über die Schulter.

Zunächst geht er zu den Kühltruhen und betrachtet die Eistorten: **„Festtags-Torte Pfirsich-Melba Sahne“** Herr Hansen denkt: „Für Montag reicht der Bestand, 12 Stück brauche ich mindestens. Bei dem schönen Wetter?“	Abverkauf: 12 Stück pro Woche Bestand: 4 Stück Einkaufsgebinde: 4 Stück **Bestellung?**
Öl Die Grillsaison hat begonnen. Auch Salat ist jetzt sehr beliebt.	Abverkauf: 20 Flaschen/Woche Bestand: 10 Flaschen Einkaufsgebinde: 15 Stück **Bestellung?**
Bier (0,5-Liter-Flaschen) Herr Hansen: „Oh, viel verkauft! Na klar, Viertelfinale Fußballeuropameisterschaft.“	Abverkauf: 160 Kisten/Woche Bestand: 18 Kisten Einkaufsgebinde: beliebig **Bestellung?**
Soße Zwiebel-Sahne-Soße für Hähnchen und Pute Herr Hansen: „Putenoberkeulen und Hähnchenbrustfilet im Angebot.“ Abverkauf: 30 Päckchen/Woche Bestand: 8 Päckchen Einkaufsgebinde: 30 Päckchen **Bestellung?**	

a) Machen Sie Vorschläge für die Bestellmenge, die Sie Herrn Hansen jeweils empfehlen würden.
b) Halten Sie fest, welche Ereignisse die Einkaufsdisposition von Herrn Hansen beeinflusst haben.

Aufgabe 2

Bereits am Freitag, den 26. Juni (siehe Aufgabe 1) hatte Herr Hansen drei Sonderfälle bei seiner Einkaufsdisposition zu berücksichtigen:

Fall 1

Studentenfutter (Bioprodukt) Direktbelieferung durch den Hersteller Lieferung im 4-Wochen-Rhythmus Bestellung 3 Tage vor Liefertag Das Produkt ist in der Werbung Zurzeit Fußballeuropameisterschaft	Abverkauf: 10 Stück in 4 Wochen Bestand: 4 Stück Einkaufsgebinde: 10 Stück **Bestellung?**

Fall 2

Obst und Gemüse werden täglich (Montag bis Samstag) angeliefert. In dieser Woche bietet der Einkaufsverbund Obst und Gemüse zu Sonderpreisen an (Einkaufspreis netto z. B. für einen Kopfsalat 0,39 € statt 0,49 €). Weil in der nächsten Woche wieder die normalen Einkaufspreise gelten, ist daher sorgfältig zu disponieren, vor allem weil Herr Hansen über ein Kühllager für Obst und Gemüse verfügt.

Spargel Die Spargelsaison geht zu Ende; die Nachfrage steigt am Ende noch einmal an; Spargel ist vielfach noch ein „Sonntagsgericht“.	Abverkauf: 1 Kiste pro Tag Bestand: 0 (unverkäuflicher Rest) Einkaufsgebinde: Kiste **Bestellung?**
Gemüse (Schlangengurken, Strauchtomaten, Möhren im Beutel, Eisbergsalat) Abverkauf: 2 Kisten pro Tag, d. h. – 32 Schlangengurken – 30 Möhrenbeutel – 16 kg Strauchtomaten – 32 Salatköpfe Einkaufsgebinde: 1 Kiste (z. B. 16 Schlangengurken) **Bestellung (für die 4 Sorten)?**	Bestände: Gurken: 0 Salat: 6 Stück Möhren: 3 Beutel Strauchtomaten: 0

Aufgabe 3

Der Lebensmittel-Supermarkt Hansen ist zwar einem Einkaufsverbund angeschlossen, trotzdem kauft er bestimmte Produkte bei regionalen Anbietern ein. Nennen Sie fünf typische Produkte, die sich für einen regionalen Einkauf besonders eignen.

Aufgabe 4

Die Jahreszeit beeinflusst die Einkaufsdisposition eines Einzelhändlers.

a) Betrachten Sie ein Warenhaus und nennen Sie mindestens jeweils drei Produkte, bei denen eine steigende Nachfrage aufgrund der Jahreszeit zu erwarten ist. Bedenken Sie, dass die geeigneten Produkte schon ein wenig vor dem Ereignis präsentiert werden sollten.
Jahreszeit
① Mai/Juni (Sommerbeginn)
② Mitte/Ende August
③ Mitte/Ende September
④ Mitte/Ende November

b) Halten Sie mindestens 5 Ereignisse im Verlauf eines Jahres fest, die den Abverkauf von Waren in Ihrem Ausbildungssortiment beeinflussen und die damit bei der Bestelldisposition zu berücksichtigen sind.

Aufgabe 5

Betrachten Sie drei unterschiedliche Artikel aus Ihrem Ausbildungssortiment:

a) Erläutern Sie die Größen (z. B. der durchschnittliche Abverkauf pro Woche) von denen es abhängt, wie viele Produkte jeweils nachbestellt werden.

b) Beschreiben Sie den Weg, den die Bestelldaten in Ihrem Ausbildungsbetrieb nehmen.

c) Stellen Sie dar, welchen Weg die Ware nimmt, bis sie mit ihrem Preis ausgezeichnet auf dem Warenträger liegt.

Aufgabe 6

Unterscheiden Sie bei einem Filialunternehmen:

- Direktbezug,
- zentrale Belieferung und
- Streckengeschäft

Aufgabe 7

Erläutern Sie

a) das Verfahren des Cross-Dockings und

b) die Vorteile, die sich aus der Sicht einer Filiale ergeben.

Aufgabe 8

Ein großes Handelsunternehmen hat für die Versorgung seiner Filialen das unten schematisch dargestellte Versorgungskonzept entwickelt.

a) Machen Sie die nachfolgenden zentralen Aussagen anhand der Grafik deutlich und erläutern Sie das Konzept mit eigenen Worten.

b) Stellen Sie fest, welche Vorteile durch diese Regelungen für das Handelsunternehmen entstehen.

Aussagen zum Konzept

1. Lieferanten mit einem ausreichenden täglichen Sendungsaufkommen in Form von kompletten Lkw-Ladungen können die filialnahen Cross-Docking-Terminals der verschiedenen Zielgebiete direkt anfahren (Relationsverladung).
2. Umgekehrt können großflächige Filialen von den lieferantennahen Knotenpunkten direkt beliefert werden, ohne Zwischenstation in einem filialnahen Knotenpunkt.
3. Bei Lieferanten mit kleineren Abholmengen und Filialen mit geringem Tagesbedarf sind die Transporte zweifach gebrochen. In Lieferantennähe werden die Einkaufsmengen verschiedener Lieferanten in Knotenpunkten für bestimmte Hauptrelationen verdichtet und zum filialnahen Verteilzentrum der verschiedenen Zielgebiete befördert. Dort werden die Waren auf die Filialen verteilt.

Relation = Verbindung zu einem bestimmten Verteilungsgebiet (Zielgebiet)

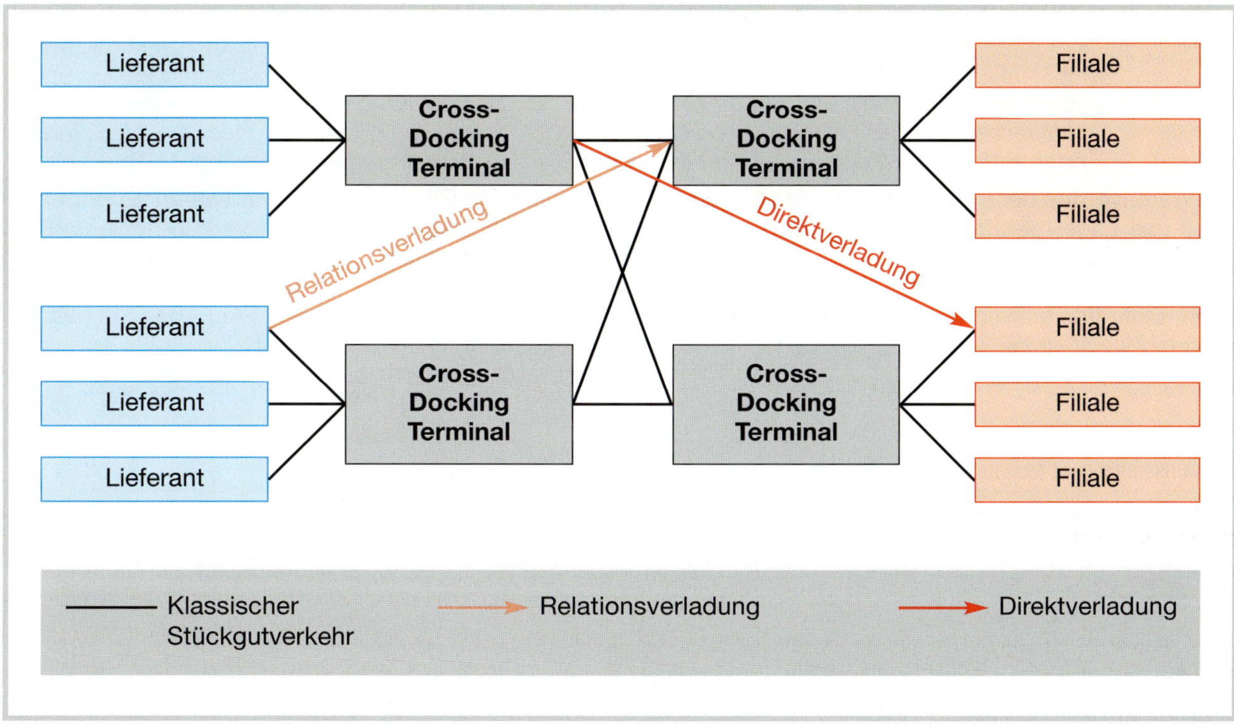

Quelle: METRO AG

7 Die Limitplanung beim Wareneinkauf verwenden

Eine typische Situation in der Sportabteilung des City-Warenhauses:

Frau Abel: „Herr Heuser, ich finde gar keine Tennisanzüge mehr in dieser aktuellen Fliederfarbe."

Herr Heuser: „Ja, davon habe ich schon am Montag den letzten verkauft."

Frau Abel: „Wie viele hatten Sie denn davon auf der Messe geordert?"

Herr Heuser: „12 Stück, weil Sie gesagt haben, wir sollten lieber vorsichtig bestellen."

Frau Abel: „Aber wir haben doch erst Mai, die Saison fängt gerade an."

Herr Heuser: „Vor zwei Jahren konnten wir die Tennisanzüge mit den ausgestellten Schultern nicht loswerden. Da haben Sie gesagt: ‚Nie wieder so viel einkaufen'."

Frau Abel: „Ja, aber was sollen wir den Kunden denn anbieten? Haben Sie sich beim Lieferer erkundigt, ob wir noch welche bekommen können?"

Herr Heuser: „Ja, in vier Wochen kann er wahrscheinlich liefern. Die Produktion läuft auf Hochtouren, aber er kann nicht alle Wünsche berücksichtigen. Ich habe 6 Stück nachbestellt."

Frau Abel: „6 Stück – Hoffentlich werden wir die noch los. Ab Juli verkaufen wir davon nichts mehr, dann ist Urlaubszeit. Übrigens, von den modischen Sweatshirts und den Herren-Polohemden ist auch kaum noch was da. Mir scheint, das läuft in diesem Sommer wieder genau so wie in der Wintersaison."

Die Warenvorräte der Sportabteilung boten in jedem Jahr das gleiche Bild. Im Bereich Hartwaren (Sportgeräte) quoll das Lager geradezu über, während im Bereich Sportbekleidung kaum Vorräte vorhanden waren. Im Geschäftsraum sah es ähnlich aus: Die Sportgeräte lagen wie Blei in den Regalen, Kundenwünsche nach aktueller sportlicher Kleidung konnten aber häufig nicht erfüllt werden, weil die Ware schon wenige Tage nach ihrem Eintreffen ausverkauft war. „Wir müssen den Einkauf besser planen", sagte sich Frau Abel. Sie hatte zu diesem Zweck einige Zahlen aus der Lager- und Finanzbuchführung zusammengestellt.

Verkaufslager = Waren im Verkaufsraum

Reservelager = Waren in einem speziellen Lagerraum

	Hartwaren in €	**Sportbekleidung in €**
durchschnittlicher Monatsbestand (Verkaufs- und Reservelager)	250.000,00	25.000,00
Verkäufe zu Einstands- (Einkaufs-)preisen pro Jahr (Wareneinsatz)	375.000,00	200.000,00

Einer Fachzeitschrift hatte Frau Abel außerdem folgende Kennzahlen für die Sportartikelbranche entnommen.

Umschlagshäufigkeit

durchschnittliche Lagerdauer

	Hartwaren	**Sportbekleidung**
Umschlagshäufigkeit im Branchendurchschnitt	3	4
Durchschnittliche Lagerdauer	120 Tage	90 Tage

Limit = Grenze

In der nächsten Saison (Wintersaison) will Frau Abel den Wareneinkauf für Sportbekleidung mit einer Limitplanung steuern. Sie geht dabei von folgenden Überlegungen aus:

Saison-Umsatz = Umsatz eines Halbjahres

- Weil Bekleidung der Mode unterworfen ist, kann sich der Planungszeitraum für den Umsatz nur auf eine Saison, und zwar auf die Monate September bis Februar, beziehen. Die Einkaufsplanung liegt um einen Monat verschoben zwischen August und Januar. Die Euro-Beträge sind Einkaufspreise (nicht Verkaufspreise).
- Frau Abel nimmt an, dass sie bei richtiger Einkaufsplanung 20 % mehr als in der Vorjahressaison absetzen kann. In der Vorjahressaison betrug der Verkauf zu Einkaufspreisen 100.000,00 € .
- Außerdem vermutet sie aufgrund von Vergleichszahlen aus der Vergangenheit, dass sich der geplante Umsatz wie folgt auf die Saison-Monate verteilt:

September	20 %	November	10 %	Januar	20 %
Oktober	30 %	Dezember	10 %	Februar	10 %

- Der Lagerbestand soll in der Saison um Waren im Werte von 20.000,00 € vergrößert werden. 20 % des Netto-Limits sind als Limit-Reserve anzusetzen.
- Das Einkaufslimit wird wie folgt auf die Einkaufsmonate verteilt:

August	40 %	Oktober	10 %	Dezember	10 %
September	20 %	November	10 %	Januar	10 %

Arbeitsauftrag

a) Berechnen Sie die Umschlagshäufigkeit und die durchschnittliche Lagerdauer für die Warengruppen Hartwaren und Sportbekleidung und vergleichen Sie die errechneten Zahlen mit dem Branchendurchschnitt.

b) Beschreiben Sie die Folgen, die sich aus den Abweichungen der Umschlagshäufigkeit und der durchschnittlichen Lagerdauer vom Branchendurchschnitt für die Sportabteilung ergeben.

c) Gestalten Sie den Wareneinkauf für die Warengruppe „Sportbekleidung" mit einer Limitplanung. Verwenden Sie das unten stehende Formular zur Limitplanung für die Saison Herbst/Winter 20(0).

zu a)

	Umschlagshäufigkeit	Branchenzahlen	durchschnittliche Lagerdauer	Branchenzahlen
Hartwaren				
Sportbekleidung				

zu c)

Limitplanung				Saison
Saison-Monate	**%**	**Plan-Verkauf €**	**Ist-Verkauf €**	**Abweichung +/– €**

			Aufteilung des Netto-Limits nach Monaten					
= Brutto-Limit	€							
+ Lager-Anbau	€							
./. Lager-Abbau	€		August	Sept.	Okt.	Nov.	Dez.	Jan.
= Netto-Limit	%							
	€							
./. Limit-Reserve	%							
	€							
= freies Limit	€							

Umsatzplanung: September bis Februar

Einkaufsplanung: August bis Januar

Aufgabe 1

a) Was bedeutet der Begriff „Freies Limit" für die Sportabteilung des City-Warenhauses?
b) Welchen Einfluss hat die Lagerveränderung auf das Netto-Limit der Saison?
c) Welche Vorteile bietet die Limitplanung für die Sportabteilung?

8 Die Limitplanung korrigieren

Jeweils zum Monatsende hält Frau Abel die Verkäufe zu Einstandspreisen im Formular zur Limitplanung fest. Ende November zeigt sich folgendes Bild:

		Limitplanung		Saison
Saison-Monate	**%**	**Plan-Verkauf €**	**Ist-Verkauf €**	**Abweichung +/– €**
September	20	24.000,00	19.600,00	- 4.400,00
Oktober	30	36.000,00	32.500,00	- 3.500,00
November	10	12.000,00	5.500,00	- 6.500,00
Dezember	10	12.000,00		
Januar	20	24.000,00		
Februar	10	12.000,00		
= Brutto-Limit	€	120.000,00		

			Aufteilung des Netto-Limits nach Monaten					
+ Lager-Anbau	€							
./. Lager-Abbau	€		August	Sept.	Okt.	Nov.	Dez.	Jan.
= Netto-Limit	%							
	€							
./. Limit-Reserve	%							
	€							
= freies Limit	€							

Arbeitsauftrag

Korrigieren Sie die Limitplanung für die Monate Dezember und Januar.

a) Berechnen Sie, um wie viel Prozent der Ist-Verkauf insgesamt in den Monaten September bis November gegenüber den Plan-Verkäufen dieser drei Monate zurückgeblieben ist.

b) Vermindern Sie das Nettolimit, die Limitreserve und das freie Limit um diesen Prozentsatz und setzen Sie die Einkaufsbeträge für die Monate Dezember und Januar neu fest.

Aufgabe 1

Berechnen Sie aus folgenden Zahlen das Netto-Limit.

geplante Verkäufe zu Einkaufspreisen:	650.000,00 €
geplanter Lageranfangsbestand zum 01.07.20(0):	150.000,00 €
geplanter Lagerendbestand am 31.12.20(0):	120.000,00 €

Aufgabe 2

In der Lederwarenabteilung des City-Warenhauses wird eine vereinfachte Limitplanung betrieben. Dort werden alle Lieferungen in einer besonderen Datei festgehalten, die der Limitkontrolle und der Überwachung der Bestellungen dient.

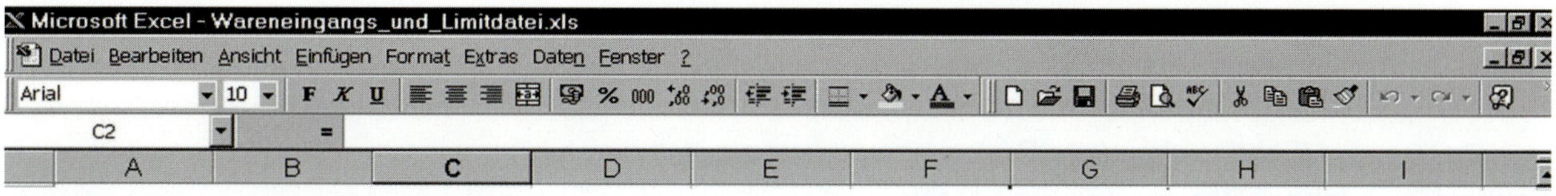

Wareneingangs- und Limitdatei								**20(0)**
Waren-gruppe:		Kolleg-/Dokumentenmappen		freies Limit (EK-Preis):		6.500,00 € pro Jahr		
Warenart:		Schultaschen		Limit-Reserve:		500,00 €		
Datum	Nr.	Lieferant	erteilte Aufträge/€	verfügbares Limit/€	Wareneingang Datum	Wareneingang Bezugspreis/€	schwebende Aufträge/€	
15.01.	1	Müller KG	1.560,00	4.940,00	21.01.	1.560,00		
10.02.	2	Gebrüder Holl	860,00	4.080,00				
15.03.	3	Ludwig & Co.	720,60	3.359,40	22.03.	320,00	400,60	
17.03.	4	Müller KG	644,27					

a) Erläutern Sie den Aufbau der Wareneingangs- und Limitdatei.

b) Dem Auftrag an Gebrüder Holl ist noch keine Warenlieferung gefolgt. Welche Auswirkung hat der Auftragswert von 860,00 € auf das verfügbare Limit?

c) Was geschieht mit dem verfügbaren Limit, wenn die Gebr. Holl den Auftrag wegen Lieferschwierigkeiten nicht ausführen können?

d) Ludwig & Co. hat erst eine Teilsendung geliefert. Mit welchem Wert wirkt sich der Auftrag auf das verfügbare Limit aus?

e) Von der Lederwarenfabrik Müller KG treffen heute, am 23. März 20(0), für den Auftrag vom 17. März 20(0) als Teillieferung 20 Kollegmappen zum Bezugspreis von 434,52 € ein. Tragen Sie den Wareneingang in den Bogen ein, und errechnen Sie das verfügbare Limit, das eigentlich schon bei der Erteilung des Auftrags hätte errechnet werden müssen.

9 Eine Liefererrechnung durch Einzelzahlung begleichen

Es ist Montagmorgen um 08:00 Uhr, als Sabrina Röder in der Buchhaltungsabteilung des City-Warenhauses Bauer eintrifft. Dort wird sie die nächsten drei Monate verbringen, um die Buchhaltung von ihrer praktischen Seite kennen zu lernen. Frau Dehn, ihre neue Chefin, erwartet sie schon.

Frau Dehn: *„Guten Morgen, Frau Röder. Schön, dass Sie da sind. Nehmen Sie doch bitte an Ihrem neuen Schreibtisch Platz."*

Sabrina: *„Guten Morgen, Frau Dehn."*

(Kaum hat sich Sabrina hingesetzt, kommt Frau Dehn mit einem Stapel Rechnungen herüber und legt sie vor ihr auf den Schreibtisch.)

Frau Dehn: *„Vielleicht haben Sie schon in der Berufsschule gelernt, dass in der Buchhaltungsabteilung alle Geschäftsvorgänge auf Konten erfasst und gebucht werden. Wir müssen hier jedoch auch noch einige andere Dinge erledigen … Sehen Sie sich doch mal diese Rechnung an …"*

(Sabrina nimmt die Rechnung und liest sie sich durch.)

Sabrina: *„Ich schätze, wir müssen bezahlen …"*

Frau Dehn: *„Richtig geschätzt. Schließlich wollen unsere Lieferanten für gelieferte Ware auch Geld sehen. Aber zuerst müssen Sie auf der Rechnung überprüfen, ob der Lieferant auch alle Positionen richtig ausgerechnet hat."*

Sabrina: *„Und was muss ich tun, wenn ich die Rechnung geprüft habe?"*

burgmanns

Molkereiprodukte Warenhandelsgesellschaft mbH

Burgmanns Molkereiprodukte, Buchenweg 2 – 4, 40878 Ratingen

City Warenhaus Bauer
Oberstraße 17
40878 Ratingen

Buchenweg 2 – 4
40878 Ratingen
Tel.: 02102 383286
Fax: 02102 383286-1

Datum: 17.02.20(0)

RECHNUNG

Bitte geben Sie bei Zahlung die Rechnungs-Nr. und die Kunden-Nr. an

Rechnungs-Nr. 55438576 | **Kunden-Nr. 45443**

Pos.	Artikel-Nr.	Artikelbezeichnung	Menge	EP/€	GP/€
1	545432	Donetta-Heidelbeer-Yoghurt 150 g	100	0,40	40,00
2	545433	Donetta-Erdbeer-Yoghurt 150 g	150	0,40	60,00
3	643654	Bruckmann-Frischmilch Erdbeer 500 ml	50	0,43	21,50
4	643655	Bruckmann-Frischmilch Orange 500 ml	50	0,43	21,50
				Warenwert	143,00
				+ 7 % USt	10,01
				Rechnungsbetrag	153,01

Zahlbar innerhalb von 10 Tagen mit 3 % Skonto oder innerhalb von 30 Tagen netto Kasse
Bankverbindung:
Postbank Essen, Konto 322195486 BLZ 360 100 43, Deutsche Bank AG, Konto 54765 BLZ 362 800 71

Arbeitsauftrag

Bearbeiten Sie die Eingangsrechnung und bereiten Sie eine Einzelzahlung per Banküberweisung vor.

1. Prüfen Sie die Rechnung auf rechnerische Richtigkeit.
2. Füllen Sie ein Überweisungsformular mit den erforderlichen Angaben aus.
3. Berücksichtigen Sie den Skonto-Abzug.
4. Tragen Sie in das Überweisungsformular das letztmögliche Datum für die Ausnutzung von Skonto ein.

Beachten Sie die nachfolgenden Informationen:
Geschäftskonto des City-Warenhauses Bauer:
Sparkasse Ratingen BLZ 301 516 60, Konto-Nr. 4565 051 000

Überweisung / Zahlschein

Schreibmaschine: normale Schreibweise! Handschrift: Blockschrift in GROSSBUCHSTABEN, Kästchen beachten! Bitte kräftig durchschreiben!

Name und Sitz des überweisenden Kreditinstituts | Bankleitzahl

Den Vordruck bitte nicht beschädigen, knicken, bestempeln oder beschmutzen.

Begünstigter: Name, Vorname/Firma (max. 27 Stellen)

ziehen

Konto-Nr. des Begünstigten | Bankleitzahl

Kreditinstitut des Begünstigten

EUR | Betrag: Euro, Cent

Kunden-Referenznummer – Verwendungszweck, ggf. Name und Anschrift des Überweisenden – (nur für Begünstigten)

noch Verwendungszweck (insgesamt max. 2 Zeilen à 27 Stellen)

Kontoinhaber/Einzahler: Name, Vorname/Firma, Ort (max. 27 Stellen, keine Straßen- oder Postfachangaben)

Konto-Nr. des Kontoinhabers | 18

Bank-Verlag Köln 48.802 (07/01)

Vergessen Sie bitte nicht das Datum und Ihre Unterschrift. Blatt II ist für Ihre Unterlagen bestimmt.

301 516 60
Sparkasse Ratingen

Datum, Unterschrift

Aufgabe 1

Wie wird bei einer Überweisung zwischen verschiedenen Banken das Geld vom Auftraggeber zum Zahlungsempfänger übertragen?

Aufgabe 2

Was versteht man unter einem Gironetz?

Aufgabe 3

Sie wollen zur Bezahlung einer Rechnung eine Überweisung ausfüllen. Geben Sie an, welche Angaben Sie unbedingt in dem Überweisungsvordruck eintragen müssen.

Aufgabe 4

Am 15. November 20(0) erhält das City-Warenhaus Bauer die unten stehende Rechnung. Veranlassen Sie die Bezahlung der Rechnung unter Ausnutzung von Skonto. Tragen Sie auch das richtige Datum zur Bezahlung der Rechnung ein.

AUDIO – VIDEO Service

Audio-Video Servie GmbH, Sonnenwall 56, 47053 Duisburg

City-Warenhaus Bauer
Oberstraße 17
40878 Ratingen

RECHNUNG-NR. 1288-20 Duisburg, 14.11.20(0)

Artikel-Nr.	Stück	Bezeichnung	Einzelpreis/€	Gesamtpreis/€
4sd4x	20	Fernsehgeräte	325,00	6.500,00
		+ 16% USt		1.040,00
				7.540,00

Zahlungsziel: 30 Tage ab Rechnungsdatum netto Kasse. Innerhalb von 10 Tagen 3 % Skonto
Bankverbindung: Stadtsparkasse Duisburg BLZ 350 500 00, Kto.-Nr. 10517 472

Aufgabe 5

Wo ist im obigen Beispiel der Erfüllungsort
- für die Lieferung der Ware?
- für die Bezahlung der Rechnung?

Aufgabe 6

Es ist 20:15 Uhr, die Banken haben geschlossen. Aber Sie müssen unbedingt eine Überweisung noch an diesem Tag durchführen. Beschreiben Sie, was Sie tun können.

Aufgabe 7

Beurteilen Sie folgende Situation:
Herr Bauer telefoniert mit seinem Kundenberater bei der Bank: „Bitte führen Sie für mich eine Überweisung an die Firma Burgmanns durch. Sie wissen schon, der Handel für Molkereiprodukte. Überweisen Sie bitte einen Betrag von 15.000,00 € zu Lasten meines Kontos."
Gesagt, getan, die Überweisung wird durchgeführt, so wie Herr Bauer es wünscht. Nur kurze Zeit später schickt Herr Bauer ein Fax an seine Bank, auf welchem eine Kopie des zuvor telefonisch erteilten Überweisungsauftrages zu lesen ist, sozusagen als Sicherheit. Noch am gleichen Tag geht die Buchhalterin aus der Verwaltung während der Mittagspause bei einer Filiale der Bank vorbei und wirft dort einen Überweisungsbeleg mit genau demselben Auftrag in den Briefkasten, den Herr Bauer zuvor bereits telefonisch erteilt hatte. Die Buchhalterin wusste jedoch nichts davon, dass sich Herr Bauer selbst um die Überweisung kümmern wollte. Auch diesen Überweisungsauftrag führt die Bank durch. Am Monatsende lässt sich Herr Bauer die Kontoauszüge zeigen, um die Geldbewegungen des Unternehmens zu prüfen. Dabei fällt auf, dass der Betrag von 15.000,00 € doppelt überwiesen wurde. Herr Bauer telefoniert sofort mit der Firma Burgmanns, muss jedoch erfahren, dass Burgmanns inzwischen zahlungsunfähig ist. Daraufhin telefoniert Herr Bauer wutentbrannt mit seiner Bank und verlangt eine Rücküberweisung des doppelt überwiesenen Betrags.

Aufgabe 8

Sie lesen in einer Fachzeitschrift eine Anzeige: „Banking von zu Hause aus – einfach am PC". Beschreiben Sie, wie Sie zu Hause vom PC aus Bankgeschäfte erledigen können.

Aufgabe 9

Was versteht man in Zusammenhang mit Internet-Banking unter einer TAN?

Aufgabe 10

Warum sind viele Leute unsicher, ihre Bankgeschäfte zu Hause vom PC aus per Internet-Banking durchzuführen?

Aufgabe 11

Vergleichen Sie die nachfolgend abgebildete Eingabemaske eines Telebanking-Programms für eine Banküberweisung mit dem Überweisungsformular oben und stellen Sie die Unterschiede fest.

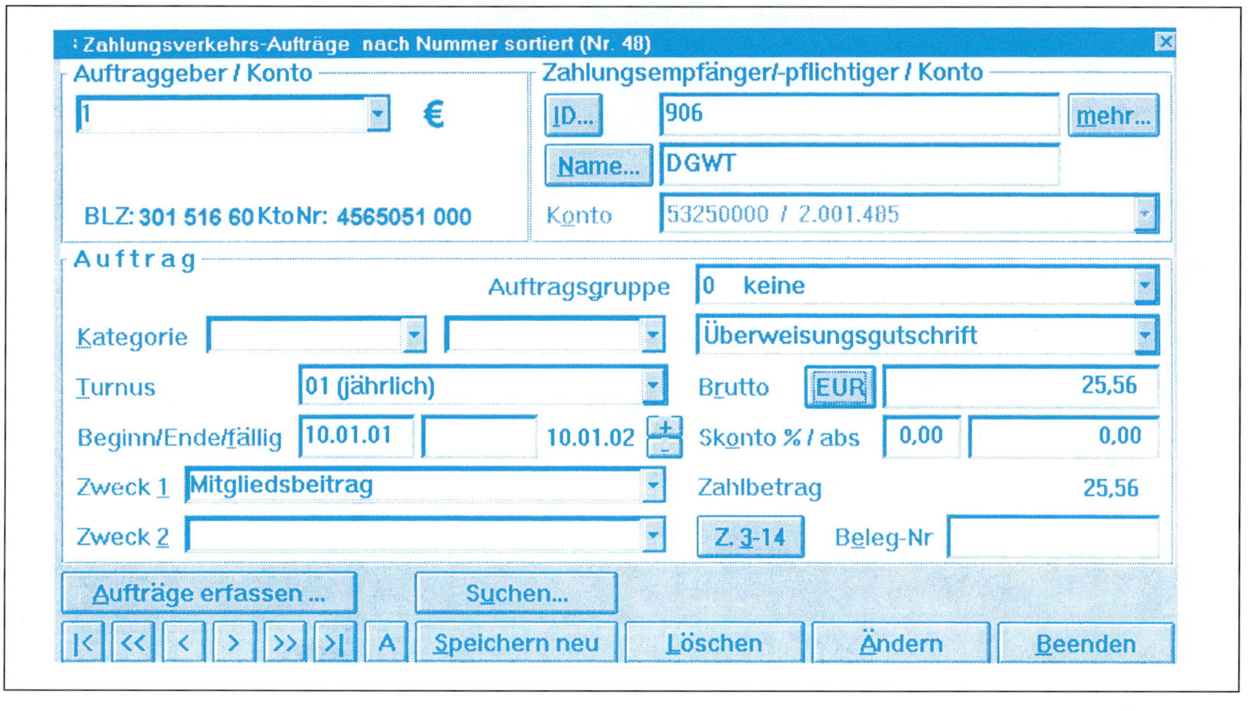

10 Eine Sammelzahlung durchführen

Sabrina Röder ist immer noch mit der Bearbeitung von Einzelzahlungen beschäftigt. „Eigentlich kein Problem", denkt sie, „wenn es sich nur um eine einzige Rechnung handelt, die bezahlt werden muss". Plötzlich steht Frau Dehn hinter ihr.

Frau Dehn: *„Na, Frau Röder, wie klappt's denn so?"*

Sabrina: *„Es klappt gut. Bisher habe ich noch keine Probleme gehabt. Und Skonto-Abzüge ausrechnen ist auch nicht schwierig."*

Frau Dehn: *„Dann ist es ja gut. Aber sehen Sie mal hier. Ich habe hier die Lohn- und Gehaltslisten unserer Mitarbeiterinnen und Mitarbeiter. Bitte seien Sie so freundlich und überweisen Sie unseren Mitarbeitern die Gehälter. Unsere Konto-Nummer kennen Sie ja nun bereits im Schlaf."*

Sabrina: *„Allerdings ..."*

Frau Dehn: *„Die Konto-Nummern unserer Mitarbeiter finden Sie auf den Lohn- und Gehaltsabrechnungen. Sie können sie allerdings auch in der Tabelle nachlesen, die ich Ihnen für die Löhne und Gehälter angefertigt habe. Verwenden Sie bitte für die Bezahlung der Löhne und Gehälter eine Sammelüberweisung."*

Sabrina: *„Waas? Nur eine Überweisung für alle Gehälter? Wie soll das denn gehen?"*

Auszug aus der Lohn- und Gehaltsliste des City-Warenhauses Bauer

Nr.	Name	Wohnort	Bank	Bankleitzahl	Konto-Nr.	Auszahlungs-betrag
41	Christians, Klaus	47053 Duisburg	Commerzbank AG Duisburg	350 400 10	54463	1.105,70
42	Dierks, Meike	40878 Ratingen	Deutsche Bank AG Ratingen	301 700 60	8654733	310,00
43	Arndt, Tobias	40533 Düsseldorf	Deutsche Bank AG Düsseldorf	300 700 30	65234	1.133,28
44	Berns, Frank	40878 Ratingen	Sparkasse Ratingen	301 516 60	1128684	1.650,78
...	...	...	...	...	...	...
...	...	...	...	...	...	...
					Gesamt	32.221,00

Arbeitsauftrag

Füllen Sie den unten stehenden Sammel-Überweisungsauftrag für die Bezahlung der gesamten Löhne und Gehälter an die Mitarbeiterinnen und Mitarbeiter des City-Warenhauses Bauer aus. Übernehmen Sie die Angaben der Lohn- und Gehaltsliste beispielhaft für die Mitarbeiter mit den laufenden Nummern 43 und 44, um die Einzelüberweisungsaufträge auszufüllen.

Sammel-Überweisung

301 516 60
Sparkasse Ratingen

von Nr. bis Nr. von Nr. bis Nr.

Überweisen Sie zu Lasten des unten angegebenen Kontos an die Begünstigten der anliegenden Überweisungen. Beigefügt sind Anlagen zur Sammel-Überweisung.

Datum Stempel und Unterschrift des Kontoinhabers

Stückzahl EUR Gesamtbetrag: Euro, Cent

Kontoinhaber: Name, Vorname/Firma (max. 27 Stellen)

Konto-Nr. des Kontoinhabers 30

111 471 500 12/2001 11009

30H

Schreibmaschine: normale Schreibweise!
Handschrift: Blockschrift in GROSSBUCHSTABEN, Kästchen beachten!
Bitte kräftig durchschreiben!

Überweisung / Zahlschein

Name und Sitz des überweisenden Kreditinstituts

Bankleitzahl

Den Vordruck bitte nicht beschädigen, knicken, bestempeln oder beschmutzen.

Begünstigter: Name, Vorname/Firma (max. 27 Stellen)

ziehen

Konto-Nr. des Begünstigten

Bankleitzahl

Kreditinstitut des Begünstigten

EUR

Betrag: Euro, Cent

Kunden-Referenznummer – Verwendungszweck, ggf. Name und Anschrift des Überweisenden – (nur für Begünstigten)

noch Verwendungszweck (insgesamt max. 2 Zeilen à 27 Stellen)

Kontoinhaber/Einzahler: Name, Vorname/Firma, Ort (max. 27 Stellen, keine Straßen- oder Postfachangaben)

Konto-Nr. des Kontoinhabers

18

Bank-Verlag Köln 48.802 (07/01)

Vergessen Sie bitte nicht das Datum und Ihre Unterschrift.
Blatt II ist für Ihre Unterlagen bestimmt.

301 516 60
Sparkasse Ratingen

Datum, Unterschrift

Schreibmaschine: normale Schreibweise!
Handschrift: Blockschrift in GROSSBUCHSTABEN, Kästchen beachten!
Bitte kräftig durchschreiben!

Überweisung / Zahlschein

Name und Sitz des überweisenden Kreditinstituts

Bankleitzahl

Den Vordruck bitte nicht beschädigen, knicken, bestempeln oder beschmutzen.

Begünstigter: Name, Vorname/Firma (max. 27 Stellen)

ziehen

Konto-Nr. des Begünstigten

Bankleitzahl

Kreditinstitut des Begünstigten

EUR

Betrag: Euro, Cent

Kunden-Referenznummer – Verwendungszweck, ggf. Name und Anschrift des Überweisenden – (nur für Begünstigten)

noch Verwendungszweck (insgesamt max. 2 Zeilen à 27 Stellen)

Kontoinhaber/Einzahler: Name, Vorname/Firma, Ort (max. 27 Stellen, keine Straßen- oder Postfachangaben)

Konto-Nr. des Kontoinhabers

18

Bank-Verlag Köln 48.802 (07/01)

Vergessen Sie bitte nicht das Datum und Ihre Unterschrift.
Blatt II ist für Ihre Unterlagen bestimmt.

301 516 60
Sparkasse Ratingen

Datum, Unterschrift

11 Regelmäßige Zahlungen veranlassen

Wieder einmal sitzt Sabrina vor einem Stapel Rechnungen. Was soll sie bloß mit all diesen unterschiedlichen Rechnungen und Zahlungsaufforderungen anfangen?

Deutsche Telekom

Ihre Rechnung

Zweirad Bauer
Further Straße 77
41460 Neuss

Artikel	Menge bzw.	Nettoeinzel-Betrag/€	Nettogesamt-Betrag/€
Telefon anschluß	1	...	...
Verbindungen			
...			
...			
...			
+ 16 % USt			...
Rechnungsbetrag			1.419,84

MIETVERTRAG

für neu angemietete Geschäftsräume

Zwischen
Bau Treuhand GmbH
46047 Oberhausen
als Vermieter

und

Zweirad Bauer
41460 Neuss
als Mieter

§ 1 Mieträume:
Further Straße 77, 41460 Neuss
§ 2 Mietzins:
10.800 € pro Monat (inkl. Nebenkosten)

Bankverbindung Bau Treuhand GmbH
Landeszentralbank Oberhausen
Kto.Nr. 365 01500
BLZ: 365 000 00

SEKURA
Wir versichern Sie fair

Zweirad Bauer
Further Straße 77
41460 Neuss

Geschäfts-Versicherung Nr. 554636

Sehr geehrte Damen und Herren,

wir bitten Sie, den Versicherungsbeitrag von monatlich 215,50 € jeweils zum Monatsende auf eines unserer angegebenen Konten zu überweisen.

(...)

Arbeitsauftrag

Treffen Sie eine begründete Entscheidung, welche Sonderform der Überweisung jeweils geeignet ist, die obigen Rechnungen zu bezahlen.

Aufgabe 1

Entwerfen Sie zum obigen Arbeitsauftrag eine Tabelle, in welcher Sie die Zahlungsarten für die Rechnung gegenüberstellen.

a) Ordnen Sie die Belege jeweils zu.
b) Schreiben Sie darunter, welche Besonderheit die jeweilige Zahlungsart hat.
c) Schreiben Sie auch die Vorteile und Nachteile auf.

Aufgabe 2

a) Mit welchen Zahlungsmitteln (Abbuchungsauftrag, Einzugsermächtigung, Dauerauftrag, normale Überweisung) werden die nachfolgend dargestellten Zahlungen am besten abgewickelt? Begründen Sie Ihre Entscheidung.

1 monatliche Miete für das Geschäftslokal
2 monatliche Umsatzsteuerzahllast an das Finanzamt
3 vierteljährliche Abschlagszahlungen und jährliche Schlussrechnung der Stadtwerke für Gas- und Wasserverbrauch
4 Gehaltszahlungen an das Verkaufspersonal
5 gelegentliche Rechnungen kleinerer Lieferanten
6 regelmäßige Rechnungen eines Groß-Lieferanten
7 Beiträge für den Sportverein
8 Rechnungen der Telekom über Telefongebühren
9 Gutschrift für einen Kunden wegen einer mangelhaften Lieferung

b) Entwerfen Sie eine Übersicht, die Auskunft darüber gibt, wodurch sich das Lastschriftverfahren und das Dauerauftragsverfahren voneinander unterscheiden. Beurteilungsmerkmale sind: Zahlungsbetrag, Zahlungstermin, Gläubiger.

Aufgabe 3

Herr Bauer ist es leid: Ständig muss er Einzelüberweisungen unterschreiben und wird dadurch häufig sehr stark durch Routine-Tätigkeiten aufgehalten. Er spricht mit der Verwaltungsleiterin, Frau Dehn.

Herr Bauer:	„Frau Dehn, wir bestellen doch regelmäßig Büroartikel bei ‚Büro Discount', oder?“
Frau Dehn:	„Richtig.“
Herr Bauer:	„Ich bin es leid, ständig einzelne Überweisungen zu unterschreiben, wo wir doch ständig dort bestellen. Was kann man denn da tun?“
Frau Dehn:	„Wir könnten der Firma ‚Büro Discount' eine Einzugsermächtigung erteilen, sodass wir bei fälligen Zahlungen einfach auf unser Konto zurückgreifen.“
Herr Bauer:	„Hört sich gut an, aber was können wir denn tun, wenn ‚Büro Discount' sich mal ein wenig zu viel von unserem Konto bedient?“
Frau Dehn:	„Ach, da machen Sie sich mal keine Sorgen ...“

Erteilen Sie im Auftrag von Herrn Bauer der Firma „Büro Discount“ auf dem unten stehenden Formular eine Einzugsermächtigung für offene Rechnungen.

Sie können auch problemlos und Zeit sparend per Lastschriftverfahren bezahlen.

Einzugsermächtigung (Bitte ausfüllen, falls gewünscht)

Hiermit ermächtige(n) ich/wir Sie, bis auf Widerruf die offenen Rechnungen für Firma Büro Discount mittels Lastschrift einzuziehen.

Bankleitzahl | | | | | | | | | Kontonummer | | | | | | | | |

Name, Ort der Bank

____

Datum, Unterschrift

____

a) Beschreiben Sie, wie sich das City-Warenhaus Bauer verhalten kann, wenn tatsächlich ein zu hoher Geldbetrag vom Konto einbehalten wurde.

b) Geben Sie an, welche Vorteile der Einzugsermächtigung auf dem Formular angesprochen werden.

Aufgabe 4

Ihre Bank hat im Rahmen eines Abbuchungsauftrags einen Geldbetrag von Ihrem Konto abgebucht, mit dem Sie nicht einverstanden sind. Beschreiben Sie, wie Sie sich korrekterweise verhalten sollten.

Aufgabe 5

Prüfen Sie, ob es sich bei den unten stehenden Zahlungen um

a) bare Zahlungen
b) halbbare Zahlungen
c) bargeldlose Zahlungen handelt:

1 Ein Kunde begleicht eine Rechnung mit Banküberweisung.
2 Die Telefonrechnung wird im Lastschriftverfahren beglichen.
3 Ein Lieferant erhält einen Verrechnungsscheck.
4 Ein Kunde zahlt mit einem Barscheck.

5 Die Geschäftsmiete wird per Dauerauftrag bezahlt.
6 Ein Kunde bezahlt eine Rechnung mit Zahlschein (Bank).
7 Die Rechnung eines Kunden wird mit einer Postanweisung beglichen.

Aufgabe 6

a) Ergänzen Sie die nachfolgende Liste mit allen Zahlungsmitteln, die Sie bisher kennen gelernt haben. Gehen Sie dabei von den Barzahlungsmitteln über die halbbaren zu den bargeldlosen.

b) Legen Sie eine Tabelle nach unten stehendem Muster an, und tragen Sie alle Zahlungsmittel darin ein, mit denen sich sinnvoll Zahlungen zwischen Absender und Empfänger durchführen lassen. Unter „Banküberweisung" sollen hier auch die Sonderformen der Überweisung (Dauerauftrag, Lastschriftverfahren) verstanden werden.

Empfänger / Absender	Kein Konto (z. B. Konto unbekannt)	Bankkonto
Kein Konto (z. B. überzogen)		
Bankkonto		

Lernfeld 7 Waren annehmen, lagern und pflegen

1 Ware annehmen

Für den bevorstehenden Frühling plant das City-Warenhaus eine Verkaufsaktion für Motorradzubehör. Nach sorgfältiger Prüfung mehrerer Angebote entscheidet Herr Bauer, der Firma MAYARD MOTORRADZUBEHÖR einen Auftrag zu erteilen. Es wird vertraglich vereinbart, dass die bei der Verkaufsaktion übrig gebliebene Ware auf Kosten von MAYARD zurückgeschickt und der Rechnungsbetrag entsprechend gekürzt wird. Erst nach eventueller Retoure wird MAYARD die Rechnung an das City-Warenhaus schicken. Am 22. März erfolgt die Bestellung, die Lieferung wird für den 27. März 20(0) vereinbart.

City-Warenhaus Bauer

Fax Deckblatt

DATUM:	22. 03. 20(0)	**ZEIT:**	10:27
AN:	MAYARD Motorradzubehör Achatstraße 122 33739 Bielefeld		
Fax:	(05206) 922 919		

Oberstraße 17
40878 Ratingen

Telefon: 02102 56742–0

Fax: 02102 56733

E-Mail: City-Warenhaus@t-online.de

Bestellung Nr. 12A

Sehr geehrte Damen und Herren,

vielen Dank für Ihr Angebot vom 10. März 20(0). Liefern Sie uns bitte zu den angebotenen Bedingungen:

20 Stück Motorrad-Helme „Classico" Artikel-Nr. 207.448 Farben 01, 56, 63, 67, 84, Größen 53/54 - 61/62, zum Preise von 72,50 € netto,

50 Stück Nierengurte neopren rs-uvex, Artikel-Nr. 207.501, Farbe: schwarz, Größen: XS - M - XL, zum Preis von 17,95 € netto,

10 Stück Touren-Lederhose „Commander" aus Rindleder, Artikel-Nr. 207.508, Farbe: schwarz, Größen: 46 - 64, zum Preis von 169,00 € netto.

Rabatt 10 %.

Zahlungsbedingungen: 30 Tage netto Kasse.

Lieferungsbedingungen: Sofort, frei Haus.

Mit freundlichen Grüßen

Bauer

Heute, am 27. März 20(0), trifft die Sendung der Firma MAYARD MOTORRADZUBEHÖR mit einem Lieferwagen der Spedition DANZAS ein. Der Fahrer von DANZAS händigt Herrn Schmitz, dem Lagerleiter des City-Warenhauses, fünf Kartons mit den bestellten Motorradhelmen sowie einen Karton mit Nierengurten und einen Karton mit Lederhosen aus. Auf den Karton-Etiketten kann Herr Schmitz leicht erkennen, dass jedes Packstück an das City-Warenhaus adressiert ist. Fünf Kartons sind äußerlich unversehrt, die Kartons mit den Nierengurten sowie den Lederhosen sind an einer Seite beschädigt. Ob auch der Inhalt gelitten hat, ist von außen jedoch nicht festzustellen. Leider hat Herr Schmitz im Moment keine Zeit, um auch den Inhalt sofort auf eventuelle Mängel hin zu überprüfen. Erst mittags stellt Herr Schmitz fest, dass zwei Lederhosen (2 mal geringfügige Kratzspuren) sowie ein Nierengurt (1 Klettverschluss leicht eingerissen) beschädigt sind. Nach erfolgter Prüfung wird die unbeschädigte Ware ins Lager einsortiert, die beschädigten Artikel werden gesondert aufbewahrt. Nach telefonischer Rücksprache beschließt man, auch die leicht beschädigte Ware in die Verkaufsaktion zu nehmen, weil sie noch verkaufsfähig ist. Allerdings räumt die Firma MAYARD ein, den Rabatt von 10 % auf 12 % zu erhöhen.

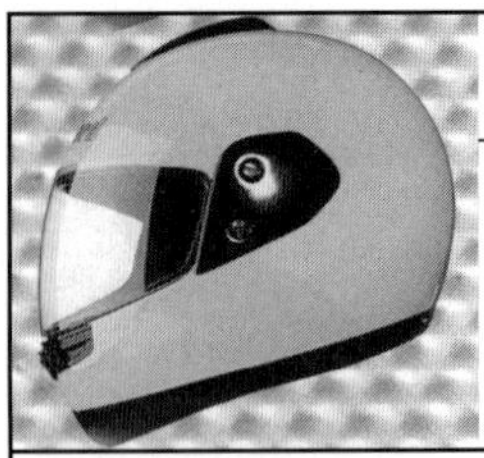

MAYARD Motorradzubehör

Achatstraße 122
33739 Bielefeld
Telefon (05206) 922914
Fax (05206) 922919

MAYARD Motorradzubehör, Achatstraße 122, 33739 Bielefeld

City-Warenhaus Bauer
Oberstraße 17
40878 Ratingen

Datum

Lieferschein Nr. 00-244-01 26.03.20(0)

Zahl	Verpackung	Art	Stück
5	Karton	Motorrad-Helme „Classico" Artikel-Nr. 207.448, Farben 01, 56, 63, 67, 84, Größen 53/54 - 61/62	20
2	Karton	Nierengurte neopren rs-uvex mit Belüftungs- perforation und Klettverschluss, Artikel-Nr. 207.501, Farbe: schwarz, Größen: XS - M - XL	50
1	Karton	Touren-Lederhose „Commander" aus Rindleder mit Klimamembran und Lederstretch, Artikel-Nr. 207.508, Farbe: schwarz, Größen: 46 - 64	10

Lieferung erhalten:

Anmerkungen:

Datum, Unterschrift Empfänger

Kontroll-
zeichen: ✔

Wareneingangskontrolle

Kontrollbogen				
Lieferant				
Äußere Prüfung		**Verpackungsmängel/fehlende Packstücke**		
1. Anschrift				
2. Anzahl	Stück			
3. Verpackung				
		Frachtführer	Datum	Unterschrift
Prüfung des Inhalts				
Menge	**Art**	**Mängel**		
			Unterschrift Lagerleitung, Datum	

Wareneingangskontrolle

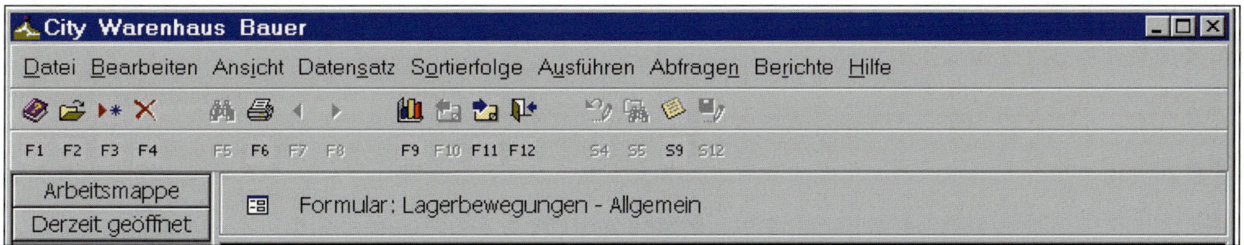

Lieferschein-Nr.		Lieferschein-Datum	
Artikel-Nr.		Warengruppe	
Lieferer			
Bezeichnung			
Menge Zugang			
Menge-Abgang			
Saldo			

Lieferschein-Nr.		Lieferschein-Datum	
Artikel-Nr.		Warengruppe	
Lieferer			
Bezeichnung			
Menge Zugang			
Menge-Abgang			
Saldo			

Lieferschein-Nr.		Lieferschein-Datum	
Artikel-Nr.		Warengruppe	
Lieferer			
Bezeichnung			
Menge Zugang			
Menge-Abgang			
Saldo			

Leider wird mit der Verkaufsaktion in der ersten Aprilwoche nicht der gewünschte Erfolg erzielt. Von dem eigens für die Aktion eingekauften Motorradzubehör wurden an insgesamt drei Aktionstagen 16 Motorradhelme „Classico“ sowie 40 Nierengurte und sechs Lederhosen verkauft. Glücklicherweise wurde mit der Firma MAYARD vereinbart, dass nicht abverkaufte Ware als Retoure behandelt werden kann. Die Ware wird vereinbarungsgemäß auf Kosten des Lieferanten an die Firma MAYARD zurückgeschickt. Aus diesem Grund wird noch am 04. April 20(0) für die restliche Ware ein Waren-Retourenschein erstellt. Die übrig gebliebene Ware wird in einer Colli-Box verpackt und die Spedition DANZAS wird mit dem Transport der Ware beauftragt.

Warenretoure

☐ Mit Warenbewegung ☐ Ohne Warenbewegung

Anschrift Empfänger der Retoure:

Anschrift Absender der Retoure:

Retouren-Datum: ____________________

Erstellen Sie bitte vereinbarungsgemäß eine Gutschrift über die Warenretoure

Anzahl Positionen: ☐

Die nachfolgend aufgeführten Artikel wurden zurückgeschickt mit

Spedition ____________________ ☐

Bahnamtliche Spedition ☐

Post/Paketdienst ☐

Frachtkosten gehen zulasten des Lieferanten: ☐

Artikel-Nr.	Bezeichnung	Menge Retoure	EK-Preis

Datum, Unterschrift Spedition

Datum, Unterschrift Empfänger

DANZAS

FROM (Absender):

TO (Empfänger):

NVE

(00) 3 4033988 102568039 4

Zusatzinformationen

- Die zurückgeschickte Ware wird am 04. April 20(0) um 10:45 Uhr von der Spedition DANZAS entgegengenommen
- Die Ware wird in einem Colli transportiert, das Gewicht der Rücksendung beträgt 18,4 kg
- Der Warenwert der Rücksendung wird auf der Basis der EK-Preise angegeben
- Der Colli trägt die Nummer 18XA112
- Das Speditionsfahrzeug von DANZAS trägt das amtliche Kennzeichen DU-DA 1508

SPEDITIONS-AUFTRAG

DANZAS GmbH
DUISBURG
AM BLUMENKAMPSHOF 81
DE 47059 DUISBURG

DANZAS

Original für Empfänger, Durchschlag für Danzas

Empfänger:	Versender:	Tour/Relation

Empfänger-Nr.	Empfänger informieren	Versender-Nr.	Bestell-Nr.	Versanddatum	Sped.-Auftrags-Nr.
		034517136			

Anzahl	Verp.*	Lieferschein-Nr.	Anzahl tauschfähige Paletten	Gesamt Kg	Warenwert

	UN-Nr.	Stoffbezeichnung	Klasse	ZiF/VPG	Buchst.	Gewicht	Liter

Quittung

Datum | Uhrzeit

KFZ-Kennzeichen

Empfängername (Bitte in Blockschrift)

Vorstehende Sendung in äußerlich einwandfreiem Zustand und vollzählig erhalten.

Stempel/Unterschrift Empfänger

Bemerkungen/Packstücknummer

MGL unfrei

* EP = EUROPALETTE	CO = COLLI
XP = EINWEGPALETTE	GP = GITTERPALETTE
HP = HALBE PALETTE	VP = VIERTELPALETTE

Form 17088 12/01

Wenige Tage später erhält das City-Warenhaus Bauer die Rechnung der Firma MAYARD MOTORRADZUBEHÖR. Herr Bauer wundert sich allerdings über die Höhe des Rechnungsbetrages. „Müsste das nicht viel weniger sein?", fragt er erstaunt und bittet Frau Dehn um Prüfung der Rechnung.

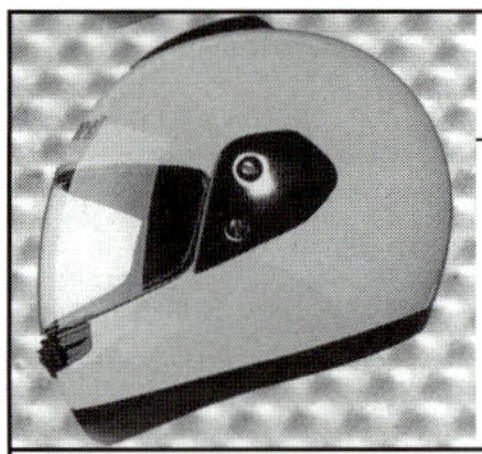

MAYARD Motorradzubehör

Achatstraße 122
33739 Bielefeld
Telefon (05206) 922914
Fax (05206) 922919

MAYARD Motorradzubehör, Achatstraße 122, 33739 Bielefeld

City-Warenhaus Bauer
Oberstraße 17
40878 Ratingen

Bank	Stadtsparkasse Bielefeld
BLZ	48050161
Konto	443100

Rechnung Nr. 00-244-337

Datum 08.04.20(0)

Position	**Zahl**	**Art**	**Einzelpreis €**	**Gesamt €**
01	20	Motorrad-Helme – „Classico“ Artikel-Nr. 207.448 Farben 01, 56, 63, 67, 84 Größen 53/54 – 61/62	72,50	1.450,00
02	50	Nierengurte neopren rs-uvex mit Belüftungsperforation und Klett-verschluss, Artikel-Nr. 207.501, Farbe: schwarz, Größen: XS – M – XL	17,95	897,50
03	10	Touren-Lederhose „Commander“ aus Rindleder mit Klimamembran und Lederstretch, Artikel-Nr. 207.508, Farbe: schwarz, Größen: 46 – 64	179,00	1.790,00
		Rabatt 10 %		413,75
		Nettopreis		3.723,75
		+ 16 % Umsatzsteuer		595,80
		Bruttopreis		4.319,55

Zahlbar innerhalb von 30 Tagen netto Kasse.

Arbeitsauftrag

Führen Sie die Wareneingangskontrolle durch und prüfen Sie die Eingangsrechnung des Lieferers.

1. Vergleichen Sie den Lieferschein mit der Bestellung und quittieren Sie den Warenempfang entsprechend.
2. Führen Sie die Wareneingangskontrolle durch und protokollieren Sie eventuelle Unregelmäßigkeiten.
3. Erfassen Sie den Wareneingang im Warenwirtschaftssystem.
   Für unser Warenwirtschaftssystem werden folgende Artikel-Nummern vergeben:
   - Motorrad-Helm „Classico“: 10453
   - Nierengurte neopren rs-uvex: 10457
   - Touren-Lederhose „Commander“: 10458
4. Erteilen Sie der Spedition den Auftrag zur Beförderung der Rücksendung zum Lieferanten. Füllen Sie zunächst den Begleitaufkleber für diesen Auftrag aus. Bearbeiten Sie anschließend den Frachtbrief, den die Spedition DANZAS als Warenbegleitpapier für den Transport der Ware verwendet.
5. Führen Sie eine sachliche und rechnerische Prüfung der Rechnung unter Berücksichtigung der Retoure durch.
   5.1 Stellen Sie fest, ob die vereinbarten Konditionen und Preise richtig berechnet wurden.
   5.2 Korrigieren Sie gegebenenfalls die Angaben und berechnen Sie den zu zahlenden Preis neu.

Aufgabe 1

Beurteilen Sie folgende Situation: Die Warenannahme des City-Warenhauses hat täglich von 06:00 Uhr bis 15:00 Uhr geöffnet. Für 14:00 Uhr ist ein Lkw der Alpin-Milchprodukte GmbH mit einer Lieferung Molkereiprodukten angekündigt. Um 14:50 Uhr ist die Lieferung jedoch immer noch nicht eingetroffen. Die Mitarbeiter der Warenannahme freuen sich auf den Feierabend und packen bereits ihre Taschen. Um 15:00 Uhr schließt der Lagerleiter, Herr Schmitz, das Lagertor und verabschiedet seine Kollegen. „Wer nicht rechzeitig kommt, hat Pech gehabt. Also, dann bis morgen."

Aufgabe 2

Beurteilen Sie die folgende Situation und schildern Sie, wie man sich verhalten sollte: In letzter Zeit haben die Inventurdifferenzen bei Molkereiprodukten der Alpin-Michprodukte GmbH zugenommen. Schon des Öfteren hatte Herr Bauer den Verdacht, dass es bei der Warenanlieferung zu Unregelmäßigkeiten gekommen sein könnte. „Also, bei uns hat es keine Differenzen gegeben. Wir haben immer genau so ausgeliefert wie bestellt wurde. Unser Warenwirtschaftssystem wird korrekt geführt. Aber wenn Sie uns nicht glauben, können wir die Gitterboxen mit unseren Frischeprodukten gerne verplomben. Für unsere Plomben vergeben wir fortlaufende Nummern, die auch auf den Gitterboxen zu finden sind." Bei der nächsten Lieferung ist die Gitterbox mit der Nummer 10.8127 versehen, während auf der Plombe die Nummer 10.8137 eingeprägt ist.

Aufgabe 3

Was könnte nach Ihrer Meinung unter dem Begriff „unverzügliche" Prüfung des Inhalts einer Sendung verstanden werden?

1 Der Inhalt dieser Sendung ist sofort im Beisein des Lkw-Fahrers/Postboten zu prüfen.
2 Nachdem der äußere Zustand einer Sendung geprüft und dem Überbringer die Annahme der Sendung quittiert worden ist, werden die Pakete sofort ausgepackt und überprüft.
3 Nach der äußeren Prüfung kann die Sendung zunächst einmal zur Seite gestellt werden, um dringende Arbeiten zu erledigen. Sobald der Betriebsablauf es zulässt, erfolgt die inhaltliche Prüfung.
4 Die Prüfung des Inhalts einer Sendung erfolgt innerhalb der Fristen, die für die Reklamation von äußerlich nicht erkennbaren Transportschäden zulässig sind.

Aufgabe 4

Bestimmen Sie die richtige Reihenfolge der nachfolgenden Arbeiten beim Wareneingang.

1 Prüfen der Ware nach Menge, Art, Güte und Beschaffenheit.
2 Äußerlich erkennbare Beschädigungen und fehlende Packstücke vom LKW-Fahrer bzw. Postboten bestätigen lassen.
3 Feststellen der Anschrift und der Zahl der Versandstücke anhand des Lieferscheins oder des Frachtbriefes sowie Prüfen der äußeren Unversehrtheit.
4 Vergleich der eingehenden Sendung mit der Bestellung und der Lieferantenrechnung.
5 Dem Anliefernden die Annahme der Sendung auf dem Lieferschein oder Frachtbrief durch Unterschrift bestätigen.

Aufgabe 5

Erläutern Sie, wie man sich in den folgenden Fällen verhalten sollte:

a) Obwohl für eine Verkaufsaktion beim Lieferanten drei Paletten mit jeweils 20 DVD-Playern zum Fixtermin 03. April 20(0) bestellt wurden, werden zum vereinbarten Termin nur zwei Paletten angeliefert.
b) Wie vereinbart trifft am 16. April 20(0) eine Gitterbox mit Milchtüten ein. Das Mindesthaltbarkeitsdatum ist auf den 17. April 20(0) festgelegt.
c) Aufgrund eines Eingabefehlers beim Lieferanten werden statt der bestellten 200 Stück Druckerpatronen „Epsus XS-2001" 300 Stück angeliefert.

Aufgabe 6

Beurteilen Sie die Situation und beschreiben Sie, wie sich Einzelhändler in ähnlichen Situationen mit dem Lieferanten einigen: Regelmäßig im Frühsommer erhält das City-Warenhaus Bauer für die Textilabteilung vier Paletten mit jeweils 20 Kartons T-Shirts à 30 Stück von der Textilgroßhandlung Trappe KG. Wie bereits in der Vergangenheit beschweren sich die Mitarbeiter der Warenannahme auch in diesem Jahr darüber, dass sie überhaupt keine Zeit hätten, den Wareneingang ordentlich zu kontrollieren, weil schließlich noch andere Warensendungen einträfen. So passiert es auch in diesem Jahr, dass bei der Inventur Differenzen zwischen der berechneten und der tatsächlich verkauften Stückzahl entstehen. Bei einem Telefonat mit der Trappe KG erörtert Herr Bauer das Problem. „Wir müssen uns doch auf unseren Lieferanten verlassen können. Unsere Mitarbeiter in der Warenannahme haben bei der Menge der angelieferten Ware einfach nicht genügend Zeit, die T-Shirts in allen Kartons einzeln zu zählen. Wenn die Paletten angeliefert werden, können wir nur die Anzahl der Kartons zählen. Anschließend wird die Ware sofort in den Verkauf gebracht."

Aufgabe 7

Wie vereinbart trifft morgens um kurz vor 08:00 Uhr die Warensendung für die Lebensmittelabteilung des City-Warenhauses ein. Mit dem Lieferanten wurde eine Verplombung der Gitterboxen vereinbart, um die Gefahr des Warenschwunds zu reduzieren. Nach äußerer Prüfung werden alle Gitterboxen von den

Auszubildenden Sabrina und Peter in den Verkaufsraum gezogen. „Lasst die Ware dort erst einmal stehen. Wir müssen jetzt die Abteilung für den Verkauf öffnen. Gleich kommen die ersten Kunden“, sagt Frau Jevic, die Abteilungsleiterin, zu Sabrina und Peter. „Aber dann stehen die Waren doch im Weg.“ „Jaja, wir kümmern uns ja gleich darum. Die Ware läuft ja nicht weg. Wichtig ist doch erst einmal, dass wir sie reingezogen haben. Alles andere machen wir später.“

a) Welche Probleme können entstehen, wenn die Ware – wie oben – zunächst komplett an einem Punkt gesammelt wird, bevor sie in die Regale kommt?

b) Entwickeln Sie Vorschläge, wie man die Verräumung angelieferter Ware für die unterschiedlichen Bereiche der Lebensmittelabteilung organisieren kann.

Aufgabe 8

Entwerfen Sie einen Text für Ihren Ausbildungsnachweis, in dem Sie die Arbeiten beim Wareneingang in Ihrem Ausbildungsbetrieb beschreiben.

Name ____________________

Betriebsabteilung ____________________

Ausbildungsnachweis Nr. Woche vom bis Jahr: ________

Betriebliche Tätigkeit

Aufgabe 9

Entwickeln Sie Vorschläge, wie man sich in folgender Situation verhalten kann: In letzter Zeit hat es häufiger Fälle von Warenverlusten auf dem Weg vom Lieferanten zum City-Warenhaus Bauer gegeben. Um sicher zu gehen, hat das City-Warenhaus Bauer mit seinen Lieferanten vereinbart, dass Fahrzeuge, die Ware anliefern, grundsätzlich verplombt werden müssen. Vereinbarungsgemäß kann nur der Geschäftsführer, Herr Bauer, sowie der Leiter der Warenannahme, Herr Schmitz, die Plomben mit einem Schlüssel öffnen. Leider hat Herr Schmitz heute Morgen ganz plötzlich heftige Zahnschmerzen bekommen. In der Eile hat er jedoch vergessen, den Plombenschlüssel im Büro von Herrn Bauer abzugeben. Prompt erscheint gegen 10:00 Uhr ein Lkw mit einer größeren Warensendung Elektroartikel für eine Verkaufsaktion. „Beeilt Euch", sagt der Lkw-Fahrer zu den Mitarbeitern der Warenannahme, „ich habe es heute sehr eilig. Ich muss noch drei andere Kunden beliefern."

Aufgabe 10

Stellen Sie fest, welche Probleme bei der Warensicherung in der folgenden Situation entstehen können und entwickeln Sie Verbesserungsvorschläge: Simone wird derzeit in der Abteilung Textilien ausgebildet. Nachdem soeben mit dem Deutschen Paketdienst (DPD) ein Karton mit einer Lieferung Herren-Freizeithemden angeliefert worden ist, soll Simone die Hemden sichern, bevor sie in den Verkauf gebracht werden können. Sie hat schon einmal dabei zugesehen, wie Jacken und Hosen an bestimmten Nähten mit Hart-Etiketten gesichert wurden. Deshalb greift sie auch jetzt in den Karton mit Hart-Etiketten und bringt sie mit einem sorgfältigen Stich durch das Gewebe an jedem einzelnen Hemdkragen an. Nach etwa zwei Stunden ist sie damit fertig und bringt die Ware stolz zu Frau Melcher. „So, fertig. Das war ganz schön viel Arbeit. Aber ich habe auch darauf geachtet, dass es gut aussieht." „Sagen Sie bloß, Sie haben sämtliche Hart-Etiketten im Hemdkragen befestigt?", fragt Frau Melcher. „Ja, wieso?"

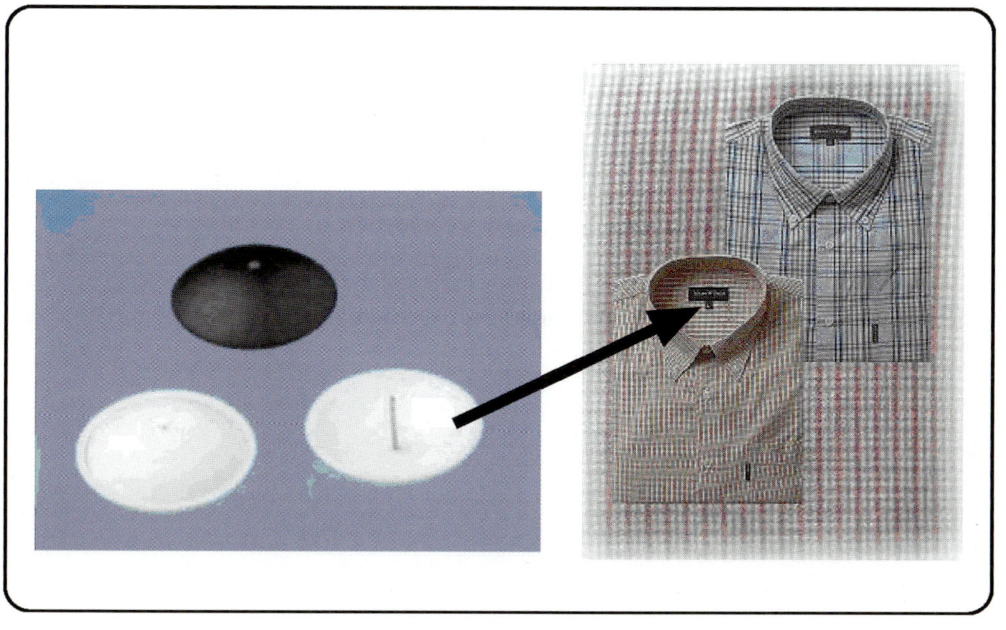

Aufgabe 11

Beschreiben Sie die Probleme in der folgenden Situation und entwickeln Sie Verbesserungsvorschläge: Direkt nach Anlieferung werden Artikel mit einem Klebe-Etikett auf dem Preisschild vor Diebstahl gesichert. Üblicherweise erhalten die Artikel noch eine zusätzliche Sicherung durch Hart-Etiketten. Aus diesem Grund stattete Simone sämtliche Hosen und Jacken, die am Morgen angeliefert wurden, mit Hart-Etiketten aus. Damit das optische Erscheinungsbild der Artikel erhalten blieb, brachte Simone die Etiketten bei den Herren-Cargo-Hosen in der Seitentasche an. Herren-Lederjacken erhielten ein Sicherungsetikett in den Innentaschen, bevor sie in den Verkauf kamen. Als ein Kunde eine Lederjacke zur Kasse bringt, um sie zu bezahlen, zieht die Kassiererin die Jacke mit einer schnellen Handbewegung über den Deaktivator. Leider entsichert sie auf diese Weise nur das Klebe-Etikett. Eine weitere Prüfung führt sie nicht durch, weil sie nicht weiß, dass die Jacke doppelt gesichert ist. Als der Kunde die Abteilung verlässt, um seinen Einkauf woanders fortzusetzen, ertönt ein Signalton.

Aufgabe 12

Hochwertige Ware (wie z. B. Seiden-Hemden) wird durch die Sicherung mit Hart-Etiketten beschädigt.

a) Entwickeln Sie Vorschläge, wie man hochwertige Ware sichern kann, ohne sie zu beschädigen.

b) Beschreiben Sie für verschiedene Textilien Ihrer Wahl, wo Sie Sicherungsetiketten anbringen können, ohne dass sie den Kunden beim Anprobieren stören.

Aufgabe 13

Diskutieren Sie das Problem des hohen Arbeitsaufwandes bei der Warensicherung: Trotz doppelter Sicherung von Lederjacken durch Klebe-Etiketten und Hart-Etiketten kam es in letzter Zeit zu vermehrten Diebstählen. Klebe-Etiketten wurden einfach abgerissen und Hart-Etiketten, die an den Innentaschen angebracht waren, wurden gleich samt Innentasche herausgeschnitten. „Wir müssen unsere Ware noch aufwändiger sichern", entschied Herr Bauer und überlegte, hochwertige Lederjacken künftig durch Leinen zu sichern. „Aber wissen Sie auch, welchen Arbeitsaufwand das für uns bedeutet?", fragte die Abteilungsleiterin Frau Yildirim. „Wenn ein Kunde eine Jacke anprobieren will, müssen wir die Leine wieder ganz herausnehmen. Gefällt sie ihm jedoch nicht, müssen wir sie wieder komplett durchziehen. Und das bei jeder einzelnen Jacke. Ganz zu schweigen von den Kosten für die Anschaffung der Sicherungsleinen."

2 Eine mangelhafte Lieferung reklamieren

Beim City-Warenhaus Bauer wurde laut Wareneingangskontrolle Nr. 126 festgestellt, dass von den 20 gelieferten Helmen drei beschädigt sind. (1 x Visier verbogen, 2 x Kratzer am Helm). Die Prüfung ergab, dass diese Helme nicht vorschriftsmäßig, also nicht bruchsicher verpackt worden waren. Eine Haftung des Frachtführers scheidet demnach aus.

Siehe Lernsituation 1 Seite 55

Wareneingangskontrollbogen			**Nr. 0001**
Lieferant	Mayard Helme, Achatstraße 122, 33739 Bielefeld		
Äußere Prüfung		**Verpackungsmängel/fehlende Packstücke**	
1. Anschrift	✔	1 Karton an der Seite beschädigt.	
2. Anzahl	5 Karton		
3. Verpackung	✔		
		Sauter · 27.01.20(0) · Schmitz	
		Frachtführer · Datum · Unterschrift	

Prüfung des Inhalt		
Menge	**Art**	**Mängel**
5 Kartons	20 Stück Motorradhelme	Bei 1 Helm Visier verbogen; bei 3 Helmen Beschädigungen am Helm
		Schmitz
		Unterschrift

Arbeitsauftrag

Entwerfen Sie eine Reklamation an den Lieferer „MAYARD Helme“. Beschreiben Sie die Mängel möglichst genau mit den notwendigen Fachbegriffen.

Weisen Sie auf das Recht hin, dass Sie – wie in Lernsituation 1 beschrieben – bei dieser Mängelrüge wahrnehmen wollen.

Wählen Sie Brief, Fax oder E-Mail für die Reklamation.

Formulierungshilfen

(Betreff) „Mangelhafte Lieferung“, oder „Ihre Lieferung vom...“, oder „Mängelrüge“

Ihre Sendung mit (Anzahl und Bezeichnung der Waren) ist am ... bei uns eingetroffen.

Als wir die Waren unverzüglich überprüften, mussten wir leider feststellen, dass (möglichst genaue Beschreibung der einzelnen Mängel).

Recht aus der mangelhaften Lieferung geltend machen.

Aufgabe 1

Entwerfen Sie eine Mängelrüge zu einem möglichen Fall aus Ihrem Ausbildungsbetrieb. Beschreiben Sie den Mangel ausführlich und geben Sie das Recht an, das Ihnen in diesem Fall sinnvoll erscheint.

Aufgabe 2

Bringen Sie jeweils zwei Beispiele aus Ihrer Branche zu den verschiedenen Mängelarten.

Mängelarten

	1. Beispiel	2. Beispiel
Offener Mangel		
Versteckter Mangel		
Arglistig verschwiegener Mangel		
Mangel in der Art		
Mangel in der Menge		
Mangel in der Güte		
Mangel in der Beschaffenheit		
Mangel in der Werbung		
Mangel in der Montage		
Mangel in der Montageanleitung		

Aufgabe 3

Rechte bei mangelhafter Lieferung

Von welchen Käuferrechten würden Sie in folgenden Fällen Gebrauch machen (bitte mit kurzer Begründung)?

1 Ein Videogerät weist leichte Kratzer auf.
2 Es werden statt 30 Bücher 25 Bücher geliefert.
3 Es wird nicht Papiersorte 13001, sondern die Sorte 17001 geliefert.
4 Eine Sendung mit 20 Hemden weist an drei Hemden Webfehler auf.
5 Vera Brings kauft in einem Sportfachgeschäft ein Fitnessgerät, das sie selbst zu Hause zusammenbauen muss. Die Montageanleitung ist lückenhaft und mit Fehlern versehen. Sie baut das Gerät fehlerhaft auf. Bei der ersten Benutzung fällt sie vom Gerät und zieht sich eine Bänderdehnung zu.

Aufgabe 4

Zugesicherte Eigenschaft

Stellen Sie fest, ob in den nachfolgenden Fällen eine zugesicherte Eigenschaft fehlt.

1 Kundin: „Steht mir das Kleid?“
Verkäuferin: „Ich finde, es steht Ihnen ausgezeichnet.“
Am nächsten Tag reklamiert die Kundin das Kleid mit der Bemerkung, ihr Mann sei der Ansicht, das Kleid stehe ihr überhaupt nicht.
2 Ein Kunde sucht in einem Fachmarkt für Bodenbeläge einen Teppichboden, der besonders für das Auslegen auf einer Treppe geeignet ist. An der Teppichbodenrolle ist ein Kennzeichen angebracht, das die Eignung für Treppen kennzeichnet. Beim Verlegen aber zeigt sich, dass der Teppichboden nicht dafür geeignet ist. Der Käufer verlangt die Erstattung des Kaufpreises und Schadensersatz für die Fachkraft, die den Teppichboden verlegt hat.
3 Eine Kundin erwirbt ein Flohhalsband „Antifloh“ für ihre Hauskatze. Als nach vier Wochen die unerwünschten Flöhe immer noch zu sehen sind, verlangt sie vom Verkäufer eine Gutschrift und eine Entschädigung von 100,00 €, da die versprochene Wirkung ausgeblieben sei.
4 Ein Hobbytaucher erwirbt eine wasserdichte Uhr für 498,00 €. Er fragt den Verkäufer, ob er damit auch im Urlaub am Mittelmeer tauchen könne. Dieser versichert ihm, dass er bis zu einer Tiefe von zehn Metern bedenkenlos tauchen könne. Beim ersten Schwimmversuch beschlägt die Uhr.

Aufgabe 5

Prüfen Sie in folgenden Fällen, ob der Käufer noch seine Rechte aus einer mangelhaften Lieferung wahrnehmen kann:

1 Die Kantine eines Warenhauses hat am 16. September 20(0) eine Sendung Milch bekommen. Auf den Packungen steht das Verfalldatum vom 15. September 20(0). Am 20. September 20(0) reklamiert der Kantinenleiter die Milchlieferung.
2 Ein Einzelhändler stellt bei der unverzüglichen Prüfung eines neuen Faxgerätes fest, dass ein falscher Typ geliefert wurde. Am nächsten Tag reklamiert der Einzelhändler das Gerät und verlangt eine Ersatzlieferung.
3 Ein Einzelhändler bemerkt bei der unverzüglichen Prüfung einer Lieferung von zehn Paketen mit DVD-Playern, dass drei falsche Typen von DVD-Playern geliefert wurden. Am nächsten Tag reklamiert er diese drei Geräte und verlangt eine Ersatzlieferung.

Aufgabe 6

Beurteilen Sie, ob der Kunde in folgenden Fällen Recht hat mit seiner Forderung:

1 Eine Sekretärin bringt eine Kaffeemaschine zurück, die sie vor drei Monaten gekauft hat, mit der Begründung, die Farbe gefalle ihrem Chef nicht. Sie verlangt Rückgabe des Geldes.
2 Eine Kundin erwarb im Oktober einen Wintermantel. Ende November reklamiert sie den Mantel, weil das Futter unsachgemäß vernäht sei. Sie verlangt den Kaufpreis von 298,00 € zurück. Das Textilgeschäft aber will ihr lediglich einen Gutschein über die Kaufsumme geben.
3 Ein Kunde des Autohändlers Berber GmbH hat einen Mittelklassewagen für 25.000,00 € gekauft. Bei der ersten Autowäsche nach einem Monat entdeckt der Autokäufer einen kleinen Farbfleck auf den Felgen des Pkw. Er bringt das Auto zum Händler zurück und verlangt eine Ersatzlieferung.

4 Die Kundin Erika Schmitz hat am 30. März ein Kaffeeservice für 98,00 € als Geschenk für ihre Schwiegermutter gekauft. Als diese an ihrem Geburtstag, dem 15. April, das Kaffeeservice auspackt, stellt sie fest, dass zwei Tassen zerbrochen sind. Frau Schmitz reklamiert daraufhin am nächsten Tag das Geschenk beim Verkäufer und verlangt die Herausgabe der 98,00 €. Dieser aber lehnt ab mit der Begründung, dass der Bruch sicherlich beim Auspacken entstanden sei.

Aufgabe 7

Die Kundenberaterin Beate Sent kauft einen neuen Pkw. Die Käuferin hat sich von der Botschaft in dem Werbeprospekt des Herstellers überzeugen lassen, da dort von einem durchschnittlichen Dieselverbrauch von vier Litern pro 100 km die Rede war. In der ersten Woche aber verbraucht der Pkw durchschnittlich sieben Liter Diesel. Welche Rechte kann sie wahrnehmen?

Aufgabe 8

Der Auszubildende Benjamin Brendel erwirbt in einem Mitnahmemarkt ein Audio-Video-TV-Regal für 150,00 €. Die Montageanleitung ist sehr lückenhaft. Er versucht, das Regal zusammenzubauen. Es bricht aber dreimal hintereinander zusammen. Was kann er unternehmen?

3 Eine Lieferung anmahnen

Abfrage: Offene Bestellungen

Arbeitsmappe
Derzeit geöffnet
Offene Poste...

Abfrage: Offene Posten Kunden

KdNr	Kunde	ReNr	ReDatum	Saldo

Offene Bestellungen

Abteilung 3.1 Haushaltswaren/Eisenwaren/Werkzeuge

Liefer-Nr.	Name	Bestell-Nr.	Liefer-termin	Bestell-datum	Rechnungs-betrag	Währung
18	Bayerische Stahlwarenfabrik	31-344	39. Woche	16.08.20(0)	620,00	€

Das City-Warenhaus Bauer hat am 16. August 20(0) zehn Geschenkkassetten Tafelbestecke, Chromnickelstahl 18/10, bei der Bayerischen Stahlwarenfabrik in Hesseloher Str. 12, 81346 München, schriftlich bestellt. Als Liefertermin ist in der Bestellung die letzte Septemberwoche angegeben. Am 25. August 20(0) erhält das Warenhaus eine schriftliche Auftragsbestätigung, in der der Liefertermin bestätigt wird. Aber weder in der letzten Septemberwoche noch in der 1. Oktoberwoche trifft die Ware ein. Am 6. Oktober ruft Frau Beyer die Bayerische Stahlwarenfabrik an und mahnt die Lieferung an. Telefonisch sagt die Sachbearbeiterin Frau Zimmermann die Lieferung bis zum 10. Oktober zu. Als auch an diesem Tag nicht geliefert wird, erhält Frau Beyer von Frau Bense folgenden Auftrag:

Frau Bense: *„Frau Beyer, schreiben Sie bitte heute noch einen Brief an die Bayerische Stahlwarenfabrik. Geben Sie die entsprechenden Daten an und teilen Sie denen mit, dass wir nicht länger warten können. Wir brauchen diese Kassetten dringend für das kommende Weihnachtsgeschäft. Wenn die nicht innerhalb der nächsten zehn Tage liefern, werden wir einen Deckungskauf bei einem anderen Lieferer vornehmen. Legen Sie mir anschließend den Brief zur Durchsicht und Unterschrift vor."*

Frau Beyer: *„Ja gut. Aber wir haben doch mit denen einen Kaufvertrag abgeschlossen. Dann bekommen wir doch eventuell von zwei Firmen die Lieferung."*

Entscheiden Sie selbst, ob Sie evtl. auch ein Fax oder eine E-Mail schicken wollen

Arbeitsauftrag

Schreiben Sie den Brief an die Bayerische Stahlwarenfabrik.

Aufgabe 1

Warum verklagt der Käufer den Lieferanten nur in seltenen Fällen auf Lieferung?

1 Weil eine Klage selten zum Erfolg führt.
2 Weil der Händler es sich nicht mit dem Lieferanten verderben will.
3 Weil der Klageweg häufig sehr lange Zeit in Anspruch nimmt und viel Geld kostet.

Aufgabe 2

Rechte beim Lieferungsverzug

Welche der möglichen Rechte würden Sie in folgenden Fällen bei einem Lieferungsverzug geltend machen:

1 Aufgrund der Verbilligung des Rohstoffes (z. B. Gold) ist der Preis der Ware inzwischen um ca 10 % gesunken.
2 In der Zeit, in der man die Ware für einen eigenen Kunden beschaffen muss, ist sie nur zu einem Aufschlag von 100,00 € bei einem anderen Lieferanten zu erhalten.
3 Die bestellte Ware ist eine Sonderanfertigung, die nur bei diesem einen Lieferanten zu erhalten ist.

4 Warenbewegungen erfassen

Mithilfe eines Warenwirtschaftssystems werden im City-Warenhaus alle Warenbewegungen artikelgenau erfasst, sodass für jedes Produkt der tägliche Verkauf und der aktuelle Lagerbestand festgestellt werden können. Trotz dieser genauen Beobachtung der Warenbewegungen kommt es in der Abteilung Papier/Schreibwaren/Bürobedarf immer wieder zu Stockungen in der Warenversorgung. Typisch ist die Situation z. B. bei Telefaxrollen – einem Produkt, das für zehn Gerätetypen vorrätig gehalten werden muss. Dadurch entstehen große Bestände, die sehr viel Kapital binden. Kein Wunder, dass in der Abteilung sehr vorsichtig disponiert wird. So sieht z. B. ein Ausdruck der Warenbewegungen für eine bestimmte Sorte Faxrollen aus:

Warenbewegungen Artikel — Monat 20(0)-02

Warengruppe: Bürobedarf — Lieferer NOKI

Artikel: Telefaxrolle NOKI NF 7 — Lieferzeit 5 Kalendertage

Datum	Eingang Stück	Ausgang Stück	Bestand Stück	Bestellung Menge	Bestellung Datum	Liefer-termin	Bemer-kungen
01		-	52				
01		6	46				
02		14	32				
03		7	25				
05		8	17				
06		4	13				
07		6	7				
08		7	-	100	08.02	13.02.	Ware fehlt
13	100	-	100				
13		22	78				
14		10	68				
15		12	56				
16		8	48				
17		16	32				
19		18	14				
20		12	2				
21		2	-	100	21.02.	26.02.	Ware fehlt
26						Lieferung angemahnt	
29	100	-	100			29.02.	
29		18	82				

Der Ärger, der entstand, wenn Kunden vertröstet werden mussten, schlug allerdings Wellen bis zur Geschäftsleitung. Herr Bauer verpflichtete daher die Leiterin der Abteilung, Frau Möller, einen Meldebestand festzulegen, zu dem nachbestellt wird und der die Lieferfähigkeit sicherstellt. Meldebestand

Mit einer Sonderbestellung von 100 Rollen, die am 04. März eintrafen, stockte Frau Möller den Endbestand des Monats Februar auf. Außerdem nahm sie sich vor nachzubestellen, sobald ein Meldebestand von 120 Faxrollen vorhanden ist.

Die Bestellmenge beträgt jeweils 100 Stück, um einen Mengenrabatt des Lieferanten ausnutzen zu können. Lieferzeit

Nachdem Herr Bauer sich Ende März die Warenbewegungen für den Artikel ausdrucken ließ, greift er zum Telefon.

Bauer: *„Also, so geht das nicht, Frau Möller. Der Bestand an Faxrollen ist ja gewaltig. Wenn wir jeden Artikel in unserem Sortiment so hoch bevorraten, droht uns in Kürze die Insolvenz."*

Möller: *„Sie wollten keine verärgerten Kunden mehr, genau das habe ich erreicht."*

Bauer: *„Die gelagerten Produkte binden Kapital. Was glauben Sie, wer die Zinsen dafür bezahlt?"*

Möller: *„Was soll ich denn machen?"* durchschnittlicher Verkauf pro Tag

Bauer: *„Der Meldebestand muss niedriger angesetzt werden. Er lässt sich genau berechnen: Wie viele Faxrollen dieser Sorte verkaufen Sie durchschnittlich am Tag, wie lange dauert es, bis der Lieferant nachgeliefert hat. Dazu noch ein kleiner eiserner Bestand als Reserve – fertig."* Eiserne Reserve (Mindestbestand)

Möller: *„Ich überprüfe das einmal anhand der März-Zahlen."*

Das sind die Verkaufszahlen des Monats März 20(0):

Verkäufe Telefaxrollen NOKI NF 7				Monat 20(0)-03	
Datum	Absatz/Stück	Datum	Absatz/Stück	Datum	Absatz/Stückk
01	9	12	4	22	7
02	12	13	5	23	5
04	8	14	14	25	4
05	6	15	12	26	4
06	13	16	20	27	5
07	10	18	14	28	10
08	6	19	8	29	2
09	8	20	9	30	18
11	11	21	8		

Arbeitsauftrag

1. Führen Sie die Artikeldatei „Faxrollen NOKI NF 7" für den Monat März 20(0) nach den oben stehenden Angaben. Berücksichtigen Sie
   - den Endbestand des Monats Februar,
   - die Sonderbestellung, die am 04. März eintrifft,
   - dass die Bestellung erfolgt, sobald der Meldebestand (120 Stück) erreicht ist,
   - dass die Bestellmenge immer 100 Stück beträgt.
2. Ermitteln Sie den Meldebestand für die Faxrollen, der die Lieferfähigkeit des Geschäftes sicherstellt, gleichzeitig aber einen möglichst geringen Lagerbestand zur Folge hat.
   a) Stellen Sie fest, wie viele Faxrollen im Monat März insgesamt verkauft wurden.
   b) Errechnen Sie die Zahl der Faxrollen, die durchschnittlich pro Tag abgesetzt werden (1 Monat = 26 Verkaufstage).
   Für besondere Anlässe (Lieferverzögerungen, ungewöhnliche Schwankungen in der Kundennachfrage) genügt nach Meinung von Frau Möller ein eiserner Bestand (Mindestbestand) von 35 Stück.
   c) Überprüfen Sie den berechneten Meldebestand an den Absatzzahlen des Monats März, indem Sie die Warenbewegungen mit dem neuen Meldebestand in einer Artikeldatei festhalten. Beachten Sie die Sonderbestellungen.
3. Berechnen Sie, wie viele Faxrollen NOKI NF 7 durchschnittlich im Monaten Februar und März vorrätig waren, und zwar jeweils mit dem alten und neuen Meldestand.

Meldebestand

Warenbewegungen Artikel				Monat		20(0)-03	
Warengruppe: Bürobedarf					Lieferer		NOKI
Artikel: Telefaxrolle NOKI NF 7					Lieferzeit	5 Kalendertage	
Datum	Eingang Stück	Ausgang Stück	Bestand Stück	Bestellung Menge	Bestellung Datum	Liefer-termin	Bemer-kungen
01		-	82				
01		9					

Warenbewegungen im Monat März unter Berücksichtigung des errechneten Meldebestandes

Warenbewegungen Artikel						Monat		20(0)-03
Warengruppe: Bürobedarf						Lieferer		NOKI
Artikel: Telefaxrolle NOKI NF 7						Lieferzeit		5 Kalendertage
Datum	Eingang Stück	Ausgang Stück	Bestand Stück	Bestellung		Liefer-termin	Bemer-kungen	
				Menge	Datum			
01			82					
01		9						

Aufgabe 1

Herr Bauer hat Frau Möller gebeten, für die Lagerbestände eines Jahres beispielhaft zu errechnen, wie viel Kapital durch die Faxrollen NOKI NF 7 im Monat gebunden wird, wenn

a) der ursprüngliche Meldebestand,
b) der neue Meldebestand
zugrunde gelegt wird.

Bei der Vergleichsrechnung ist von folgenden monatlichen Beständen auszugehen:

Monatliche Bestände Faxrollen NOKI NF 7 (nach altem und neuem Meldebestand)

Datum	Faxrollen-Bestände			Faxrollen-Bestände	
	mit altem Meldebestand	mit neuem Meldebestand	Datum	mit altem Meldebestand	mit neuem Meldebestand
01.01.	201	120	31.07.	172	43
31.01.	52	33	31.08.	188	55
29.02.	82	67	30.09.	210	27
31.03.	150	50	31.10.	180	82
30.04.	165	24	30.11.	189	66
31.05.	190	88	31.12.	194	34
30.06.	184	79			

Hinweise:
- Ermitteln Sie für beide Situationen, wie viele Faxrollen monatlich durchschnittlich im Lager vorhanden waren.
- Der Einkaufspreis einer Faxrolle beträgt 1,50 €. Ermitteln Sie den Euro-Betrag, der durchschnittlich pro Monat durch die eingelagerten Faxrollen gebunden ist.

Aufgabe 2

Wie ist nach Ihrer Meinung die Bindung von Kapital im Lager eines Einzelhändlers zu beurteilen?

1 Hohe Lagerbestände bedeuten einen hohen Kapitalbestand, auf den der Einzelhändler in Krisenzeiten zurückgreifen kann.
2 Hohe Lagerbestände können für ein Unternehmen gefährlich werden, weil sie Geldmittel binden, die z. B. für die Begleichung von Lieferantenrechnungen benötigt werden.
3 Da eingekaufte Ware ohnehin nicht sofort bezahlt wird, ist die Höhe des Lagerbestandes ohne Bedeutung. Sobald die Ware verkauft ist, kann die Lieferantenrechnung bezahlt werden.
4 Viele Einzelhändler finanzieren ihre Wareneinkäufe mit Bankkrediten. Da in diesen Fällen die Bank die Zinskosten für das eingesetzte Kapital trägt, braucht sich der Einzelhändler um die Höhe des Lagerbestandes nicht zu kümmern.
5 Geld, das nicht in Form von Ware gebunden ist, könnte der Einzelhändler z. B. bei der Bank zinsbringend anlegen oder in sein Geschäft investieren, um es für Kunden attraktiver zu machen.

Aufgabe 3

Der Mindestbestand einer Ware beträgt 256 Stück. 64 Stück werden täglich durchschnittlich verkauft, die Lieferzeit beträgt 15 Verkaufstage. Ermitteln Sie den Meldebestand.

Aufgabe 4

Ermitteln Sie den Meldebestand: Tagesabsatz 12 Stück, Lieferzeit drei Wochen (18 Arbeitstage), eiserner Bestand: Fünffacher Tagesbedarf.

Aufgabe 5

Der Meldebestand eines Artikels beträgt 350 Stück. Der Einzelhändler verkauft von dieser Ware täglich im Durchschnitt 25 Stück. Die Lieferzeit beträgt zwei Wochen (eine Woche = sechs Verkaufstage). Berechnen Sie den Mindestbestand für diesen Artikel.

Aufgabe 6

Bestimmen Sie anhand des nachfolgenden Computerausdrucks die Bestellmengen. Sie haben einen Dispositionsspielraum. Die Mindestbestellmenge ist zu beachten; durch die Bestellung darf der Höchstbestand nicht überschritten werden. Bei der Festsetzung der Bestellmenge ist zu berücksichtigen:

- Ab Mai beginnt die Saison für Gartenmöbel.
- Der Artikel 1542 Teichpumpe läuft sehr schleppend.
- Artikel 1654 HS-Bohrer (sortiert) ist ein Standardprodukt mit gleichmäßigem Absatz.

Durchschnittsrechnen

Meldebestandsliste			Datum: 10.04.20(0)		Zeit: 18:10:44	
Nr.	Artikel	Bestand	Meldebestand	Mindestbestellmenge	Höchstbestand	Bestellung
		Stück	Stück	Stück	Stück	Stück
1448	Gartentische	4	5	8	15	
1542	Teichpumpe	3	4	5	10	
1654	HS-Bohrer	16	20	50	100	

Aufgabe 7

Berechnen Sie aus folgenden Zahlen den Durchschnittsbestand pro Vierteljahr.

- Anfangsbestand 240
- Endbestand (EB) 1. Vierteljahr 150
- Endbestand (EB) 2. Vierteljahr 185
- Endbestand (EB) 3. Vierteljahr 240
- Endbestand (EB) 4. Vierteljahr 190

Aufgabe 8

Von einer Ware sind am 30.09. 130 Stück im Lager vorhanden. Im Monat September waren nacheinander 35 Stück, 25 Stück, 19 Stück und 28 Stück verkauft und außerdem 7 Stück wegen Verderbs vernichtet worden. Im gleichen Monat war eine Lieferung von 12 Kartons zu je 12 Stück eingegangen. Wie hoch war der Lagerbestand am 01. September?

Aufgabe 9

Ein Einzelhandelsgeschäft konnte seine Umschlagsgeschwindigkeit von 4 auf 4,5 verbessern, bei einem durchschnittlichen Lagerbestand in Höhe von 250.000,00 €.

a) Berechnen Sie die Veränderung des durchschnittlichen Lagerbestandes bei gleich bleibendem Wareneinsatz.

b) Wie hoch ist der Wareneinsatz, wenn der durchschnittliche Lagerbestand von 250.000,00 € unverändert bleibt.

Warenabsatz = verkaufte Menge in Stück,
Wareneinsatz = verkaufte Menge zu Einstandspreisen
Umsatz = verkaufte Menge zu Verkaufspreisen

EK-Preis = Einkaufspreis = Einstandspreis = Bezugspreis

Aufgabe 10

Entwickeln Sie aus den nachfolgend dargestellten Begriffen und Zahlen die Formeln für die Berechnung der Umschlagshäufigkeit und der durchschnittlichen Lagerdauer.

Durchschnittlicher Lagerbestand 360 Tage Umschlagshäufigkeit Wareneinsatz

Aufgabe 11

a) Wie lässt sich erklären, dass in der Schmuckbranche eine Umsatzhäufigkeit von 2, im Bereich Blumen aber von 30 üblich ist?

b) Berechnen Sie für beide Branchen die durchschnittliche Lagerdauer.

Aufgabe 12

Berechnen Sie die Umschlagshäufigkeit und die durchschnittliche Lagerdauer aus folgenden Zahlen.

a) Verkäufe zu Einstands-(EK)Preisen pro Jahr (Wareneinsatz): 810.000,00 €; durchschnittlicher Lagerbestand (zu EK-Preisen bewertet): 135.000,00 €.

b) Warenabsatz pro Jahr: 5.400 Stück; durchschnittlicher Lagerbestand: 900 Stück.

Aufgabe 13

a) Die Lagerkosten betragen in einem Lebensmittelgeschäft 93.600,00 € pro Jahr. Berechnen Sie die Lagerkosten je Umschlag, wenn der durchschnittliche Lagerbestand im Jahr 15-mal umgeschlagen wurde (Umschlagshäufigkeit = 15).

b) In einem Haushaltswarengeschäft haben die Lagerkosten mit 93.000,00 € annähernd die gleiche Höhe wie im Lebensmittelgeschäft. Allerdings beträgt die Umschlagshäufigkeit im Haushaltswarengeschäft 2,5. Wie hoch sind nun die Lagerkosten je Umschlag?

c) Nehmen Sie an, in der Sportabteilung des City-Warenhauses sei es durch eine bessere Einkaufsplanung gelungen, die Umschlagshäufigkeit für Hartwaren von 1,5 auf den Branchendurchschnitt von 3 anzuheben. Wie hoch sind die Lagerkosten je Umschlag, wenn die Lagerkosten pro Jahr jeweils mit 30.000,00 € anzusetzen sind?

Aufgabe 14

Der Jahresanfangsbestand eines Warenlagers betrug 60.000,00 €, der Jahresendbestand 30.000,00 € und der Wareneinsatz 360.000,00 €.
Wie viel Tage betrug die durchschnittliche Lagerdauer?

Aufgabe 15

Ein Einzelhändler verbesserte seine Lagerumschlagshäufigkeit von 3,0 (Vorjahr) auf 3,2 im laufenden Jahr. Der durchschnittliche Lagerbestand betrug im Vorjahr 150.000,00 €.

a) Um wie viel Euro verringerte sich der durchschnittliche Lagerbestand bei gleich bleibendem Wareneinsatz?

b) Wie viel Euro betrug der Wareneinsatz, wenn der durchschnittliche Lagerbestand von 150.000,00 € auch im laufenden Jahr erreicht wurde?

Aufgabe 16

Innerhalb von fünf Jahren veränderten sich die Kennzahlen eines Uhren-Schmuck-Geschäftes in folgender Weise (Zahlen zu vollen 1.000 € gerundet):

	20(-5)	20(0)
Bruttoumsatzerlöse	1.000.000,00 €	1.400.000,00 €
Wareneinsatz	500.000,00 €	700.000,00 €
Lagerumschlag	1,2	1
Durchschnittlicher Lagerbestand	417.000,00 €	700.000,00 €

Berechnen Sie die Steigerungsraten der Umsatzerlöse und des durchschnittlichen Lagerbestandes und begründen Sie die Abweichungen.

Aufgabe 17

Welche Folgen lassen sich aus Abweichungen der Umsatzhäufigkeit und der durchschnittlichen Lagerdauer vom Branchendurchschnitt ableiten?

1 Eine höhere Umschlagshäufigkeit zeigt, dass man mehr verkauft als die Mitbewerber.

2 Eine höhere Umschlagshäufigkeit zeigt, dass die eingekaufte Ware schneller verkauft wird als im Branchendurchschnitt. Das deutet auf eine unzureichende Auswahl für den Kunden hin, weil nur „Schnelldreher" im Sortiment sind. Es kann aber auch Ergebnis einer gelungenen Einkaufspolitik des Einzelhändlers sein.

3 Ist die Umschlagshäufigkeit niedriger, liegt ein deutlicher Hinweis auf zu große Einkaufsmengen und auf die Gefahr des Veraltens der Ware vor.

4 Eine kürzere durchschnittliche Lagerdauer ist für den Einzelhändler eher zu verkraften als ein Abweichen nach oben, denn es ist leichter, den Wareneinkauf zu erhöhen, als überhöhte Lagerbestände abzubauen.

Aufgabe 18

Der Filiale einer Warenhauskette ist es gelungen, den Warenbestand von 3,1 Millionen € auf 2,6 Millionen € zu senken, ohne die Verkaufsbereitschaft zu beeinträchtigen. Die Zentrale berechnet der Filiale für das Kapital, das durch den Warenbestand gebunden ist, eine Verzinsung von 7 % pro Jahr.
Berechnen Sie die Zinseinsparung, die die Filiale durch den verringerten Warenbestand erzielen konnte.

5 Inventurarbeiten durchführen

In der Abteilung Elektro/Tonträger/Computer werden im Randsortiment auch einige Musikinstrumente geführt. Heute, am 31. Dezember 20(0), ist im City-Warenhaus Inventur. Klaus steht vor den Musikinstrumenten, während Andrea einen Bogen nach den Angaben von Klaus ausfüllt:

Klaus: *„Mundharmonika, 10, 11, 12 Stück, Verkaufspreis 8,50 €, 1 bis 3 Monate alt, Mundharmonika, 6 Stück, 19,80 €, 3 bis 6 Monate alt, Mundharmonika, 3 Stück, 19,80 €, 6 bis 12 Monate, Mundharmonika, 2 Stück, 19,80 €, 12 bis 24 Monate alt. Durch das Vorsortieren läuft die Inventur recht flott. Nun müssen wir nur noch die Bestände im Reservelager aufnehmen."*

Im Lager:

Klaus: *„Schulblockflöten, 12 Stück, Verkaufspreis 16,25 €, ganz neu hereingekommen, also bis 1 Monat alt. – Was ist das denn?"*

Andrea: *„Das Akkordeon ist gestern oben aus dem Regal gefallen. Frau Gerdes meint, dass man es nach der Reparatur vielleicht noch zum halben Preis verkaufen kann."*

Klaus: *„Akkordeon, 1 Stück, Verkaufspreis 177,50 €, 3 bis 6 Monate alt, stark beschädigt."*

Andrea: *„Müssen wir nicht den halben Preis ansetzen?"*

Klaus:	*„Wir sollen die Waren zu Verkaufspreisen erfassen. Auf dem Etikett steht 177,50 €. – Diese Flöte lag gestern noch nicht hier."*
Andrea:	*„Die Alt-Flöte hat eine Kundin gekauft und bereits angezahlt."*
Klaus:	*„Alt-Blockflöte, 1 Stück."*
Andrea:	*(unterbricht Klaus) – Moment, die Flöte ist doch verkauft!"*
Klaus:	*„Aber sie ist noch hier, und wir erfassen alles, was im Geschäft ist. 93,25 €, bis zu 1 Monat ..."*
Andrea:	*(unterbricht ihn erneut) – Wir können doch nur festhalten, was zum Geschäft gehört, wenn wir den Warenbestand in der Inventur ermitteln sollen. Soll ich etwa auch die Notenblätter dort aufschreiben, die wir an den Lieferanten zurückschicken wollen, weil sie beschädigt sind, oder diese Geige, die wir für eine Kundin reparieren lassen?"*
Klaus:	*„Du machst das reichlich kompliziert. Heute ist Silvester."*
Andrea:	*„Und du machst es dir zu einfach. Heute Morgen hat Frau Gerdes einem Kunden eine Gitarre für eine Woche überlassen, damit dessen Sohn sie ausprobiert. Gehört die Gitarre in meinen Inventurbogen oder nicht?"*

Arbeitsauftrag

Führen Sie die Inventurliste auf S. 173 weiter. Übernehmen Sie die Angaben aus dem Gespräch, die erforderlich sind, damit man die Liste im Büro ordnungsgemäß fortführen kann.

1. Tragen Sie diejenigen Musikinstrumente in den Bogen ein, die tatsächlich bei der Inventur erfasst werden müssen (Spalten 1–6).
2. Führen Sie die Inventurliste fort, indem Sie die Verkaufspreise der Waren auf die Einkaufspreise zurückrechnen (Spalten 7–9).
3. Bewerten Sie beschädigte oder veraltete Waren so, dass sie mit ihrem tatsächlichen Wert erfasst werden (Spalten 10 und 11).
4. Bei den Mundharmonikas zum Preise von 8,50 € müssten laut Artikeldatei 14 Stück vorhanden sein (Sollbestand). Entscheiden Sie, mit welcher Stückzahl der Bestand in das Inventurblatt aufgenommen wird (Soll- oder Ist-Wert).

Rückwärtsschreitende Kalkulation

Sollbestand
Istbestand

Hinweise:

- Zusatzinformation zur Gitarre: 1 Stück, 180,00 €, 3 bis 6 Monate alt.
- Der Inhaber des Musikfachgeschäftes hat sich mit dem Finanzamt geeinigt, dass Waren im Alter zwischen
  - 6 und 12 Monaten 5 %,
  - 12 und 24 Monaten 10 %

  im Wert vermindert werden können (Teilwertabschläge).
  Das beschädigte Akkordeon wird mit 50 % seines Einkaufswertes angesetzt.
- Die Abteilung Elektro/Tonträger/Computer kalkuliert mit einem Handlungskostenzuschlag von 74 % und einem Gewinnzuschlag von 9 %. Der Umsatzsteuersatz beträgt 16 Prozent.

Aufgabe 1

Im oben stehenden Fall war eine Differenz zwischen dem Soll- und dem Istbestand an Mundharmonikas festgestellt worden. Welche der nachfolgenden Ereignisse können die Inventurdifferenz verursacht haben?

1 Kundendiebstahl
2 Personaldiebstahl
3 Falsche Erfassung der Mundharmonika beim Wareneingang
4 Die Vernichtung von zwei wegen Beschädigung unverkäuflichen Mundharmonikas wurde nicht in der Artikeldatei vermerkt
5 Zählfehler bei der Inventur

Aufgabe 2

Teilwertabschlag

Welche Ereignisse rechtfertigen Teilwertabschläge beim Warenbestand?

1 Lange Lagerdauer
2 Modewechsel
3 Technische Überholung
4 Sinkende Verkaufspreise von Waren
5 Beschädigungen
6 Steigende Einkaufspreise gleichartiger Produkte

Aufgabe 3

Der geplante Umsatz eines Einzelhandelsgeschäftes zu Bruttoeinkaufspreisen beträgt 600.000,00 €, der Kalkulationsabschlag 45 % und der Lagerabbau soll sich auf 30.000,00 € belaufen. Errechnen Sie

a) den geplanten Wareneinsatz für das kommende Geschäftsjahr,
b) das zur Verfügung stehende Limit.

Inventur-Liste

Warengruppe: *Musikinstrumente* Tag der Aufnahme: *31. Dez. 20(0)* Blatt-Nr. 14

						Warenaufname Bewertung				
Nr,	Warenbezeichnung	Stück	Verkaufs-preis €/Stück	Alter (Monate)	Zustand der Ware	Gesamt-Verkaufspreis €	Kalkulations-Abschlag %	Gesamt-Einkaufspreis €	Teilwert-Abschlag %	Wertansatz für die Inventur €
341	Posaune	2	440,00	6 – 12						
Summe										
angesagt					**geschrieben**				**geprüft**	

6 Ein Inventar erstellen

Im Biker-Shop

Der Biker-Shop ist Mieter im City-Warenhaus Bauer. Das Kernsortiment besteht aus Radrennsportartikeln hochwertiger Profi-Marken, ergänzt durch Radsport-Bekleidung.
Daneben führt der Shop aber auch „normale“ Fahrräder einschließlich Zubehör.

Bereich 05
Verwaltung

Leiter(in): Frau Dehn

Abteilung 5.1
...

Abteilung 5.2
...

Abteilung 5.3
Mieter:
- **Biker-Shop**
  Herr Adam
  Frau Adam
  Auszubildende Silke
  Auszubildende Ann-Katrin
  ...
- **Foto**
- **Bäcker**
- **Bistro**

Für Frau Berger, die im Biker-Shop die Buchhaltungsarbeiten erledigt, ist der Jahreswechsel immer mit sehr viel Arbeit verbunden. Sie muss nicht nur am 31.12.20(0) beim Zählen der Warenvorräte mithelfen, sondern darüber hinaus auch die weiteren Inventurarbeiten durchführen. Da sich die Arbeiten in jedem Jahr wiederholen, hat sie sich einen kleinen Organisationsplan für die in der ersten Januarwoche eines jeden Jahres zu erledigenden Jahresabschlussarbeiten erstellt.

Wegen Inventur geschlossen

Zeitplan für die Inventur			
Nr.	**Aufgaben**	**zu erledigen am**	**erledigt**
1	Warenvorräte ermitteln	31.12.20(0)	✓
2	Kassenbestand am Ende des Geschäftsjahres festhalten	31.12.20(0)	✓
3	Inventursummenblatt aus den Inventurlisten erstellen	02.01.20(+1)	
4	Bestandsverzeichnis über das Anlagevermögen abschließen	03.01.20(+1)	
5	Forderungsbestand zum 31.12. nach Kunden aufgelistet ermitteln (Forderungen-Sammelliste)	03.01.20(+1)	
6	Die Höhe des langfristigen Fremdkapitals (Darlehen) zum 31.12.20(0) feststellen	03.01.20(+1)	
7	Bestand des kurzfristigen Fremdkapitals ermitteln:		
	a) Lieferer (Verbindlichkeiten-Sammelliste)	03.01.20(+1)	
	b) Bank (Kontoüberziehungen)	03.01.20(+1)	
8	Inventar aufstellen	04.01.20(+1)	

Inventurliste und Inventursummenblatt sowie das Inventarformular befinden sich weiter unten

Arbeitsauftrag

Erledigen Sie die Arbeiten aus dem Zeitplan von Frau Berger.

1. (Position 3 des Zeitplanes) Erstellen Sie das Inventursummenblatt für die Warenvorräte; vervollständigen Sie dazu noch das letzte Blatt (Nr. 14) der Inventurliste und tragen Sie die Summe in ein Inventursummenblatt ein. Berechnen Sie anschließend den Gesamtwert der Warenvorräte. Der Inventurabschlag beträgt 45 %.
2. (Position 4 des Zeitplanes) Schließen Sie das Bestandsverzeichnis über das Anlagevermögen auf Seite 177 zum 31.12.20(0) ab.
3. (Positionen 5–8 des Zeitplanes) Erstellen Sie aus den in den Teilarbeitsaufträgen 1. und 2. ermittelten Zahlen und aus den nachfolgend abgebildeten Belegen das Inventar zum 31.12.20(0).

Inventur-Liste								
Warengruppe:	Bekleidung			Tag der Aufnahme:	31. Dez. 20(0)			Blatt-Nr. 14
Warenaufnahme						Bewertung		
Nr.	Warenbezeichnung	Stück	Verkaufspreis €/Stück	Alter (Monate)	Zustand der Ware	Gesamt-Verkaufspreis/€	Inventurabschlag 45 %	Gesamt-EK-Preis (Inventurwert) €
	Übertrag							8.551,24
25	Langarmtrikot	12	61,90	0 - 6		742,80	334,26	408,54
26	Radhose	28	45,90	0 - 6				
27	Winterträgerhose	19	86,90	0 - 6				
28	Rennanzug	8	85,90	0 - 6				
29	Sinchi-Jacke	14	66,90	0 - 6				
30	Trägerhose	15	63,90	0 - 6				
31	Rennmütze	16	4,90	0 - 6				
32	Handschuhe	13	14,90	0 - 6				
33	Sweatshirt	23	43,90	0 - 6				
Summe								
angesagt					geschrieben			geprüft

Position 3 des Zeitplanes

Inventursummenblatt			
Nr.	Warengruppe	Inventurlisten Nr.	Inventurwert €
1	Räder	1– 5	64.740,00
2	Komponenten	6– 8	15.315,00
3	Zubehör	9–11	7.805,00
4	Bekleidung	12–	
Summe			

Position 4 des Zeitplanes

Bestandsverzeichnis						
Nr.	**Bezeichnung des Gegenstandes**	**Anschaffungswert €**	**Anschaffungsdatum**	**Wert zum 01.01.20(0) €**	**Wertminderung 20(0) €**	**Inventurwert zum 31.12.20(0) €**
1	Büroschrankwand	12.000,00	13.02.20(-4)	7.200,00	1.200,00	6.000,00
2	Büroschrank	3.000,00	13.02.20(-4)	1.800,00	300,00	1.500,00
3	Wandregal-System	30.000,00	16.04.20(-3)	21.000,00	3.000,00	
4	Schreibtisch	4.000,00	27.04.20(-3)	2.800,00	400,00	
5	Fax-Gerät	2.000,00	03.02.20(-2)	1.200,00	400,00	
6	Mittenregale	40.000,00	10.05.20(-2)	32.000,00	4.000,00	
7	Lager-Regalsystem	20.000,00	25.06.20(-2)	16.000,00	2.000,00	
8	Server	3.600,00	10.04.20(-2)	2.400,00	1.200,00	
9	4 Personalcomputer	9.000,00	03.05.20(-1)	6.000,00	3.000,00	
10	Fotokopierer	4.500,00	15.03.20(-1)	3.600,00	900,00	
11	Computer-Kassen-System	35.000,00	15.03.20(-1)	28.000,00	7.000,00	
12	Werkstatteinrichtung	20.000,00	12.04.20(-1)	18.000,00	2.000,00	
	Summe:			140.000,00	25.400,00	

Belege

1. Offene-Posten-Liste Kunden (Auszug)

Position 5 des Zeitplanes

Arbeitsmappe | Derzeit geöffnet | Offene Poste... | Abfrage: Offene Posten Kunden

KdNr	Kunde	ReNr	ReDatum	Saldo
Saldovortrag	.	...	...	28.547,00
240064	Winzer, Gabriele	00-378-11	07.12.20(0)	384,00
240067	Benders KG	00-401-11	28.11.20(0)	460,00
240079	Bader, Michael	00-502-12	05.12.20(0)	722,00
240083	Heinrichs, Stefan	00-572-12	01.12.20(0)	355,00
Summe				30.468,00

2. Offene Posten-Liste Lieferer (Auszug)

Position 5 des Zeitplanes

Arbeitsmappe | Derzeit geöffnet | Offene Poste... | Abfrage: Offene Posten Lieferer

KdNr	Lieferer	ReNr	ReDatum	Saldo
440003	Collago	277703	12.09.20(0)	24.300,00
440018	Nishik	13-00-471	24.11.20(0)	15.600,00
440022	Campagnolo	234-0113	13.10.20(0)	12.750,00
440025	RED BULL	556-787	20.12.20(0)	11.543,00
Summe				64.193,00

Position 2 des Zeitplanes

Biker-Shop Oberstraße 17, 40878 Ratingen	
31.12.20(0) MON	
Finanzbericht	
Gesamtbetrag brutto	3.473,00 €
Gesamtbetrag netto	2.993,97 €
Gesamtbetrag USt	479,03 €
Anzahl Artikel	34
Anzahl Kunden	22
Artikelzahl pro Kunde	1,5
Nettoumsatz pro Kunde	136,09 €
Schlussbestand Kasse (bar)	704,00 €
Nr.	0294
Zeit	16:05

3. Kassenbericht

Der tatsächliche Bargeldbestand stimmt mit dem Ergebnis des Finanzberichtes überein. In der Kasse befinden sich 704,00 €.

4. Bankauszüge (Darlehens- und Kontokorrentkonto)

Position 6 des Zeitplans

Darlehenskonto

Kontoauszug **Darlehenskonto**	COMMERZBANK				Marktplatz 8, 40878 Ratingen	BLZ 300 400 00
Konto-Nr.	**Auszug-Nr.**		**Seite**	**Monat**	**Alter Kontostand (€)**	
4865 051 000		1	1	Dez. 20(0)	140.000,00 (–)	
Wert	**Buchungstext**				**Umsätze (€)**	
01.12.	Darlehenstilgung				10.000,00	(+)
31.12.	Saldo				130.000,00	(–)

Position 7 des Zeitplans

Kontokorrentkonto

Kontoauszug **Kontokorrent**	COMMERZBANK				Marktplatz 8, 40878 Ratingen	BLZ 300 400 00
Konto-Nr.	**Auszug-Nr.**		**Seite**	**Monat**	**Alter Kontostand (€)**	
4865 051 000		1	1	Dez. 20(0)	33.891,00 (+)	
Wert	**Buchungstext**				**Umsätze (€)**	
31.12.	Überweisung				6.500,00	(+)
31.12.	bar				850,00	(–)
31.12.	Saldo				39.541,00	(+)

Postbank			Kontoauszug Postbank Köln Tunisstraße 15 50667 Köln	Biker-Shop Oberstraße 17 40878 Ratingen		
Kontonummer		**Kontoart**	**BLZ 370 100 50**	**Auszug-Nr.**	**Auszug Seite**	
774 394 22		KKT		187	1	
Beleg	**Buchungstag**	**Wert**	**Text**		**Betrag**	**+/–**
			Saldo alt		16.200,00	(+)
	31.12.20(0)	31.12.20(0)	Saldo neu		16.200,00	(+)

Inventar des zum		
	€	€
A. Vermögen		
I. Anlagevermögen		
1.		
II. Umlaufvermögen		
1. Waren		
Warengruppe I		
2.		
3.		
4.		
5.		
Summe des Vermögens		
B. Schulden		
Summe der Schulden		
C. Eigenkapital		
Summe des Vermögens		
– Summe der Schulden		
Eigenkapital (Reinvermögen)		

(Ort, Datum)	(Unterschrift des Eigentümers)

Aufgabe 1

Erstellen Sie aus den unten stehenden Inventurergebnissen ein formgerechtes Inventar.

Inventurwerte (ungeordnet)		€
Verbindlichkeiten laut Einzelinventarliste		2.062.100,00
Bankguthaben bei der Deutschen Bank		62.650,00
Forderungen laut Einzelinventarliste		316.400,00
Kassenbestand		3.650,00
Geschäftsausstattung lt. Einzelinventarliste		495.000,00
Darlehen bei der Deutschen Bank		1.406.720,00
Warenvorräte lt. Einzelinventarliste Nr. 1 bis 28		
• Warengruppe I	Wohnzimmer	403.200,00
• Warengruppe II	Schlafzimmer	376.000,00
• Warengruppe III	Kinderzimmer	205.000,00
• Warengruppe IV	Küchen	198.000,00
• Warengruppe V	Kleinmöbel	164.000,00
• Warengruppe VI	Wohnaccessoires	37.800,00
Fuhrpark		47.500,00
Eigenkapital		???
Gebäude		2.240.000,00

Aufgabe 2

Ordnen Sie folgende Inventarpositionen dem Vermögen bzw. den Schulden zu, und gliedern Sie die Positionen nach ansteigender Liquidität (Vermögen) bzw. nach zunehmender Fälligkeit (Schulden).

Inventarpositionen

Verbindlichkeiten	Forderungen	Grundstücke
Warenvorräte	Fuhrpark	Betriebs- und Geschäftsausstattung
Darlehen	Gebäude	
Kasse	Bankguthaben	

Aufgabe 3

Begründen Sie, warum Forderungen liquider (flüssiger) sind als Warenvorräte.

Aufgabe 4

Bei einer Inventur wird festgestellt, dass Soll- und Ist-Bestand der Warenvorräte nicht übereinstimmen. Welche Ursachen könnten Ihrer Meinung nach für die Inventurdifferenzen verantwortlich sein?

1 Die Ursache kann nur ein Zählfehler sein. Soll- und Ist-Bestand müssen immer übereinstimmen.
2 Kundendiebstahl/Personaldiebstahl
3 Falsche Erfassung von Waren beim Wareneingang
4 Auswahlsendungen, die sich bei Kunden befinden, wurden in der Inventur nicht erfasst.

Aufgabe 5

Ermitteln Sie den Wert der Warenvorräte zum 31.12.20(0), wenn die Inventur vier Tage vor dem Bilanzstichtag durchgeführt wird. Der Inventurabschlag vom Verkaufspreis beträgt 40 %.

		€
28.12.20(0)	Inventurwert der Warenvorräte (zu Einstandspreisen)	683.450,00
29.12.20(0)	Warenverkäufe (zu Verkaufspreisen)	12.340,00
30.12.20(0)	Wareneingang (zu Einstandspreisen)	71.850,00
30.12.20(0)	Warenverkäufe (zu Verkaufspreisen)	10.280,00
31.12.20(0)	Wareneingang (zu Einstandspreisen)	32.900,00
31.12.20(0)	Warenverkäufe (zu Verkaufspreisen)	6.485,00

Aufgabe 6

Aus organisatorischen Gründen führt ein Unternehmer die Inventur erst sieben Tage nach dem 31.12., dem Bilanzstichtag, durch. Errechnen Sie aus den nachfolgenden Zahlen den Wert der Warenvorräte am 31.12.20(0). Die Verkaufspreise sind um 50 % zu vermindern, um den Einstandspreis zu erhalten.

		€
02.01.20(+1)	Warenverkäufe (zu Verkaufspreisen)	6.200,00
03.01.20(+1)	Warenverkäufe (zu Verkaufspreisen)	5.150,00
04.01.20(+1)	Warenverkäufe (zu Verkaufspreisen)	7.850,00
04.01.20(+1)	Wareneingang (zu Einstandspreisen)	45.640,00
05.01.20(+1)	Warenverkäufe (zu Verkaufspreisen)	6.280,00
06.01.20(+1)	Warenverkäufe (zu Verkaufspreisen)	8.250,00
07.01.20(+1)	Inventurwert der Warenvorräte (zu Einstandspreisen)	372.500,00

Aufgabe 7

Stellen Sie fest, welche Inventurart in den nachfolgend beschriebenen Fällen jeweils gewählt wurde.

a) Die Inhaberin eines Textilfachgeschäftes hat als Bilanzstichtag den 31.08. eines jeden Jahres gewählt. An diesem Tag führt sie auch jeweils die Inventur durch, weil in den verkaufsschwächeren Sommermonaten nach dem Sommerschlussverkauf die Warenbestände besonders niedrig sind.

b) In einem großen Baumarkt werden alle Warenbewegungen per Computer erfasst. Der Leiter des Rechnungswesens kann zu jeder Minute den exakten Stand der Warenvorräte nennen. Die Inventur wird abteilungsweise über das Jahr verteilt, damit die Beeinträchtigung des Geschäftsablaufes möglichst gering bleibt. Bilanzstichtag ist jeweils der 31.12. des Jahres.

c) In einer Buchhandlung erfolgt die Inventur am 31.01., obwohl der Bilanzstichtag jeweils auf den 31.12. festgelegt ist. Man wählt dieses Verfahren, weil die Warenbestände im Januar (nach dem Weihnachtsgeschäft) besonders niedrig sind.

Aufgabe 8

In einem Baumarkt werden bei der Inventur Kleinteile zu Durchschnittspreisen bewertet. Errechnen Sie aus folgenden Mengen und Preisen die Angaben für die Inventurliste (vgl. Muster).

Schrauben

70 Pakete zu 1,20 €/Stück
84 Pakete zu 1,40 €/Stück
66 Pakete zu 1,60 €/Stück
40 Pakete zu 1,80 €/Stück
30 Pakete zu 2,00 €/Stück

Inventurliste				
Nr.	Warenbezeichnung	Stück	VK-Preis/Stück	VK-Preis/€/gesamt
1	Schrauben			

Lernfeld 8 Geschäftsprozesse erfassen und kontrollieren

1 Ein Haushaltsbuch anlegen

121,76 € im Monat September für das Handy – jetzt reicht es, dachte Silke. Das Konto kräftig überzogen, eine nicht enden wollende Geldnot, und der Urlaub im nächsten Jahr – er muss im Dezember gebucht werden – steht vermutlich in den Sternen. Eigentlich glaubte sie – verglichen mit den alten Taschengeldzeiten – im Geld zu schwimmen, nachdem sie ihre Ausbildung zur Kauffrau im Einzelhandel begonnen hatte. Leider sah die Wirklichkeit völlig anders aus. Von ihrer Bank hatte sie die Broschüre „Mit dem Einkommen gut auskommen" mitgenommen, die gute Tipps zum Umgang mit Geld und die Aufforderung, ein Haushaltsbuch zu führen, enthielt. Altmodisch, meinte Sabine zunächst, aber was soll's. Ihre Freundin Elena ist immer flüssig, weil sie – wie sie sagt – alle Einnahmen und Ausgaben sorgfältig aufzeichnet und dadurch den totalen Überblick behält.

feste Ausgaben – veränderliche Ausgaben

Für drei Monate, von Oktober bis Dezember, will es Silke nun auch versuchen: Alle Einnahmen werden erfasst, die regelmäßig wiederkehrenden festen Ausgaben davon abgezogen, sodass sie berechnen kann, wie viel ihr für das tägliche Leben noch übrig bleibt. Und dann wird jeder ausgegebene Cent aufgeschrieben, nach Ausgabengruppen getrennt, damit sie sieht, wo gespart werden kann. Auf jeden Fall wird weniger mit Moni telefoniert.
Silkes **Einnahmen** sind schnell aufgezählt: Jeden Monat erhält sie eine Ausbildungsvergütung von 393,20 €, im November zusätzlich ein Weihnachtsgeld in Höhe von 245,70 € und im Dezember – mit großer Wahrscheinlichkeit – von Oma wieder einen Hunderter.
Auch die **festen Ausgaben** sind gut überschaubar:

- Das Hotel Mama ist zwar sehr komfortabel und preisgünstig, aber nicht kostenlos: 75,00 € erwarten ihre Eltern pro Monat.
- „Kind, du musst an deine Zukunft denken", sagte Oma. Nun zahlt Silke jeden Monat 40,00 € für einen Wertpapiersparvertrag und Oma legt noch einmal den gleichen Betrag dazu – eigentlich nicht schlecht.
- Das Fitness-Studio verlangt als Super-Super-Sparpreis monatlich 30,00 € – für Silke unverzichtbar.
- Wenn der Urlaub im nächsten Jahr starten soll, müssen Rücklagen gebildet werden: 35,00 € pro Monat traut Silke sich zu.

Der Rest der Einnahmen wird bei ALDI, im CITY-KINO, bei der TELEKOM, in MUSIC-WORLD und an vielen anderen Stellen ausgegeben. Aber jetzt wird Buch geführt: Alle Belege werden gesammelt, beleglose Zahlungen in einem kleinen Heft vermerkt. Regelmäßig wird Silke diese veränderlichen Ausgaben in einer Tabelle, getrennt nach Ausgabengruppen, festhalten.
Silke hofft sogar, dass noch etwas übrig bleibt, um die Kontoüberziehung von rund 400,00 € schrittweise abzubauen.

Arbeitsauftrag

Legen Sie ein Haushaltsbuch für Silke an.

1. **Übertragen Sie die Einnahmen und festen Ausgaben von Silke in die nachfolgende Übersicht und ermitteln Sie den Betrag, der für veränderliche Ausgaben übrig bleibt.**
2. **Bilden Sie für die unten stehende Tabelle „Veränderliche Ausgaben" sinnvolle Ausgabengruppen, in die Silke ihre täglichen Ausgaben eintragen kann.**

Darauf sollten Sie achten:

- Unterscheiden Sie bei den Ausgaben in feste und veränderliche Ausgaben.
- In der Tabelle „Übersicht veränderliche Ausgaben" auf Seite 86 sind lediglich die Überschriften für die Ausgabengruppen nach Ihren eigenen Vorstellungen zu bilden (einige sind bereits angegeben).

Einnahmen-Übersicht

Einnahmen in €

Einnahmen-Art	**Oktober**	**November**	**Dezember**	**Summe**
Summe				

Ausgaben-Übersicht

Feste Ausgaben in €

Ausgaben-Art	**Oktober**	**November**	**Dezember**	**Summe**
Summe				

Zwischenergebnis

	Summe Einnahmen	–	**Summe feste Ausgaben**	=	**verfügbar für veränderliche Ausgaben**
Oktober		–		=	
November		–		=	
Dezember		–		=	
Summe		–		=	

Übersicht veränderliche Ausgaben

Datum	Ernährung, Getränke	Kommunikation (Telefon, Porto)				
Tag Mon.	€	€	€	€	€	€
Summe						

Fortsetzung

					Sonstiges	Summe
€	€	€	€	€	€	€
Summe						

Aufgabe 1

Silke hat ihre Haushaltsbuchführung mit Sorgfalt durchgeführt. Zum Ende des Jahres war eine Auswertung fällig, um die Entwicklung der Zahlen sichtbar zu machen. Mit der nachfolgenden Übersicht soll dies geschehen.

Hinweise:
Die **veränderlichen Ausgaben** entwickelten sich in den drei Monaten wie folgt:
– Oktober: 244,70 € – November: 312,40 € – Dezember: 280,10 €
Silke hatte ihr Bankkonto am 01.10. mit 384,50 € überzogen (= Rest aus Vormonat).

3-Monats-Übersicht Ein- und Ausgaben	**Oktober**	**November**	**Dezember**	**Summen**
Einnahmen				
– feste Ausgaben				
– veränderliche Ausgaben				
+/– Rest aus Vormonat				////////////////////
= Ergebnis (+ oder –)				////////////////////

a) Füllen Sie mithilfe der Ergebnisse des Arbeitsauftrages die Tabelle aus und ermitteln Sie den Endstand ihrer Einnahmen-Ausgaben-Situation als Plus- oder Minus-Ergebnis am Ende des Monats Dezember.

b) Stellen Sie die Beträge heraus, die Silke am Ende eines jeden Monats zur freien Verfügung hatte, nachdem die veränderlichen Ausgaben bestritten worden sind. Prüfen Sie, ob sie die Rücklage für ihren Urlaub noch erhöhen kann.

Aufgabe 2

Im Januar möchte Silke wissen, wie hoch die Telefonkosten im Durchschnitt aller Monate bis zu und nach Beginn ihrer beruflichen Ausbildung im letzten Jahr waren. Sie vergleicht die in einem Ordner abgehefteten Rechnungen, indem sie die Rechnungsbeträge in eine Tabelle einträgt:

Januar	19,78 €	**Mai**	26,84 €	**September**	121,76 €
Februar	23,20 €	**Juni**	28,52 €	**Oktober**	114,05 €
März	15,34 €	**Juli**	43,86 €	**November**	105,18 €
April	22,62 €	**August**	87,93 €	**Dezember**	99,24 €

a) Wie viel € Telefonkosten hatte Silke im Durchschnitt aller Monate von Januar bis Juli zu zahlen?

b) Wie hoch waren die Telefonkosten im Durchschnitt nach Beginn der beruflichen Ausbildung?

c) Wie viel € hat Silke im Durchschnitt aller Monate im letzten Jahr an die Telefongesellschaft überwiesen?

Aufgabe 3

Yasemin führt ein Haushaltsbuch. Die Kfz-Versicherung, die einmal im Jahr (Oktober) in Höhe von 294,00 € anfällt, soll mit einem Durchschnittsbetrag pro Monat in die Haushaltsbuchführung eingehen.
Errechnen Sie den Monatsbetrag.

Ausgaben in €									
Ausgaben-Art	**Jan.**	**Febr.**	**März**	**April**	**Mai**	**Juni**	**Juli**	**usw.**	**Summe**
Kostgeld								usw.	
Versicherungen								usw.	
usw.									

2 Die Einnahmen und Ausgaben eines Unternehmens planen

Ein Mitarbeiter der Hausbank des Biker-Shops, Herr Stade, ist am Telefon:

Herr Stade: *„Wir haben hier einige Überweisungen von Ihnen erhalten, die von Ihrem Konto ausgeführt werden sollen. Für diese Summe ist auf Ihrem Konto allerdings keine Deckung mehr vorhanden. Auch die Überziehungslinie von 15.000,00 €, die wir Ihnen eingeräumt haben, würde überschritten. Sollen wir die Überweisungen so lange zurückstellen?"*

Herr Adam: *„Nein, die Zahlungen müssen durchgeführt werden. Wie ist das denn bloß möglich! Wochenlang hatte ich hohe Guthaben auf dem Geschäftskonto, nun sieht es so aus, als wäre ich zahlungsunfähig. Ich komme sofort und rede mit dem Leiter der Kreditabteilung."*

Nachdem Herr Adam den Hörer aufgelegt hat, ist die Stimmung schlecht. Herr Adam wendet sich an Frau Berger, die im Biker-Shop die Buchhaltungsarbeiten erledigt.

Herr Adam: *„Das ist nun schon das dritte Mal in wenigen Monaten, dass mein Ruf als Kaufmann in Gefahr gerät. Ich habe doch gesagt, vor größeren Ausgaben ist zunächst der Kontostand zu überprüfen. Frau Berger, wie konnte das passieren?"*

Frau Berger: *„In den letzten Tagen waren einige Lieferantenrechnungen fällig. Außerdem war im Juni Termin für Steuervorauszahlungen. Die werden automatisch vom Geschäftskonto abgebucht, sodass wir das gar nicht überschauen können. Wenn dann noch die Gehaltszahlungen dazukommen oder die Einnahmen etwas zurückbleiben ..."*

Herr Adam: *„Mir scheint, hier im Büro hat niemand einen Überblick über den aktuellen Kontenstand."*

Frau Berger: *„Das ist doch gar nicht möglich bei den vielen Geldbewegungen, die täglich stattfinden."*

Herr Adam: *„Aber wir wissen doch aus den Vorjahreszahlen, wie viel wir in jedem Monat durch Verkäufe ungefähr einnehmen. Und viele Ausgaben sind in ihrer Höhe doch auch vorher bekannt, z. B. die Gehälter oder die Miete."*

Frau Berger: *„Das stimmt allerdings. Man müsste sich rechtzeitig einen Überblick verschaffen."*

Herr Adam: *„Genau das machen wir jetzt – wir fangen mit der zweiten Jahreshälfte an. Danach kann ich mit meiner Bank darüber verhandeln, bis zu welcher Höhe ich das Konto überziehen darf."*

Arbeitsauftrag

Entwickeln Sie für den Biker-Shop einen Finanzplan, der die Monate Juli bis Dezember umfasst. Stellen Sie anschließend fest, bis zu welcher Höhe Herr Adam eine zulässige Überziehung seines Geschäftskontos mit der Bank vereinbaren muss.

So sollten Sie vorgehen:

- Die nachfolgenden Zahlen über die zu erwartenden Einnahmen und Ausgaben des Geschäftes bilden die Grundlage für den Finanzplan, der auf der nächsten Seite abgebildet ist.
- Der notwendige Höchstbetrag für eine Kontoüberziehung wird deutlich, wenn Sie die monatlichen Überschüsse (Guthaben) und Fehlbeträge (Überziehungen) auf dem Konto verfolgen. Eine weitere Tabelle hilft Ihnen bei dieser Aufgabe.

Informationen zum Finanzplan

Geschätzte **Jahres-Einnahmen** (Umsätze) aufgrund von Warenverkäufen auf der Basis der Vorjahresumsätze:			650.000,00 €	
Anteilige **Monatseinnahmen** (Monatsumsätze) in %:	Juli August September	8,0 % 6,6 % 9,8 %	Oktober November Dezember	8,8 % 9,6 % 14,6 %
Verbleibende Einnahmen:	35 % der Einnahmen stehen erfahrungsgemäß für laufende Ausgaben zur Verfügung. Die übrigen 65 % werden vorzugsweise für die – sofortige – Begleichung der Liefererrechnungen verwendet.			
Ausgaben für				
• Personal	Je Monat 8.000,00 €; im November Sonderzahlung von 60 % der monatlichen Personalzahlungen			
• Miete, Strom etc.	Je Monat 3.500,00 €; im August soll die Geschäftsfassade zusätzlich neu gestrichen werden (Kostenvoranschlag 8.500,00 €)			
• Werbung	Je Monat 1.000,00 €; im August und im November zusätzlich für eine Werbeaktion 4.000,00 €			
• Steuern	12.000,00 € pro Jahr; Steuerzahlungstermine (je 1/4): Februar, Mai, August, November			
• Versicherungen u.Ä.	2.000,00 € im Juli und im Dezember			
Rückzahlungen für Bankdarlehen	9.000,00 € pro Jahr, Abrechnungstermine (je 1/4): März, Juni, September, Dezember			

Finanzplan (für Juli – Dezember)

Monate		Juli	August	September	Oktober	November	Dezember	Summe
Umsatz	in %							
	in €							
Verbleibende Einnahmen (35 % des Umsatzes) in €								
Ausgaben (in €) für								
• Personal								
• Miete, Strom etc.								
• Werbung								
• Steuern								
• Versicherungen u. Ä.								
Rückzahlungen für Bankdarlehen								
Summe Ausgaben								
Guthaben (+)/ Überziehung (–)								

Ende Juni war das Geschäftskonto mit 14.500,00 € überzogen.

Berechnung des Finanzbedarfs			
Zeit	**+/–**	**Guthaben (+)/Überziehung (–) in €**	
Kontostand Ende Juni	–	14.500,00	
Einnahmen – Ausgaben Juli			
Kontostand Ende Juli			
Einnahmen – Ausgaben August			
Kontostand Ende August			
Einnahmen – Ausgaben September			
Kontostand Ende September			
Einnahmen – Ausgaben Oktober			
Kontostand Ende Oktober			
Einnahmen – Ausgaben November			
Kontostand Ende November			
Einnahmen – Ausgaben Dezember			
Kontostand Ende Dezember			

Aufgabe 1

Die Inhaberin des Einzelhandelsgeschäftes Wohndesign, Frau Blume, zeichnet die Einnahmen und Ausgaben ihres Geschäftes wöchentlich auf, damit sie stets einen Überblick über ihre Zahlungsfähigkeit hat.

Einnahmen/Ausgaben	**Jahre 20(0)**	**€**
18.09.	Eröffnungsbestand der Einnahmen	8.000,00
18.09.	Kunde bezahlt Rechnung	600,00
18.09.	Bareinnahmen aus Warenverkäufen	4.800,00
19.09.	Ein Mitarbeiter erhält einen Gehaltsvorschuss	1.000,00
19.09.	Bareinnahmen aus Warenverkäufen	6.500,00
20.09.	Kunden bezahlen Rechnungen	1.200,00
20.09.	Bareinnahmen aus Warenverkäufen	6.450,00
21.09.	Rechnung eines Lieferanten wird beglichen	13.000,00
21.09.	Bareinnahmen aus Warenverkäufen	4.900,00
22.09.	Begleichung einer Liefererrechnung	14.600,00
22.09.	Bareinnahmen aus Warenverkäufen	6.800,00
23.09.	Kunden begleichen Rechnungen	410,00
23.09.	Bareinnahmen aus Warenverkäufen	3.800,00

Mehrungen **Minderungen**

Soll			Kasse		Haben
Datum	**Text**	**€**	**Datum**	**Text**	**€**
18.10.	Eröffnungsbestand	50,00			

Aufgabe 2

Die Auszubildende Silke hilft Frau Berger bei der Führung des Kassenkontos. Dazu hält sie alle Mehrungen und Minderungen auf dem Kassenkonto fest und ermittelt den Schlussbestand.

Rechenverfahren: Saldieren

Mehrungen **Minderungen**

Soll			Kasse		Haben
Datum	**Text**	**€**	**Datum**	**Text**	**€**
25.10.	Eröffnungsbestand	150,00	25.10.	Ausgaben lt. Kassenbericht	54,00
25.10.	Barverkäufe	4.650,00	25.10.	Bankeinzahlung	4.366,00
26.10.	Barverkäufe	4.900,00	26.10.	Ausgaben lt. Kassenbericht	48,00
27.10.	Barverkäufe	5.370,00	26.10.	Bankeinzahlung	4.698,00
28.10.	Barverkäufe	5.795,00	27.10.	Bankeinzahlung	5.671,00
29.10.	Barverkäufe	8.486,00	28.10.	Ausgaben lt. Kassenbericht	112,00
30.10.	Barverkäufe	9.352,00	28.10.	Bankeinzahlung	5.688,00
			29.10.	Ausgaben lt. Kassenbericht	46,00
			29.10.	Bankeinzahlung	8.366,00
			30.10.	Ausgaben lt. Kassenbericht	84,00
			30.10.	Bankeinzahlung	9.370,00
			30.10.	Schlussbestand	

Nachdem Frau Berger einen Augenblick zugesehen hat, kommt es zu folgendem Gespräch:

Frau Berger: *Warum machen Sie auf dem Zettel so viele Nebenrechnungen?*

Silke: *Ich addiere zunächst die Mehrungen, dann die Minderungen. Anschließend subtrahiere ich die Summen voneinander. Die Subtraktion mache ich auf einem gesonderten Blatt, um das Original nicht zu verunstalten.*

Frau Berger: *Was Sie da machen, ist schon richtig, aber umständlich. Beherrschen Sie denn nicht das Saldieren?*

Silke: *Saldieren? Davon habe ich noch nie etwas gehört.*

Frau Berger: *Damit können Sie einen Schlussbestand ohne Nebenrechnungen ermitteln. Das erleichtert Ihnen die Arbeit sehr. Probieren Sie es doch einmal.*

Silke: *O.K. Wenn das einfacher geht.*

Aufgabe 3

Berechnen Sie jeweils den Saldo auf folgenden Konten:

Soll		Kasse			Haben
Datum	**Text**	**€**	**Datum**	**Text**	**€**
02.11.	Eröffnungsbestand	200,00	02.11.	Ausgaben lt. Kassenbericht	118,00
02.11.	Barverkäufe	7.884,00	02.11.	Bankeinzahlung	7.455,00
03.11.	Barverkäufe	6.948,00	03.11.	Ausgaben lt. Kassenbericht	87,00
04.11.	Barverkäufe	5.864,00	03.11.	Bankeinzahlung	6.698,00
05.11.	Barverkäufe	6.387,00	04.11.	Bankeinzahlung	5.671,00
05.11.	Kundenrechnung bar	310,00	04.11.	Ausgaben lt. Kassenbericht	32,00
			05.11.	Bankeinzahlung	6.100,00
			05.11.	Ausgaben lt. Kassenbericht	44,00

Soll		Kasse			Haben
Datum	**Text**	**€**	**Datum**	**Text**	**€**
07.11.	Eröffnungsbestand	150,00	07.11.	Ausgaben lt. Kassenbericht	118,00
07.11.	Barverkäufe	7.332,00	07.11.	Bankeinzahlung	7.400,00
08.11.	Barverkäufe	6.947,00	08.11.	Ausgaben lt. Kassenbericht	87,00
09.11.	Barverkäufe	5.799,00	08.11.	Bankeinzahlung	6.800,00
10.11.	Barverkäufe	6.398,00	09.11.	Bankeinzahlung	5.600,00
11.11.	Barverkäufe	5.794,00	09.11.	Ausgaben lt. Kassenbericht	32,00
			10.11.	Bankeinzahlung	6.200,00
			10.11.	Ausgaben lt. Kassenbericht	44,00
			11.11.	Bankeinzahlung	5.500,00

Aufgabe 4

Vergleichen Sie die Planzahlen mit den Ist-Zahlen, und ermitteln Sie die Differenz als Saldo.

tatsächliche Einnahmen €	tatsächliche Ausgaben €	geplante Einnahmen €	geplante Ausgaben €
5.980,75	1.899,80	5.980,75	1.899,80
32,90	2.150,00	32,00	2.250,00
1.347,53	1.400,00	1.455,00	1.780,00
2.500,00		2.400,00	
766,31		766,31	

Aufgabe 5

Ermitteln Sie die Warenschlussbestände durch Saldieren.

a)

Mehrungen kg	Minderungen kg
5.149	2.849
1.299	2.950
4.766	3.867
3.967	890
2.840	

b)

Mehrungen kg	Minderungen kg
450	288
178	237
480	150
800	525
	678

4 Das Bankkonto führen

Frau Berger hat alle Bareinnahmen und Barausgaben des Biker-Shops aus der 41. Woche auf dem Kassenkonto eingetragen (gebucht).

Siehe Lernsituation 3 auf Seite 93.

Mehrungen **Minderungen**

Soll		Kassenkonto			Haben
Datum	**Text**	**€**	**Datum**	**Text**	**€**
11.10.20(0)	Eröffnungsbestand	300,00	11.10.20(0)	Ausgaben lt. KB	87,00
11.10.20(0)	Barverkäufe	5.197,00	11.10.20(0)	**Bank**einzahlung	4.930,00
12.10.20(0)	Barverkäufe	5.760,00	12.10.20(0)	**Bank**einzahlung	2.500,00
13.10.20(0)	Barverkäufe	6.884,00	12.10.20(0)	**Bank**einzahlung	3.350,00
14.10.20(0)	Barverkäufe	4.678,00	13.10.20(0)	Ausgaben lt. KB	150,00
15.10.20(0)	Barverkäufe	7.138,00	13.10.20(0)	**Bank**einzahlung	6.999,00
16.10.20(0)	Barverkäufe	8.218,00	14.10.20(0)	Ausgaben lt. KB	53,00
			14.10.20(0)	**Bank**einzahlung	4.600,00
			15.10.20(0)	Ausgaben lt. KB	38,00
			15.10.20(0)	**Bank**einzahlung	7.150,00
			16.10.20(0)	Ausgaben lt. KB	18,00
			16.10.20(0)	**Bank**einzahlung	8.250,00
			16.10.20(0)	Schlussbestand	50,00
		38.175,00			38.175,00

Damit ist ihre Aufgabe aber noch nicht zu Ende. Die Beträge, die jeden Tag aus der Kasse genommen und bei der Bank eingezahlt werden, müssen ebenfalls auf dem Bankkonto gebucht werden. Dasselbe gilt für Zahlungen, die vom Bankkonto aus geleistet werden. Dafür hat der Biker-Shop ein Konto mit der Bezeichnung **„Bank“** eingerichtet.

Alle Geschäftsfälle der 41. Woche, die das Bankkonto betreffen, sind weiter unten aufgeführt.

Mehrungen **Minderungen**

Soll		Bank			Haben
Datum	**Text/Gegenkonto**	**€**	**Datum**	**Text/Gegenkonto**	**€**
11.10.20(0)	Eröffnungsbestand	30.653,00			
	Kassenabschöpfung				

Siehe auch die Kassenberichte der 41. Woche auf Seite 94.

Kassenabschöpfung = Betrag, der im Laufe des Tages aus der Kasse entnommen und zur Bank gebracht wird, um den Betrag auf das Bankkonto des Einzelhändlers einzuzahlen.

Die folgende Aufstellung der Geschäftsfälle enthält die täglichen Einzahlungen und einige Bankauszahlungen:

Geschäftsfälle		**€**
11.10.20(0)	Eröffnungsbestand des Kontos Bank	30.653,00
11.10.20(0)	Kassenabschöpfung (Bankeinzahlung)	4.930,00
12.10.20(0).	Kassenabschöpfung (Bankeinzahlung)	2.500,00
12.10.20(0)	Kassenabschöpfung (Bankeinzahlung)	3.350,00
13.10.20(0)	Kassenabschöpfung (Bankeinzahlung)	6.999,00
13.10.20(0)	Bezahlung einer Lieferer-Rechnung (Lieferer Red Bull GmbH)	3.897,00
14.10.20(0)	Kassenabschöpfung (Bankeinzahlung)	4.600,00
14.10.20(0)	Telefongebühren	368,00
15.10.20(0)	Kassenabschöpfung (Bankeinzahlung)	7.150,00
15.10.20(0)	Bezahlung einer Lieferer-Rechnung (Lieferer Garry Fischer)	9.216,00
16.10.20(0)	Kassenabschöpfung (Bankeinzahlung)	8.250,00

Arbeitsauftrag

Führen Sie das Konto Bank des Biker-Shops für die Woche vom 11.–16.10.20(0) (41. Woche). Schließen Sie das Konto zum Wochenschluss ab.

Beachten Sie:
- Auf dem Konto Bank werden nicht nur die Kassenabschöpfungen gebucht, sondern auch Banküberweisungen für Rechnungen, die wir zu bezahlen haben.
- In der Spalte Text/Gegenkonto können Sie anstelle der Beschreibung der Zahlungsbewegung („Kassenabschöpfung“) auch lediglich das Gegenkonto „Kasse“ eintragen.

Das Konto „Bank“ befindet sich auf der nächsten Seite.

Siehe auch Aufgabe 1 auf Seite 94.

Aufgabe 1

a) Führen Sie das Bankkonto für die Woche vom 18. - 23.10.20(0) auf der Grundlage der nachfolgend beschriebenen Geschäftsfälle. Die Bankeinzahlungen wurden bereits in der Lernsituation 3 auf dem Konto Kasse gebucht. Das Konto Kasse ist zum Vergleich noch einmal abgebildet.

b) Schließen Sie das Konto Bank ab.

Geschäftsfälle		**€**
18.10.20(0)	Eröffnungsbestand	34.951,00
18.10.20(0)	Kassenabschöpfung (Bankeinzahlung)	4.150,00
19.10.20(0).	Überweisung der Liefererrechnung Nr. 3987	2.871,00
19.10.20(0)	Kassenabschöpfung (Bankeinzahlung)	4.750,00
20.10.20(0)	Kassenabschöpfung (Bankeinzahlung)	5.300,00
20.10.20(0)	Überweisung der Liefererrechnung Nr. 3988	4.578,00
21.10.20(0)	Kassenabschöpfung (Bankeinzahlung)	5.800,00
22.10.20(0)	Kassenabschöpfung (Bankeinzahlung)	8.250,00
22.10.20(0)	Der Geschäftsinhaber hebt Geld vom Bankkonto ab	3.000,00
22.10.20(0)	Überweisung der Gehälter	19.214,00
23.10.20(0)	Kassenabschöpfung (Bankeinzahlung)	9.150,00

Das Konto Kasse aus der Lernsituation 3 (Aufgabe 1)

Mehrungen **Minderungen**

Soll			**Kasse**		**Haben**
Datum	**Text/Gegenkonto**	**€**	**Datum**	**Text/Gegenkonto**	**€**
18.10.20(0)	Eröffnungsbestand	50,00	18.10.20(0)	Ausgaben lt. Kassenbericht	62,00
18.10.20(0)	Barverkäufe	4.237,00	18.10.20(0)	**Bank**	4.150,00
19.10.20(0)	Barverkäufe	4.762,00	19.10.20(0)	Ausgaben lt. Kassenbericht	37,00
20.10.20(0)	Barverkäufe	5.400,00	19.10.20(0)	**Bank**	4.750,00
21.10.20(0)	Barverkäufe	5.790,00	20.10.20(0)	**Bank**	5.300,00
22.10.20(0)	Barverkäufe	8.275,00	21.10.20(0)	Ausgaben lt. Kassenbericht	40,00
23.10.20(0)	Barverkäufe	9.258,00	21.10.20(0)	**Bank**	5.800,00
			22.10.20(0)	Ausgaben lt. Kassenbericht	25,00
			22.10.20(0)	**Bank**	8.250,00
			23.10.20(0)	Ausgaben lt. Kassenbericht	58,00
			23.10.20(0)	**Bank**	9.150,00
			23.10.20(0)	Schlussbestand	150,00
		37.772,00			37.772,00

Mehrungen **Minderungen**

Soll		Bankkonto			Haben
Datum	**Text/Gegenkonto**	**€**	**Datum**	**Text/Gegenkonto**	**€**
	Eröffnungsbestand				
	Kasse				

Aufgabe 2

Das Konto ist zum 25.10.20(0) mit dem Schlussbestand der Vorwoche neu zu eröffnen!

a) Führen Sie das Bankkonto für die Woche vom 25. bis 30.10.20(0) auf der Grundlage der unten stehenden Angaben und als Fortsetzung der Aufgabe 1.

b) Schließen Sie das Konto ab.

Geschäftsfälle		**€**
25.10.20(0)	**Kassen**abschöpfung (Bankeinzahlung über den Nachttresor)	4.366,00
26.10.20(0)	Überweisung der Grundabgaben (Stadtkasse)	345,00
26.10.20(0).	**Kassen**abschöpfung (Bankeinzahlung)	4.698,00
27.10.20(0)	Gebühren der Bank	86,00
27.10.20(0)	**Kassen**abschöpfung (Bankeinzahlung)	5.671,00
28.10.20(0)	**Kassen**abschöpfung (Bankeinzahlung)	5.688,00
28.10.20(0)	Telefongebühren	428,00
29.10.20(0)	**Kassen**abschöpfung (Bankeinzahlung)	8.366,00
29.10.20(0)	Überweisung der Liefererrechnung Nr. 38211	17.983,00
30.10.20(0)	**Kassen**abschöpfung (Bankeinzahlung)	9.370,00
30.10.20(0)	Überweisung der Liefererrechnung Nr. 79884	14.388,00

Mehrungen **Minderungen**

Soll		Bankkonto			Haben
Datum	**Text/Gegenkonto**	**€**	**Datum**	**Text/Gegenkonto**	**€**

5 Verkäufe gegen Rechnung aufzeichnen

5.1 Das Kundenkonto ergänzen

Ein Mitglied des Radsportclubs Düsseldorf hatte am 15.11.20(0) 12 Steigungsmesser und einen digitalen Entfernungsmesser (Kartenlesegerät) wie immer gegen Rechnung gekauft und zunächst die Ware zusammen mit einem Lieferschein erhalten.

Siehe auch Lernfeld 3, Lernsituation 4.7

Biker-Shop

40878 Ratingen
Oberstraße 17
Tel.: 02102 56742-0
Fax: 02102 56733

Radsportclub Düsseldorf
Cranachstraße 45
40235 Düsseldorf

Datum: 15.11.20(0)
Bestellung vom: 15.11.20(0)

Lieferschein-Nr. 598/20(0) **Kunden-Nr.** 43

Menge	Artikel-Nr.	Bezeichnung
12	41-210	Control King Steigungsmesser
1	41-215	Kartenleser MR 250

gepackt am | durch | Unterschrift des Empfängers

Biker-Shop

Tel.: 02102 56742-0
Fax: 02102 56733

Radsportclub Düsseldorf
Cranachstraße 45
40235 Düsseldorf

Datum: 20.11.20(0)
Bestellung vom: 15.11.20(0)

Rechnungs-Nr. 640/20(0) **Kunden-Nr.** 43

Menge	Artikel-Nr.	Bezeichnung	Einzelpreis/€	Gesamtpreis/€
12	41-210	Control King Steigungsmesser	7,00	84,00
1	41-215	Kartenleser MR 250	17,50	17,50
		Bruttobetrag		101,50

Die Preise enthalten 16 % Umsatzsteuer. Wir gewähren ein Zahlungsziel von 30 Tagen nach Rechnungsdatum.

Bankverbindung: Commerzbank Düsseldorf Konto 4865 051 000 BLZ 300 400 00

Aufgrund des Lieferscheins ist heute die Rechnung erstellt und dem Kunden zugesandt worden. Frau Berger hat die Rechnungsdurchschrift nun auf ihrem Schreibtisch liegen.

Im Biker-Shop wird für jeden Kunden, der gegen Rechnung einkauft, ein Kundenkonto (Personenkonto) angelegt. Für den Radsportclub Düsseldorf existiert das nachfolgend dargestellte Konto:

	A	B	C	D	E	F
1	Kundenkonto					
2	Name	Radsportclub Düsseldorf			Jahr	20(0)
3	Straße	Cranachstraße 45			Kunden-Nr.	43
4	Ort	40235 Düsseldorf		Bank	Stadtsparkasse Düsseldorf	
5	Telefon	0211 478849		BLZ/Konto	300 50 110	44 265 088
6						
7	Datum	Text			Soll	Haben
8	01.10.	Saldovortrag			988,00	
9	03.10.	Ausgangsrechnung Nr. 589/20(0)			122,50	
10	04.10.	Banküberweisung (AR 555/20(0))				388,00
11	02.11.	Banküberweisung (AR 572/20(0))				600,00
12	03.11.	Banküberweisung (Ar 589/20(0))				122,50
13	10.11.	Ausgangsrechnung Nr. 636/20(0)			624,00	
14						
15						
16						
17						
18						

Arnold / Fechter / **Radsportclub** / Reinhardt / W

	A	B	C	D	E	F
27	Kundenkonto					
28	Name	Radsportclub Düsseldorf			Jahr	20(0)
29	Straße	Cranachstraße 45			Kunden-Nr.	43
30	Ort	40235 Düsseldorf		Bank	Stadtsparkasse Düsseldorf	
31	Telefon	0211 478849		BLZ/Konto	300 50 110	44 265 088
32						
33	Datum	Text			Soll	Haben
34	01.12.	Saldovortrag				
35						
36						
37						

Arnold / Fechter / **Radsportclub** / Reinhardt / W

Arbeitsauftrag

1. Führen Sie das Kundenkonto des Radsportclubs.
2. Schließen Sie das Konto zum 30.11.20(0) ab (unter der Voraussetzung, dass der Radsportclub im Monat November keine weiteren Käufe gegen Rechnung vorgenommen hat). Ermitteln Sie dazu den Saldo und tragen Sie den errechneten Betrag als Saldovortrag für den Monat Dezember 20(0) in die Datei ein.

Aufgabe 1

Führen Sie das Konto des Kunden Hans Fechter GmbH, Gartenstraße 27, 40479 Düsseldorf, nach unten stehenden Angaben als Staffelkonto und ermitteln Sie den Saldo zum 31.03.20(0) (Kunden-Nr. 234, Volksbank Düsseldorf, Bankkonto-Nr. 68 123 964).

Geschäftsfälle		€
01.01.20(0)	Saldovortrag	468,50
24.01.20(0)	Ausgangsrechnung Nr. 6/20(0)	95,60
03.02.20(0).	Banküberweisung 755/20(-1)	468,50
05.02.20(0)	AR Nr. 19/20(0)	697,20
15.02.20(0)	AR Nr. 33/20(0)	200,00
06.03.20(0)	Banküberweisung 19 + 33/20(0)	897,20
12.03.20(0)	AR Nr. 112/20(0)	380,00
18.03.20(0)	AR Nr. 156/20(0)	264,00
22.03.20(0)	Gutschrift wegen Warenrücksendung AR Nr. 156/20(0)	64,00

Soll					Haben
Datum	**Text/Gegenkonto**	**€**	**Datum**	**Text/Gegenkonto**	**€**

6.3 Mit eigenem Kapital finanzieren

Die gute Geschäftsentwicklung der letzten Jahre macht es nach Ansicht von Herrn Adam erforderlich, das Sortiment durch die Aufnahme bekannter Hersteller von Rennsporträdern auszuweiten und die Geschäftsausstattung grundlegend zu erneuern. Auch den Werkstattbereich möchte er ausbauen. Er rechnet mit Kosten in Höhe von 100.000,00 €. Bei Gesprächen mit der Bank lehnte diese jedoch weitere Kredite ab, weil der derzeitige Anteil des Eigenkapitals am Gesamtkapital zu gering sei. Zurzeit hat Herr Adam sein Vermögen folgendermaßen finanziert:

Schlussbestände auf den Konten zum 30.06.20(0):

Vermögen	
Konten	**€**
Forderungen	15.400,00
Bank	47.200,00
Kasse	300,00
übriges Vermögen	337.100,00
Summe	400.000,00

Kapital		Anteile in Prozent vom Gesamtkapital
Konten	**€**	
Eigenkapital	120.000,00	
Darlehen	200.000,00	
Verbindlichkeiten	80.000,00	
Summe	400.000,00	

Übriges Vermögen =
- Geschäftsausstattung
- Warenbestand

Herr Adam beschließt daher, Geld aus seinem Privatvermögen durch Einzahlung auf das laufende Bankkonto in das Unternehmen einzubringen, um die gewünschten Investitionen durchführen zu können.

Arbeitsauftrag

Stellen Sie dar, wie sich eine Eigenkapitalerhöhung auf die Zusammensetzung des Gesamtkapitals auswirkt.

1. **Eröffnen Sie die Konten Bank und Eigenkapital zum 01.07.20(0) mit den oben angegebenen Eröffnungsbeständen (Schlussbestände vom 30.06.).**
2. **Buchen Sie die Einzahlung der 100.000,00 € aus dem Privatvermögen von Herrn Adam auf das Bankkonto des Biker-Shops als Mehrung des Eigenkapitals,**
3. **Schließen Sie die Konten ab und vergleichen Sie die Vermögens- und Kapitalveränderungen des Unternehmens.**

Daran sollten Sie denken:
- Die Erhöhung des Eigenkapitals betrifft zwei Konten.
- Ergänzen Sie die Vermögens- und Kapitalübersicht auf der nächsten Seite mit den veränderten Schlussbeständen.
- Errechnen Sie die Kapitalveränderungen in Prozent vom Gesamtkapital und vergleichen Sie die Situation vor und nach der Erhöhung des Eigenkapitals.

Vermögens-
konto Bank

Mehrungen **Minderungen**

Soll			Bank		Haben
Datum	**Text/Gegenkonto**	**€**	**Datum**	**Text/Gegenkonto**	**€**

Minderungen **Mehrungen**

Soll			Eigenkapital		Haben
Datum	**Text/Gegenkonto**	**€**	**Datum**	**Text/Gegenkonto**	**€**

Vermögen	
Konten	**€**
Forderungen	
Bank	
Kasse	
übriges Vermögen	
Summe	

Kapital		Anteile in Prozent vom Gesamtkapital
Konten	**€**	
Eigenkapital		
Darlehen		
Verbindlichkeiten		
Summe		

Aufgabe 1

a) Wie hätte sich die Zusammensetzung des Vermögens und des Kapitals des Biker-Shops verändert, wenn die Bank bereit gewesen wäre, ein Darlehen über 100.000,00 € zu gewähren, sodass Herr Adam keine eigenen Mittel in das Geschäft hätte einbringen müssen? Machen Sie die Situation in der folgenden Übersicht deutlich.

Vermögen	
Konten	**€**
Forderungen	
Bank	
Kasse	
übriges Vermögen	
Summe	

Kapital		Anteile in Prozent vom Gesamtkapital
Konten	**€**	
Eigenkapital		
Darlehen		
Verbindlichkeiten		
Summe		

b) Drücken Sie den Anteil des Fremdkapitals am Gesamtkapital in Prozent aus.

Aufgabe 2

Ergänzen Sie die folgenden Sätze:

a) Zugänge auf dem Konto Eigenkapital werden im ______________________ gebucht.

b) Auf dem Darlehenskonto wird eine Tilgung im ______________________ gebucht.

c) Der Bestand auf dem Konto Verbindlichkeiten nimmt im ______________________ zu.

d) Der Forderungsbestand nimmt im ______________________ ab.

e) Der Schlussbestand auf dem Konto Eigenkapital steht im ______________________ .

f) Der Schlussbestand auf dem Konto Forderungen steht im ______________________ .

Aufgabe 3

a) Eröffnen Sie am 01.09.20(0) für den Biker-Shop die folgenden Konten mit den angeführten Eröffnungsbeständen.

Vermögenskonten	**€**	**Kapitalkonten**	**€**
Kasse	350,00	Eigenkapital	220.000,00
Bank	33.600,00	Darlehen	196.000,00
Forderungen	17.200,00	Verbindlichkeiten	103.200,00

b) Buchen Sie auf den Konten die folgenden Geschäftsfälle und schließen Sie die Konten zum 06.09.20(0) ab.

Geschäftsfälle		**€**
01.09.20(0)	Barverkäufe an der Kasse	5.400,00
01.09.20(0)	**Kasse**nabschöpfung (**Bank**einzahlung)	5.300,00
01.09.20(0)	Das **Darlehen** unserer Bank wird durch eine monatliche **Bank**überweisung zurückgezahlt (getilgt).	2.000,00
02.09.20(0)	Barverkäufe an der Kasse	4.150,00
02.09.20(0)	**Kasse**nabschöpfung (**Bank**einzahlung)	4.100,00
02.09.20(0)	Ein Kunde begleicht unsere Ausgangsrechnung Nr. 344 durch **Bank**überweisung. Unsere **Forderungen** verändern sich.	210,00
02.09.20(0)	Wir begleichen eine Liefererrechnung (Nr. 2321) durch **Bank**überweisung. Unsere **Verbindlichkeiten** verändern sich.	6.700,00
03.09.20(0)	Barverkäufe an der Kasse	4.130,00
03.09.20(0)	**Kasse**nabschöpfung (**Bank**einzahlung)	4.200,00
03.09.20(0)	Herr Adam bringt erneut Geld aus seinem Privatvermögen als **Eigenkapital**erhöhung in das Geschäft ein, weil die Umbaumaßnahme teurer geworden ist als erwartet. Der Betrag wird dem **Bank**konto des Biker-Shops gutgeschrieben.	50.000,00
03.09.20(0)	Auch die Bank ist nun wieder bereit, dem Biker-Shop einen Kredit zu geben. Sie gibt ein **Darlehen** über 30.000,00 € und schreibt den Betrag unserem Bankkonto gut.	30.000,00
04.09.20(0)	Eine Rechnung über den Umbau des Geschäftes aus dem Monat August wird durch **Bank**überweisung beglichen (Eingangsrechnung Nr. 1899). Die **Verbindlichkeiten** verändern sich.	65.000,00
04.09.20(0)	Die Ausweitung unserer Verkaufsfläche erfordert hohe Wareneinkäufe. Wir begleichen heute die Rechnung eines Lieferanten aus dem Monat August durch eine **Bank**überweisung (Eingangsrechnung Nr. 1434). Die **Verbindlichkeiten** verändern sich.	23.000,00
04.09.20(0)	Barverkäufe an der Kasse	3.350,00
04.09.20(0)	**Kasse**nabschöpfung (**Bank**einzahlung)	3.300,00
05.09.20(0)	Ein Kunde begleicht unsere Ausgangsrechnung Nr. 348 durch **Bank**überweisung. Unsere **Forderungen** verändern sich.	650,00
05.09.20(0)	Barverkäufe an der Kasse	4.850,00
05.09.20(0)	**Kasse**nabschöpfung (**Bank**einzahlung)	4.800,00
06.09.20(0)	Barverkäufe an der Kasse	4.650,00
06.09.20(0)	**Kasse**nabschöpfung (**Bank**einzahlung)	4.700,00

Vermögens-
konten
- Kasse
- Bank
- Forderungen

Mehrungen **Minderungen**

Soll					Haben
Datum	**Text/Gegenkonto**	**€**	**Datum**	**Text/Gegenkonto**	**€**

Soll					Haben
Datum	**Text/Gegenkonto**	**€**	**Datum**	**Text/Gegenkonto**	**€**

Soll					Haben
Datum	**Text/Gegenkonto**	**€**	**Datum**	**Text/Gegenkonto**	

Kapitalkonten
- Eigenkapital
- Darlehen
- Verbindlichkeiten

Minderungen **Mehrungen**

Soll					Haben
Datum	Text/Gegenkonto	€	Datum	Text/Gegenkonto	€

Soll					Haben
Datum	Text/Gegenkonto	€	Datum	Text/Gegenkonto	€

Soll					Haben
Datum	Text/Gegenkonto	€	Datum	Text/Gegenkonto	€

7 Die Buchungstechnik beherrschen

7.1 Belege vorkontieren

Während einer Mittagspause im Biker-Shop unterhalten sich Frau Berger und die neue Auszubildende Ann-Katrin.

Ann-Katrin: *„Ein Freund erzählte mir, der Buchhalter in seinem Ausbildungsbetrieb habe ihm erklärt, dass jeder Betrag angeblich doppelt gebucht wird.“*

Frau Berger: *„Ja, das machen wir auch so.“*

Ann-Katrin: *„Das bedeutet also, wenn Sie mich beauftragen, 5.000,00 € Bargeld bei unserer Bank einzuzahlen, dass Sie diese 5.000,00 € zweimal buchen.“*

Frau Berger: *„Ja, richtig.“*

Ann-Katrin: *„Aber ich habe doch nur 5.000,00 € eingezahlt und nicht 10.000,00 €. Dann stimmt doch die ganze Buchführung nicht.“*

Frau Berger: *„Aber Ann-Katrin, doppelt buchen heißt doch nicht, dass aus einer Bankeinzahlung von 5.000,00 € nunmehr das Doppelte gemacht wird. Nein, mit* ***doppelt*** *buchen meint man, dass ein Betrag sowohl im Soll als auch im Haben gebucht wird.“*

Ann-Katrin: *„Also einmal 5.000,00 € auf der Sollseite des Bankkontos und dann gleichzeitig 5.000,00 € auf der Habenseite des Bankkontos – das kann doch auch nicht richtig sein!“*

Frau Berger: *„Da haben Sie völlig Recht, natürlich darf man nicht doppelt auf dem Bankkonto buchen. Die 5.000,00 € wurden doch der Kasse entnommen und sind deshalb auf dem Kassenkonto zu buchen.“*

Ann-Katrin: *„Kompliziert ist das alles schon“.*

Frau Berger: *„Aber nein, mithilfe des Kontierungsstempels ist das ganz einfach. Der wird auf jeden Beleg, der zu buchen ist, angebracht. Darin wird dann die entsprechende Buchung eingetragen.“*

Frau Berger zeichnet Ann-Katrin den folgenden Kontierungsvermerk auf.

Kontierung			
Konten		**€**	
Soll	**Haben**	**Soll**	**Haben**
Gebucht am:		von:	

Bei der Kontierung müssen Sie sich immer vier Fragen stellen:

1. Welche Konten werden durch den Geschäftsfall berührt?
2. Um welche Kontenart (Vermögens- oder Kapitalkonten) handelt es sich?
3. Wie verändern sich die Bestände der angesprochenen Konten (Mehrungen und/oder Minderungen)?
4. Auf welcher Kontoseite wird gebucht?

Arbeitsauftrag

Bilden Sie die Buchungssätze für die abgebildeten Belege.

Beachten Sie folgende Vorgehensweise:

- Verwenden Sie für die Entwicklung der Buchungssätze das nachfolgende Schema.
- Füllen Sie für jeden Beleg den Kontierungsstempelaufdruck aus.

Schema zur Entwicklung von Buchungssätzen

					Buchungsregel:	Erst Soll	dann Haben	Erst Soll	dann Haben
Geschäftsfall/Beleg (Nr.)	**Welche Konten werden durch den Geschäftsfall angesprochen?**	**Um welche Kontenart handelt es sich?**	**Wie verändern sich die Kontobestände/ -werte?**	**Auf welcher Kontoseite wird gebucht?**		**Kontierung**			
						Konten		**Betrag**	
				Soll	Haben	**Soll**	**Haben**	**Soll**	**Haben**

Beleg 1

Quittung: Wir haben Geld (Wechselgeld) von der **Bank** abgeholt und in die Geschäfts**kasse** gelegt.

COMMERZBANK	
Nordstraße 108, 40223 Düsseldorf, BLZ 300 400 00	
Barauszahlung	Konto 4 865 051 000 Betrag €
Biker-Shop Oberstraße 17 40878 Ratingen	
Datum: 05.09.20(0)	**300,00**

Kontierung			
Konten		€	
Soll	Haben	Soll	Haben
Gebucht am:		von:	

Beleg 2

Kassenabschöpfung (Bankeinzahlung) lt. Kassenbericht

Kassenbericht vom 05.09.20(0)/37. Wo. Nr. 222	
	€
Kassenschlussbestand	450,00
+ Ausgaben	0,00
+ Bankeinzahlungen	**5.200,00**
./. Wechselgeld (Kassenbestand d. Vortages)	400,00
Kasseneingang	5.250,00
./. sonstige Einzahlungen	0,00
Barverkäufe des Tages	5.250,00

Kontierung			
Konten		€	
Soll	Haben	Soll	Haben
Gebucht am:		von:	

Beleg 3

Rechnung: Ein Kunde des Biker-Shops zahlt die Ausgangsrechnung Nr. 1266 am 05.09.20(0) bar.

Biker-Shop
40878 Ratingen
Oberstraße 17
Tel.: 02102 34288-0
Fax: 02102 34244

Ralf Gerding
Hansastraße 34
40878 Ratingen

Datum: 01.09.20(0)
Bestellung vom:

Rechnungs-Nr. 1266 **Kunden-Nr.** 345

Menge	Bezeichnung	Einzelpreis/€	Gesamtpreis/€
1	Limar-Helm F 105, Art.-Nr. 74 12 12	69,00	69,00
1	Scheibenbremse, Art.-Nr. 55 21 37	199,80	199,80
15	Bremsbelag-Paare, Art.-Nr. 55 90 63	19,90	298,50
	Bruttobetrag		567,30

Die Preise enthalten 16 % Umsatzsteuer, Wir gewähren ein Zahlungsziel von 30 Tagen nach Rechnungsdatum.
Bankverbindung: Commerzbank Düsseldorf Konto4865 051 000 BLZ 300 400 00

Kontierung			
Konten		€	
Soll	Haben	Soll	Haben
Gebucht am:		von:	

Beleg 4

Wir zahlen das Darlehen der Bank in monatlichen Raten durch Überweisung von unserem Bankkonto zurück. Buchungsdatum 05.09.20(0)

Kontoauszug Darlehenskonto COMMERZBANK Nordstraße 108, 40233 Düsseldorf BLZ 300 400 00

Konto-Nr.	Auszug-Nr.	Seite	Monat	Alter Kontostand (€)
4865 051 200	3	1	09.20(0)	180.000,00

Biker-Shop, Oberstraße 17, 40878 Ratingen

Wert	Buchungstext	Umsätze (€)
01.09.20(0)	monatliche Rückzahlung Darlehen	2.000,00
Auszugsdatum		Neuer Kontostand (€)
		178.000,00

Kontierung			
Konten		€	
Soll	Haben	Soll	Haben
Gebucht am:		von:	

Kontierung			
Konten		€	
Soll	Haben	Soll	Haben

7.2 Das Grundbuch führen

Ann-Katrin: *„Frau Berger, jetzt verstehe ich die Bedeutung der doppelten Buchführung. Ist doch auch klar: Soll an Haben! Und der Kontierungsstempel ist natürlich dabei sehr hilfreich, um Fehler zu vermeiden."*

Frau Berger: *„Schön. Aber das ist noch nicht alles, um eine ordnungsgemäße Buchführung zu haben."*

Ann-Katrin: *„Oh, also wird es doch kompliziert."*

Frau Berger: *„Im Gegenteil! Die Buchführung ist u. a. ein Ablagesystem, das es ermöglicht, zielsicher jeden abgewickelten Geschäftsfall wiederzufinden. Sollte z. B. eine Kundenbeschwerde kommen, so brauche ich nur das Buchungsdatum zu wissen, um dann die zugehörigen Belege herauszusuchen."*

Ann-Katrin: *„Wie kann man das denn machen?"*

Frau Berger: *„Den Inhalt aller Kontierungsstempel eines Tage übertrage ich ins Grundbuch. Und zwar in zeitlicher Reihenfolge, d. h. wenn die Quittung über die Bareinzahlung bei der Bank der erste geschäftliche Vorgang des Tages ist, steht er an erster Stelle im Grundbuch dieses Tages. Es ist also wichtig, das Datum anzugeben."*

Frau Berger fertigt folgende Grundbuchskizze an.

Grundbuch				
Jahr 20(0)	Konten		€	
Datum	Soll	Haben	Soll	Haben
	Erst Soll		Erst Soll	
		dann Haben		dann Haben

Ann-Katrin: *„Das Grundbuch ist ja fast identisch mit dem Kontierungsstempel."*

Frau Berger: *„Stimmt!"*

Ann-Katrin: *„Und für jeden Tag führen Sie das Grundbuch?"*

Frau Berger: *„Ja, das verlangt das Finanzamt von jedem Unternehmer."*

Ann-Katrin: *„Dann verstehe ich auch, warum Sie nur das Buchungsdatum wissen müssen, um z. B. Kundenreklamationen, die Monate zurückliegen, bearbeiten zu können."*

Frau Berger: *„Wir sind sogar gesetzlich verpflichtet, neben dem Grundbuch alle Buchführungsbelege zehn Jahre lang aufzubewahren."*

Ann-Katrin: *„Wo sind die Buchungsbelege? Ich probier's."*

Frau Berger: *„Hiermit geht's los – und die Reihenfolge bei der Buchung nicht vergessen!*

Ann-Katrin: *„Natürlich nicht: Erst Soll – dann Haben."*

Arbeitsauftrag

Führen Sie das Grundbuch für die Woche vom 04. bis 09.11.20(0)

Gehen Sie dabei in folgenden Schritten vor:

1. Bilden Sie die Buchungssätze und übertragen Sie diese in das unten stehende Grundbuch.
2. Überprüfen Sie die betragsmäßige Richtigkeit Ihrer Buchungssätze (Sollbuchungen = Habenbuchungen).

Geschäftsfälle	€

Beleg Nr. 1 für die Bankeinzahlung, die zu buchen ist

Kassenbericht vom 04.11.20(0)/45. Wo. Nr. 242	€
Kassenschlussbestand	300,00
+ Ausgaben	0,00
+ Bankeinzahlungen (Kassenabschöpfung)	**9.200,00**
./. Wechselgeld (Kassenbestand d. Vortages)	250,00
Kasseneingang	9.250,00

Die weiteren Belege werden aus Platzgründen nur beschrieben.

05.11.20(0)	Ein Kunde begleicht unsere Ausgangsrechnung Nr. 654 durch **Bank**überweisung. Unsere **Forderungen** verändern sich.	1.250,00
06.11.20(0)	Wir begleichen eine Liefererrechnung (Nr. 2691) durch Banküberweisung.	28.300,00
07.11.20(0)	Ein Kunde begleicht die Ausgangsrechnung Nr. 656 zum Teil durch Banküberweisung und den Rest durch eine Barzahlung an der Kasse Banküberweisung Barzahlung an der Kasse laut Kassenbericht	 900,00 200,00
08.11.20(0)	Wir holen Geld (Wechselgeld) von der Bank und legen es in die Kasse.	150,00
08.11.20(0)	Unsere Bank gibt uns ein Darlehen über 60.000,00 € und schreibt den Betrag unserem Bankkonto gut.	60.000,00
09.11.20(0)	Die monatliche Rückzahlung des Darlehens wird in Teilbeträgen über das Bankkonto und das Postbankkonto abgewickelt. Postbanküberweisung lt. Auszug Nr. 211 Banküberweisung lt. Auszug Nr. 289	 1.000,00 1.000,00
09.11.20(0)	Die Rechnung eines Lieferanten aus dem Monat September wird durch Banküberweisung beglichen (Eingangsrechnung Nr. 2697).	8.400,00
09.11.20(0)	Wegen des hohen Darlehensbestandes entschließt sich Herr Adam, 30.000,00 € aus seinem Privatvermögen in das Geschäft einzubringen. Er zahlt ein Darlehen über 30.000,00 € zurück. Herr Adam erhört damit seinen Eigenkapitalanteil im Geschäft und er verringert gleichzeitig die Höhe der Darlehen.	30.000,00

Grundbuch				
Jahr 20(0)	Konten		€	
Datum	Soll	Haben	Soll	Haben
		Betragskontrolle		

Aufgabe 5

Führen Sie das Grundbuch zu weiteren Geschäftsfällen, und machen Sie die Betragskontrolle.

Geschäftsfälle		€
04.12.20(0)	Bargeld aus der Kasse wird auf das Bankkonto eingezahlt	4.000,00
04.12.20(0)	Auf dem Postbankkonto geht eine Gutschrift unseres Kunden für Ausgangsrechnung Nr. 1572 ein	760,00
05.12.20(0)	Aufnahme eines Bankdarlehens, Überweisung auf das laufende Bankkonto lt. Bankauszug Nr. 314	25.000,00
05.12.20(0)	Bareinzahlung auf das Bankkonto lt. Auszug 314 auf das Postbankkonto lt. Auszug 235	3.600,00 1.500,00
06.12.20(0)	Banküberweisung zum Ausgleich der Rechnung des Autohauses Schmitz (Eingangsrechnung Nr. 413) über den Kauf eines Lieferwagens	28.000,00
06.12.20(0)	Von unserem Bankkonto wird die Liefererrechnung Nr. 1429 durch Banküberweisung beglichen, Bankauszug Nr. 328	13.000,00
08.12.20(0)	Rückzahlung (Tilgung) des Bankdarlehens durch Überweisung von unserem Bankkonto, monatliche Rate	2.000,00

Grundbuch				
Jahr 20(0)	Konten		€	
Datum	Soll	Haben	Soll	Haben
Betragskontrolle				

Aufgabe 6

Beschreiben Sie die Geschäftsfälle, die sich hinter den Buchungen ① bis ⑥ verbergen.

Grundbuch				
Nr.	Konten		€	
	Soll	Haben	Soll	Haben
①	Bank		5.300,00	
		Kasse		5.300,00
②	Kasse		100,00	
	Bank		658,00	
		Forderungen		758,00
③	Verbindlichkeiten		6.700,00	
		Bank		6.700,00
④	Bank		30.000,00	
		Darlehen		30.000,00
⑤	Darlehen		2.000,00	
		Postbank		1.500,00
		Bank		500,00
⑥	Verbindlichkeiten		5.000,00	
		Bank		5.000,00

Aufgabe 7

Ein Kunde, der vor Monaten Artikel in Ihrem Ausbildungsbetrieb kaufte, kommt mit der Bitte um Anfertigung einer Rechnungskopie zu Ihnen, da er die Originalrechnung verloren hat. Er kann Ihnen genau das Kaufdatum und den Betrag nennen. Von Ihrem Abteilungsleiter werden Sie beauftragt, in der Buchhaltung die entsprechenden Unterlagen zu suchen. Beschreiben Sie, wie Sie vorgehen, um den Buchungsbeleg (Rechnungsdurchschrift) zu finden.

Aufgabe 8

Entscheiden Sie, ob die folgenden Aussagen richtig oder falsch sind:

1 Wird durch einen Geschäftsfall nur eine Wertbewegung auf der Sollseite eines Kontos ausgelöst, so spricht man vom einfachen Buchungssatz.
2 Der einfache Buchungssatz löst jeweils eine Veränderung auf der Sollseite und auf der Habenseite von zwei Konten aus.
3 Der einfache Buchungssatz liegt dann vor, wenn nur ein Konto verändert wird.
4 Vom zusammengesetzten Buchungssatz spricht man dann, wenn Soll und Haben verändert werden.
5 Ruft ein Geschäftsfall Veränderungen auf mehr als zwei Konten hervor, so liegt ein zusammengesetzter Buchungssatz vor.
6 Beim einfachen Buchungssatz und beim zusammengesetzten Buchungssatz sind die Wertveränderungen auf der Sollseite gleich den Wertveränderungen auf der Habenseite.

Aufgabe 9

Entscheiden Sie über die gesetzlichen Aufbewahrungsfristen der unten aufgeführten Schriftstücke.

Schriftstücke

1) Ausgangsrechnung Nr. 423 an den Kunden Ralf Anders,
2) Bankkontoauszug Nr. 76 der Hausbank,
3) Das Grundbuch des Geschäftsjahres 20(0),
4) Quittung über die Bareinzahlung vom 03.10.20(0) der Bank,
5) Eingangsrechnung Nr. 98 aus dem Jahre 20(0),
6) Bestellschreiben eines Kunden.

7.3 Das Hauptbuch führen und abschließen

Frau Berger: *„Ann-Katrin, Sie erinnern sich: Will man z. B. alle Geschäftsfälle eines Tages wissen, braucht man dazu das entsprechende Grundbuch."*

Ann-Katrin: *„Klar, dann hat man das Ergebnis sofort auf einen Blick."*

Frau Berger: *„Was würden Sie machen, wenn der Chef wissen möchte, wie viel Bargeld z. B. im Januar dieses Jahres auf das Bankkonto eingezahlt worden ist?"*

Ann-Katrin: *„Kein Problem, anhand des Grundbuches könnte ich doch addieren …"*

Frau Berger: *„Richtig, so könnte man es machen, aber es geht einfacher und schneller. In der Praxis führt man neben dem Grundbuch das so genannte Hauptbuch, Sie wissen doch, die einzelnen T-Konten."*

Ann-Katrin: *„Natürlich, die kenne ich. Also nehme ich dann das T-Konto Bank und habe auf einen Blick die Einzahlungen des Monats Januar."*

Frau Berger: *„Das bedeutet aber auch, dass jeder Buchungssatz des Grundbuches auf die entsprechenden T-Konten des Hauptbuches zu übertragen ist. Am Ende werden die Salden der Vermögens- und Kapitalkonten auf dem Schussbestandskonto gesammelt. Und wenn alles richtig gemacht worden ist, kann man sich denken, wie die Summen auf der Soll- und Habenseite des Schlussbestandskontos beschaffen sein müssen."*

Ann-Katrin: *„Äh – nein – keine Ahnung."*

Frau Berger: *„Sie überprüfen doch im Grundbuch, ob die Summe aller Sollbuchungen der Summe aller Habenbuchungen entspricht. Darum müssen am Ende auch die Summen der Vermögens- und Kapitalkonten auf dem Schlussbestandskonto gleich sein."*

Ann-Katrin: *„Ich denke, ich werde es gleich feststellen."*

Hauptbuch

Soll	**Vermögenskonten** Haben
Eröffnungsbestand	Minderungen
Mehrungen	Schlussbestand

Soll	**Kapitalkonten** Haben
Minderungen	Eröffnungsbestand
Schlussbestand	Mehrungen

Soll	**Schlussbestandskonto** Haben
Schlussbestände aller Vermögenskonten	Schlussbestände aller Kapitalkonten
Summe Sollseite = Summe Habenseite	

Arbeitsauftrag

Führen Sie das Hauptbuch für die Woche vom 04. bis 09.11.20(0) zum unten aufgeführten Grundbuch und schließen Sie das Hauptbuch ab.

So sollten Sie vorgehen:
1. Überprüfen Sie die betragsmäßige Richtigkeit der Buchungssätze im Grundbuch.
2. Eröffnen Sie die unten angegebenen Konten mit den Eröffnungsbeständen.
3. Übertragen Sie die Buchungssätze des Grundbuches auf die Konten.
4. Ermitteln Sie die Schlussbestände auf den Konten und übertragen Sie sie in das Schlussbestandskonto. Schließen Sie das Konto ab, um festzustellen, ob die Summen der beiden Kontenseiten übereinstimmen.

Eröffnungsbestände

Vermögenskonten	€	Kapitalkonten	€
Forderungen	25.000,00	Eigenkapital	220.000,00
Bank	27.200,00	Darlehen	150.000,00
Postbank	22.400,00	Verbindlichkeiten	39.700,00
Kasse	11.000,00		
übriges Vermögen	324.100,00		
Summe Vermögen	**409.700,00**	**Summe Kapital**	**409.700,00**

Übriges Vermögen:
- Geschäftseinrichtung
- Waren

Grundbuch				
Jahr 20(0)	**Konten**		**€**	
Datum	**Soll**	**Haben**	**Soll**	**Haben**
04.11	Bank		9.200,00	
		Kasse		9.200,00
05.11	Bank		1.250,00	
		Forderungen		1.250,00
06.11	Verbindlichkeiten		28.300,00	
		Bank		28.300,00
07.11.	Bank		900,00	
	Kasse		200,00	
		Forderungen		1.100,00
08.11.	Kasse		150,00	
		Bank		150,00
08.11.	Bank		60.000,00	
		Darlehen		60.000,00
09.11.	Darlehen		2.000,00	
		Bank		1.000,00
		Postbank		1.000,00
09.11.	Verbindlichkeiten		8.400,00	
		Bank		8.400,00
09.11.	Darlehen		30.000,00	
		Eigenkapital		30.000,00
		Betragskontrolle		

Vermögens-
konten
- Forderungen
- Postbank
- Bank
- Kasse
- Übriges Vermögen

Hauptbuch

Mehrungen **Minderungen**

Soll			Forderungen		Haben
Datum	**Text/Gegenkonto**	**€**	**Datum**	**Text/Gegenkonto**	**€**

Achtung!
Immer das Gegenkonto angeben!

Soll			Bank		Haben
Datum	**Text/Gegenkonto**	**€**	**Datum**	**Text/Gegenkonto**	**€**

Soll			Postbank		Haben
Datum	**Text/Gegenkonto**	**€**	**Datum**	**Text/Gegenkonto**	**€**

Soll			Kasse		Haben
Datum	**Text/Gegenkonto**	**€**	**Datum**	**Text/Gegenkonto**	**€**

Soll			Übriges Vermögen		Haben
Datum	**Text/Gegenkonto**	**€**	**Datum**	**Text/Gegenkonto**	**€**

Kapitalkonten
- Eigenkapital
- Darlehen
- Verbindlichkeiten

Minderungen **Mehrungen**

Soll		Eigenkapital			Haben
Datum	**Text/Gegenkonto**	**€**	**Datum**	**Text/Gegenkonto**	**€**

Soll		Darlehen			Haben
Datum	**Text/Gegenkonto**	**€**	**Datum**	**Text/Gegenkonto**	**€**

Soll		Verbindlichkeiten			Haben
Datum	**Text/Gegenkonto**	**€**	**Datum**	**Text/Gegenkonto**	**€**

Soll		Schlussbestandskonto			Haben
Datum	**Text/Gegenkonto**	**€**	**Datum**	**Text/Gegenkonto**	**€**

Aufgabe 1

Bearbeiten Sie die unten aufgeführten Geschäftsfälle vom 18. bis 23.11.20(0).

a) Bilden Sie die Buchungssätze zu den Geschäftsfällen und tragen Sie diese in das Grundbuch ein.
b) Führen Sie die Betragskontrolle durch.
c) Übertragen Sie die Buchungssätze in das Hauptbuch:
d) Schließen Sie die Konten ab und ermitteln Sie die jeweiligen Schlussbestände.
e) Übertragen Sie die Schlussbestände auf das Schlussbestandskonto.

Vermögenskonten	€	**Kapitalkonten**	€
Betriebs- und Geschäftsausstattung	84.000,00	Eigenkapital	250.000,00
Waren	240.100,00	Darlehen	178.000,00
Forderungen	22.650,00	Verbindlichkeiten	32.000,00
Bank	59.600,00		
Postbank	31.500,00		
Kasse	22.150,00		
Summe Vermögen	**460.000,00**	**Summe Kapital**	**460.000,00**

Geschäftsfälle		€
11.11.20(0)	Bargeld aus der Kasse wird auf das Bankkonto eingezahlt (Kassenabschöpfung).	6.000,00
11.11.20(0)	Ein Kunde begleicht unsere Ausgangsrechnung Nr. 659 durch Banküberweisung.	3.600,00
12.11.20(0)	Wir begleichen eine Liefererrechnung (Nr. 3188) durch Banküberweisung.	1.700,00
13.11.20(0)	Barabhebung vom Bankkonto für Wechselgeld.	75,00
13.11.20(0)	Bei dem Darlehen Nr. 4865 051 100 endet die Vertragslaufzeit. Wir zahlen den Restbetrag komplett durch Überweisung von unserem Postbankkonto zurück.	20.000,00
14.11.20(0)	Ein Kunde begleicht die Ausgangsrechnung Nr. 660 zum Teil durch Postbanküberweisung und den Rest durch eine Barzahlung an der Kasse. Postbanküberweisung Barzahlung an der Kasse	 800,00 200,00
15.11.20(0)	Barverkäufe des Tages werden auf das Postbankkonto eingezahlt.	2.800,00
16.11.20(0)	Aus der Kasse wird Geld entnommen und auf das Bankkonto eingezahlt.	4.000,00
16.11.20(0)	Wir überweisen Geld vom Bankkonto auf das Postbankkonto.	10.000,00
16.11.20(0)	Monatliche Tilgung des Darlehens Nr. 4865 051 200 in zwei Teilbeträgen: durch Banküberweisung durch Postbanküberweisung	 1.000,00 1.000,00
17.11.20(0)	Der Geschäftsinhaber will den Fremdkapitalanteil in seinem Unternehmen weiter senken und bringt deshalb erneut private Geldmittel in das Geschäft ein. Er löst mit der Eigenkapitalerhöhung das Darlehen Nr. 4865 051 300 ab.	30.000,00
17.11.20(0)	Wir begleichen eine Lieferer-Rechnung (Eingangsrechnung Nr. 2167) durch Banküberweisung.	13.000,00

Grundbuch				
Jahr 20(0)	Konten		€	
Datum	Soll	Haben	Soll	Haben
		Betragskontrolle		

Achtung!
Immer das
Gegenkonto
angeben!

Hauptbuch

Soll		Betriebs- und Geschäftsausstattung			Haben
Datum	**Text/Gegenkonto**	**€**	**Datum**	**Text/Gegenkonto**	**€**

Soll		Waren			Haben
Datum	**Text/Gegenkonto**	**€**	**Datum**	**Text/Gegenkonto**	**€**

Soll		Forderungen			Haben
Datum	**Text/Gegenkonto**	**€**	**Datum**	**Text/Gegenkonto**	**€**

Soll		Bank			Haben
Datum	**Text/Gegenkonto**	**€**	**Datum**	**Text/Gegenkonto**	**€**

Soll		Postbank			Haben
Datum	**Text/Gegenkonto**	**€**	**Datum**	**Text/Gegenkonto**	**€**

Soll		Kasse			Haben
Datum	**Text/Gegenkonto**	**€**	**Datum**	**Text/Gegenkonto**	**€**

Kapitalkonten
- Eigenkapital
- Darlehen
- Verbindlichkeiten

Minderungen **Mehrungen**

Soll			Eigenkapital		Haben
Datum	**Text/Gegenkonto**	**€**	**Datum**	**Text/Gegenkonto**	**€**

Soll			Darlehen		Haben
Datum	**Text/Gegenkonto**	**€**	**Datum**	**Text/Gegenkonto**	**€**

Soll			Verbindlichkeiten		Haben
Datum	**Text/Gegenkonto**	**€**	**Datum**	**Text/Gegenkonto**	**€**

Soll			Schlussbestandskonto		Haben
Datum	**Text/Gegenkonto**	**€**	**Datum**	**Text/Gegenkonto**	**€**

Aufgabe 2

Geben Sie an, welche Geschäftsfälle sich hinter den Buchungssätzen im nachfolgenden Grundbuch verbergen.

Grundbuch				
Jahr 20(0)	**Konten**		**€**	
Datum	**Soll**	**Haben**	**Soll**	**Haben**
	Bank		9.200,00	
		Kasse		9.200,00
	Bank		1.250,00	
		Forderungen		1.250,00
	Verbindlichkeiten		28.300,00	
		Bank		28.300,00
	Bank		900,00	
	Kasse		200,00	
		Forderungen		1.100,00
	Kasse		150,00	
		Bank		150,00
	Bank		60.000,00	
		Darlehen		60.000,00
	Darlehen		2.000,00	
		Bank		1.000,00
		Postbank		1.000,00
	Verbindlichkeiten		8.400,00	
		Bank		8.400,00
	Darlehen		30.000,00	
		Eigenkapital		30.000,00

8 Aus dem Inventar die Bilanz entwickeln

Am 31.12.20(0) war im Biker-Shop die Inventur durchgeführt worden. In den ersten Januar-Tagen des Jahres 20(+1) war auf dieser Grundlage der Inventurzahlen das Inventar erstellt worden.
Frau Berger hat nun noch die Aufgabe, eine Kurzfassung des Inventars zu erstellen, die nur noch die wichtigsten Positionen enthält, eine **Bilanz**. Vor allem die Hausbank des Einzelhandelsgeschäftes möchte jedes Jahr eine Bilanz vorgelegt bekommen, damit sie sich von der Zusammensetzung des Vermögens, vor allem aber von der Kapitalseite ein Bild machen kann. Die Grobgliederung einer Bilanz hat folgendes Aussehen:

Das Bilanz-Formular befindet sich auf der nächsten Seite.

Aktiva	**Bilanz der … zum 31. Dezember 20(0)**		**Passiva**
I. Anlagevermögen II. Umlaufvermögen		I. Eigenkapital II. Fremdkapital	

Dies ist das Inventar des Biker-Shops:

	A	B	C	D	E
1	**Inventar des Biker-Shops zum 31.12.20(0)**				
2					
3	**A.**		**Vermögen**	**€**	**€**
4		**I.**	**Anlagevermögen**		
5			Betriebs- und Geschäftsausstattung lt. Anlagenliste		114.600,00
6					
7		**II.**	**Umlaufvermögen**		
8			1. Warenvorräte lt. Inventurlisten Nr. 1 - 14	164.740,00	
9			Warengruppe 1 Räder	15.315,00	
10			Warengruppe 2 Komponenten	7.805,00	
11			Warengruppe 3 Zubehör	12.700,00	200.560,00
12			Warengruppe 4 Bekleidung		
13					30.468,00
14			2. Forderungen lt. Forderungendatei		39.541,00
15			3. Bankguthaben Commerzbank Düsseldodrf		16.200,00
16			4. Bankguthaben Postbank		704,00
17			5. Kassenbestand		402.073,00
18			Summe des Vermögens		
19					
20	**B.**		**Schulden**		
21		**I.**	Langfristige Schulden		
22			Darlehen Commerzbank Düsseldorf		180.000,00
23					
24		**II.**	**Kurzfristige Schulden**		
25			Verbindlichkeiten		64.193,00
26			Summe der Schulden		244.193,00
27					
28	**C.**		**Ermittlung des Eigenkapitals**		
29			Summe des Vermögens		402.073,00
30			- Summe der Schulden		244.193,00
31			Eigenkapital		157.880,00
32					
33					
34					

Inventurliste / SU-Blatt / **Inventar** / Best-Verzeichnis

Arbeitsauftrag

Erstellen Sie für den Biker-Shop auf der Grundlage des oben dargestellten Inventars eine formgerechte Bilanz.

Aktiva	Bilanz des Biker-Shops, Oberstraße 17, 40878 Ratingen zum 31. Dezember 20(0)		Passiva
	€		€

Ort, Datum ____________________ Unterschrift ____________________

Aufgabe 1

Ein Unternehmen hat folgende Bilanzpositionen:

Bilanzpositionen	€
Bank (Vermögen)	35.000,00
Darlehen	295.000,00
Eigenkapital	335.000,00
Forderungen	20.000,00
Fuhrpark	75.000,00
Betriebs- und Geschäftsausstattung	300.000,00
Kasse	5.000,00
Verbindlichkeiten	305.000,00
Waren	500.000,00

a) Erstellen Sie eine formgerechte Bilanz.
b) Wie hoch ist das Anlage-, Umlauf- und Gesamtvermögen dieser Unternehmung?
c) Bestimmen Sie die Höhe des kurzfristigen bzw. langfristigen Fremdkapitals.

Aufgabe 2

Erstellen Sie aufgrund folgender Angaben eine ordnungsgemäße Bilanz.

Bilanzpositionen	€
Grundstücke und Gebäude	180.000,00
Kasse	9.600,00
Fuhrpark	25.000,00
Darlehen	90.000,00
Waren	350.000,00
Betriebs- und Geschäftsausstattung	70.000,00
Forderungen	19.700,00
Bank (Vermögen)	53.500,00
Verbindlichkeiten	110.000,00
Eigenkapital	?

Aufgabe 3

Ergänzen Sie die fehlenden Begriffe.

a) Anlagevermögen + ______________________ = Gesamtvermögen

b) Eigenkapital + Fremdkapital = ______________________

c) Gesamtkapital ./. Eigenkapital = ______________________

d) Gesamtkapital ./. Eigenkapital ./. langfristiges Fremdkapital = ______________________

e) Gesamtvermögen ./. Fremdkapital = ______________________

f) Anlagevermögen + Umlaufvermögen = Eigenkapital + kurzfristiges Fremdkapital + ______________________

g) Gesamtvermögen ./. Eigenkapital = ______________________

Aufgabe 4

Untersuchen Sie folgende Aussagen über die Bilanz im Hinblick darauf, ob sie richtig oder falsch sind.

1 Die Bilanz wird jeweils zu Beginn des Geschäftsjahres aufgestellt.
2 Die Bilanz ist eine Gegenüberstellung von Vermögen und Eigenkapital.
3 Der Geschäftswagen eines Unternehmens gehört zum Anlagevermögen.
4 Derjenige, der die Bilanz erstellt hat, muss sie auch unterschreiben.
5 Die Bilanz ist das verkürzte Inventar eines Unternehmens in T-Konto-Format.
6 Anlagevermögen + Umlaufvermögen = Eigenkapital + Fremdkapital

Aufgabe 5

Entscheiden Sie, ob folgende Aussagen über die Bilanz richtig oder falsch sind.

1 Zum Anlagevermögen gehören Grundstücke, Betriebs- und Geschäftsausstattung, Fuhrpark.
2 Die Bilanz ist eine Gegenüberstellung von Investitionen und Vermögen.
3 Die Bilanz wird jeweils zum Schluss eines Geschäftsjahres aufgestellt.
4 Die Aktivseite zeigt, was dem Unternehmen gehört.
5 Die Passivseite zeigt, wie viel Fremdkapital in das Unternehmen eingebracht wurde.
6 Die Mittelverwendungsseite zeigt die Finanzierungsquellen des Unternehmens auf.

9 Das Hauptbuch zum Ende des Geschäftsjahres abschließen

Die Inventur ist ohne größere organisatorische Probleme durchgeführt worden. Frau Berger hat aus den Inventurzahlen das Inventar erstellt und aus dem Inventar die Bilanz entwickelt.

Bilanz des Biker-Shops

Aktiva		Bilanz des Biker-Shops zum 31.12.20(0)			Passiva
		€			€
I.	**Anlagevermögen**		**I.**	**Eigenkapital**	157.880,00
	Betriebs- und Geschäftsausstattung	114.600,00			
II.	**Umlaufvermögen**		**II.**	**Fremdkapital**	
	1. Waren	200.560,00		1. Langfristige Schulden	
	2. Forderungen	30.468,00		1.1 Darlehen	180.000,00
	3. Bank	39.541,00			
	4. Postbank	16.200,00		2. Kurzfristige Schulden	
	5. Kasse	704,00		2.1. Verbindlichkeiten	64.193,00
		402.073,00			402.073,00

Inventar_ | Bilanz

Nun sind die Konten des Hauptbuches abzuschließen und es ist festzustellen, ob die Soll-Zahlen des Hauptbuches mit den Inventurwerten (Ist-Zahlen) übereinstimmen. Dazu hat Frau Berger bereits die Soll- und Haben-Seiten der Konten addiert und sich mithilfe einer Tabelle einen Überblick über das Zahlenmaterial verschafft.

Summen- und Saldenliste

Der Saldo steht auf der kleineren Kontenseite; er gleicht das Konto aus.

Vermögenskonten					
Nr.	Konto	Summen der Kontenseiten		Saldo	
		Soll	Haben	Soll	Haben
1	BGA	140.000,00	25.400,00		114.600,00
2	Waren	556.800,00	356.240,00		
3	Forderungen	259.048,00	228.580,00		
4	Bank	1.105.686,00	1.066.145,00		
5	Postbank	84.000,00	67.800,00		
6	Kasse				
	Summen				

Summen auf dem Kassenkonto: Siehe Kassenkonto Seite 151.

Kapitalkonten					
Nr.	Konto	Summen der Kontenseiten		Saldo	
		Soll	Haben	Soll	Haben
7	Eigenkapital		157.880,00		
8	Darlehen	10.000,00	190.000,00		
9	Verbindlichkeiten	534.820,00	599.013,00		
	Summen				

In einer ersten Überschlagsrechnung musste sie feststellen, dass die Zahlen des Hauptbuches in einem Punkt nicht mit den Inventurwerten übereinstimmen, nämlich beim Konto Kasse.
Sie hat sich daher die Ermittlung des Inventurbestandes Kasse und die Zahlen auf dem Konto Kasse noch einmal genau angesehen.

Das Kassenkonto ist auf der nächsten Seite abgebildet.

Biker-Shop Oberstraße 17, 40878 Ratingen Tel. 021021 5674202	
20(0)-12-31 MON	
Finanzbericht	
Gesamtbetrag brutto	3.473,00 €
Gesamtbetrag netto	2.993,97 €
Gesamtbetrag USt	479,03 €
Anzahl Artikel	34
Anzahl Kunden	22
Artikelzahl pro Kunde	1,5
Nettoumsatz pro Kunde	136,09 €
Schlussbestand Kasse (bar)	704,00 €
Nr.	0294
Zeit	16:05

3. Kassenbericht

Der tatsächliche Bargeldbestand stimmt mit dem Ergebnis des Finanzberichtes überein. In der Kasse befinden sich 704,00 €.

Arbeitsauftrag

Schließen Sie die Konten des Hauptbuches ab und erstellen Sie das Schlussbestandskonto für das Geschäftsjahr 20(0). Vergleichen Sie anschließend das Schlussbestandskonto mit der Bilanz des Geschäftsjahres 20(0).

Vorschlag für die Vorgehensweise:

1. Überprüfen Sie die Zahlen des Kassenkontos (siehe nächste Seite).
2. Errechnen Sie die Salden der Vermögens- und Kapitalkonten in der Summen- und Saldenliste oben und vervollständigen Sie die Tabelle.
3. Übertragen Sie die Zahlen aus der Summenliste in die Konten.
4. Schließen Sie die Konten ab.
5. Übertragen Sie die Schlussbestände (Salden) auf das Schlussbestandskonto.
6. Vergleichen Sie das Schlussbestandskonto mit der Schlussbilanz.

Soll		Kasse			Haben
Datum	**Text/Gegenkonto**	**€**	**Datum**	**Text/Gegenkonto**	**€**
01.01.	Eröffnungsbestand	400,00	31.01.	(Buchungen Januar)	37.312,00
31.01.	(Buchungen Januar)	37.212,00	28.02.	(Buchungen Februar)	44.437,40
28.02.	(Buchungen Februar)	44.537,40	31.03.	(Buchungen März)	55.921,00
31.03.	(Buchungen März)	55.821,00	30.04.	(Buchungen April)	65.224,00
30.04.	(Buchungen April)	65.224,00	31.05.	(Buchungen Mai)	74.627,00
31.05.	(Buchungen Mai)	74.627,00	30.06.	(Buchungen Juni)	88.631,50
30.06.	(Buchungen Juni)	88.731,50	31.07.	(Buchungen Juli)	98.134,50
31.07.	(Buchungen Juli)	98.134,50	30.08.	(Buchungen August)	84.230,00
30.08.	(Buchungen August)	84.030,00	30.09.	(Buchungen September)	60.322,50
30.09.	(Buchungen September)	60.522,50	31.10.	(Buchungen Oktober)	48.498,60
31.10.	(Buchungen Oktober)	48.298,60	30.11.	(Buchungen November)	69.825,50
30.11.	(Buchungen November)	69.925,50	02.12.	Bank	3.860,00
02.12.	<Barverkäufe>	3.960,00	03.12.	Bank	3.124,00
03.12.	<Barverkäufe>	3.124,00	04.12.	Bank	4.366,00
04.12.	<Barverkäufe>	4.166,00	05.12.	Bank	4.322,00
05.12.	<Barverkäufe>	4.322,00	06.12.	Bank	4.032,00
06.12.	<Barverkäufe>	4.132,00	07.12.	Bank	2.895,00
07.12.	<Barverkäufe>	2.895,00	09.12.	Bank	3.698,00
09.12.	<Barverkäufe>	3.598,00	10.12.	Bank	3.576,00
10.12.	<Barverkäufe>	3.676,00	11.12.	Bank	3.885,00
11.12.	<Barverkäufe>	3.985,00	12.12.	Bank	4.893,00
12.12.	<Barverkäufe>	4.893,00	13.12.	Bank	5.944,00
13.12.	<Barverkäufe>	5.944,00	14.12.	Bank	3.882,00
14.12.	<Barverkäufe>	3.882,00	16.12.	Bank	6.923,00
16.12.	<Barverkäufe>	6.923,00	17.12.	Bank	6.743,00
17.12.	<Barverkäufe>	6.643,00	18.12.	Bank	5.354,00
18.12.	<Barverkäufe>	5.354,00	19.12.	Bank	7.561,00
19.12.	<Barverkäufe>	7.561,00	20.12.	Bank	7.167,00
20.12.	<Barverkäufe>	7.167,00	21.12.	Bank	3.297,00
21.12.	<Barverkäufe>	3.197,00	23.12.	Bank	4.090,00
23.12.	<Barverkäufe>	4.190,00	24.12.	Bank	3.444,00
24.12.	<Barverkäufe>	3.544,00	27.12.	Bank	1.795,00
27.12.	<Barverkäufe>	1.795,00	28.12.	Bank	2.512,00
28.12.	<Barverkäufe>	2.412,00	30.12.	Bank	2.633,00
30.12.	<Barverkäufe>	2.533,00	31.12.	Bank	1.436,00
31.12.	<Barverkäufe>	1.940,00			

829.400,00 828.596,00

Vorläufige Bleistiftnotizen

Hauptbuch

Vermögenskonten
- BGA
- Waren
- Forderungen
- Bank
- Postbank
- Kasse

Minderungen **Mehrungen**

Soll		Betriebs- und Geschäftsausstattung			Haben
Datum	**Text/Gegenkonto**	**€**	**Datum**	**Text/Gegenkonto**	**€**
Jan.–Dez.	Summe		Jan.–Dez.	Summe	

Soll		Waren			Haben
Datum	**Text/Gegenkonto**	**€**	**Datum**	**Text/Gegenkonto**	**€**
Jan.–Dez.	Summe		Jan.–Dez.	Summe	

Soll		Forderungen			Haben
Datum	**Text/Gegenkonto**	**€**	**Datum**	**Text/Gegenkonto**	**€**
Jan.–Dez.	Summe		Jan.–Dez.	Summe	

Achtung! Immer das Gegenkonto angeben!

Soll		Bank			Haben
Datum	**Text/Gegenkonto**	**€**	**Datum**	**Text/Gegenkonto**	**€**
Jan.–Dez.	Summe		Jan.–Dez.	Summe	

Soll		Postbank			Haben
Datum	**Text/Gegenkonto**	**€**	**Datum**	**Text/Gegenkonto**	**€**
Jan.–Dez.	Summe		Jan.–Dez.	Summe	

Konto Kasse: Siehe oben Seite 151.

Kapitalkonten
- Eigenkapital
- Darlehen
- Verbindlichkeiten

Minderungen **Mehrungen**

Soll		Eigenkapital			Haben
Datum	**Text/Gegenkonto**	**€**	**Datum**	**Text/Gegenkonto**	**€**
			Jan.–Dez.	Summe	

Soll		Darlehen			Haben
Datum	**Text/Gegenkonto**	**€**	**Datum**	**Text/Gegenkonto**	**€**
Jan.–Dez.	Summe		Jan.–Dez.	Summe	

Soll		Verbindlichkeiten			Haben
Datum	**Text/Gegenkonto**	**€**	**Datum**	**Text/Gegenkonto**	**€**
Jan.–Dez.			Jan.–Dez.		

Soll		Schlussbestandskonto			Haben
Datum	**Text/Gegenkonto**	**€**	**Datum**	**Text/Gegenkonto**	**€**

Aufgabe 1

Führen Sie im Hauptbuch den Jahresabschluss zum 31.12.20(0) durch.

a) Übertragen Sie die Werte aus der unten abgebildeten Summen- und Saldenliste auf die Konten. In den Summen sind die Geschäftsfälle einschließlich des Monats Dezember (Stand 31.12.20[0]) zusammengefasst.

b) Schließen Sie die Konten des Hauptbuches zum 31.12.20(0) ab.

c) Halten Sie die Buchungssätze für die Abschlussbuchungen im Grundbuch fest.

Konten

Betriebs- und Geschäftsausstattung, Waren, Forderungen, Bank, Kasse, Eigenkapital, Darlehen, Verbindlichkeiten, Schlussbestandskonto

Summen- und Saldenliste

Vermögenskonten					
Nr.	Konto	Summen der Kontenseiten		Saldo	
		Soll	Haben	Soll	Haben
1	BGA	240.470,00	35.670,00		
2	Waren	491.400,00	247.800,00		
3	Forderungen	295.390,00	210.740,00		
4	Bank	496.370,00	452.970,00		
5	Kasse	290.700,00	290.400,00		
	Summen	1.814.330,00	1.237.580,00		

Kapitalkonten					
Nr.	Konto	Summen der Kontenseiten		Saldo	
		Soll	Haben	Soll	Haben
6	Eigenkapital		270.450,00		
7	Darlehen	60.000,00	270.000,00		
8	Verbindlichkeiten	265.400,00	361.700,00		
	Summen				

Hauptbuch

Vermögenskonten
- BGA
- Waren
- Forderungen
- Bank
- Kasse

Mehrungen | **Minderungen**

Soll	Betriebs- und Geschäftsausstattung				Haben
Datum	**Text/Gegenkonto**	**€**	**Datum**	**Text/Gegenkonto**	**€**
Jan.–Dez.	Summe		Jan.–Dez.	Summe	

Soll	Waren				Haben
Datum	**Text/Gegenkonto**	**€**	**Datum**	**Text/Gegenkonto**	**€**
Jan.–Dez.	Summe		Jan.–Dez.	Summe	

Soll		Forderungen			Haben
Datum	**Text/Gegenkonto**	**€**	**Datum**	**Text/Gegenkonto**	**€**
Jan.–Dez.	Summe		Jan.–Dez.	Summe	

Soll		Bank			Haben
Datum	**Text/Gegenkonto**	**€**	**Datum**	**Text/Gegenkonto**	**€**
Jan.–Dez.	Summe		Jan.–Dez.	Summe	

Achtung! Immer das Gegenkonto angeben!

Soll		Kasse			Haben
Datum	**Text/Gegenkonto**	**€**	**Datum**	**Text/Gegenkonto**	**€**
Jan.–Dez.	Summe		Jan.–Dez.	Summe	

Minderungen **Mehrungen**

Soll		Eigenkapital			Haben
Datum	**Text/Gegenkonto**	**€**	**Datum**	**Text/Gegenkonto**	**€**
			Jan.–Dez.	Summe	

Kapitalkonten
- Eigenkapital
- Darlehen
- Verbindlichkeiten

Soll		Darlehen			Haben
Datum	**Text/Gegenkonto**	**€**	**Datum**	**Text/Gegenkonto**	**€**
Jan.–Dez.	Summe		Jan.–Dez.	Summe	

Soll		Verbindlichkeiten			Haben
Datum	**Text/Gegenkonto**	**€**	**Datum**	**Text/Gegenkonto**	**€**
Jan.–Dez.	Summe		Jan.–Dez.	Summe	

Soll	Schlussbestandskonto				Haben
Datum	Text/Gegenkonto	€	Datum	Text/Gegenkonto	€

Grundbuch				
Jahr 20(0)	Konten		€	
Datum	Soll	Haben	Soll	Haben
Betragskontrolle				

Aufgabe 2

Wie sollte man sich Ihrer Meinung nach verhalten, wenn Inventur- und Buchwerte Differenzen aufweisen?

1 Die Inventurzahlen müssen korrigiert werden, weil die sorgfältig geführten Buchführungszahlen immer richtig sind.

2 Die Inventur stellt die tatsächlichen Zahlen (die Ist-Zahlen) mit dem Ziel fest, die Buchwerte (die Soll-Zahlen) zu überprüfen und erforderlichenfalls zu korrigieren. Daher sind die Buchwerte anzupassen.

10 Die aktuelle Bilanz mit der Vorjahresbilanz vergleichen

Sobald die Bilanz am Ende eines Geschäftsjahres erstellt ist, wertet Herr Adam die Bilanzzahlen aus, um sich ein Bild vom finanziellen Zustand seines Unternehmens zu machen. Die Auswertung geschieht in zweierlei Hinsicht:

- Er prüft die Struktur der Aktiv- und Passivseite der Bilanz, indem er das Verhältnis von Anlage- zu Umlaufvermögen sowie von Fremdkapital zu Eigenkapital betrachtet. Wichtig ist für ihn auch die Frage, wie das Anlage- und das Umlaufvermögen finanziert sind.
- Er vergleicht die aktuelle Bilanz mit der Bilanz des Vorjahres, um Veränderungen im Zeitablauf zu erkennen. In dieser Frage schaut er sich jede einzelne Bilanzposition im Jahresvergleich an.

Formular „Aufbereitete Bilanz“ verwenden!

In diesem Jahr wird er besonders sorgfältig zu Werke gehen, weil er für Anfang Januar ein Gespräch mit seiner Hausbank vereinbart hat. Herr Adam will sein Sortiment noch mehr auf den Rennsport ausrichten und dafür die Geschäftseinrichtung völlig umgestalten. Er schätzt, dass er dafür einen weiteren Bankkredit benötigt. Er weiß, von schönen Worten über die geschäftlichen Aussichten lässt sich die Bank kaum beeindrucken. Sie will gute Geschäftszahlen sehen.

Akti	Bilanz des Biker-Shops zum 31.12.20(0)				Passiva
		€			€
I.	Anlagevermögen		I.	Eigenkapital	157.880,00
	Betriebs- und Geschäftsausstattung	114.600,00			
II.	Umlaufvermögen		II.	Fremdkapital	
	1. Waren	200.560,00		1. Langfristige Schulden	
	2. Forderungen	30.468,00		1.1 Darlehen	180.000,00
	3. Bank	39.541,00			
	4. Postbank	16.200,00		2. Kurzfristige Schulden	
	5. Kasse	704,00		2.1. Verbindlichkeiten	64.193,00
		402.073,00			402.073,00

Akti	Bilanz des Biker-Shops zum 31.12.20(-1)				Passiva
		€			€
I.	Anlagevermögen		I.	Eigenkapital	86.850,00
	Betriebs- und Geschäftsausstattung	185.200,00			
II.	Umlaufvermögen		II.	Fremdkapital	
	1. Waren	97.500,00		1. Langfristige Schulden	
	2. Forderungen	12.450,00		1.1 Darlehen	190.000,00
	3. Bank	18.600,00			
	4. Postbank	7.300,00		2. Kurzfristige Schulden	
	5. Kasse	400,00		2.1. Verbindlichkeiten	44.600,00
		321.450,00			321.450,00

Inventar_ / Bilanz / Hauptbuch / Kassenabschluss / Bilanzvergleich

Arbeitsauftrag

Werten Sie die Bilanzen der Jahre 20(-1) und 20(0) mit Blick auf den Kreditwunsch von Herrn Adam aus.

So sollten Sie vorgehen:

a) Erstellen Sie für beide Geschäftsjahre jeweils eine aufbereitete Bilanz und errechnen Sie die Prozentanteile der Positionen auf der Aktiv- und Passivseite.

b) Bestimmen und beurteilen Sie den Eigenfinanzierungsgrad, den Vermögensaufbau und die Anlagendeckung des Geschäftes.

c) Beurteilen Sie, ob sich der Vermögensaufbau, die Anlagendeckung und der Eigenfinanzierungsgrad des Unternehmens im Zeitablauf verbessert oder verschlechtert haben.

d) Beurteilen Sie die Erfolgschancen für eine weitere Kreditgewährung durch die Bank.

Aktiva	Aufbereitete Bilanz zum 31. Dezember 20(0)				Passiva
	€	%		€	%
Anlagevermögen			Eigenkapital		
Umlaufvermögen			Fremdkapital		
Bilanzsumme		100	Bilanzsumme		100

Kennziffer	Formel	Wert
Eigenfinanzierungsgrad =		
Vermögensaufbau		
Anlagevermögen =		
Umlaufvermögen =		
Anlagendeckung		

Aktiva	Aufbereitete Bilanz zum 31. Dezember 20(–1)				Passiva
	€	%		€	%
Anlagevermögen			Eigenkapital		
Umlaufvermögen			Fremdkapital		
Bilanzsumme		100	Bilanzsumme		100

Kennziffer	Formel	Wert
Eigenfinanzierungsgrad =		
Vermögensaufbau		
Anlagevermögen =		
Umlaufvermögen =		
Anlagendeckung		

Aufgabe 1

Erstellen Sie aus den nachfolgend abgebildeten Zahlen eine aufbereitete Bilanz und erläutern Sie den Vermögensaufbau, die Finanzierungssituation sowie die Anlagendeckung.

Aktiva	Bilanz der … zum 31. Dezember 20(0)		Passiva
Fuhrpark	60.000,00	Eigenkapital	35.000,00
BGA	250.000,00		
Waren	45.000,00	Darlehen	292.000,00
Forderungen	3.000,00	Verbindlichkeiten	34.000,00
Bank	2.500,00		
Kasse	500,00		
	361.000,00		361.000,00

Aktiva	Aufbereitete Bilanz zum 31. Dezember 20(0)				Passiva
	€	%		€	%
Anlagevermögen			Eigenkapital		
Umlaufvermögen			Fremdkapital		
Bilanzsumme		100	Bilanzsumme		100

Aufgabe 2

Erstellen Sie auf der Grundlage der folgenden Zahlen eine aufbereitete Bilanz, und ermitteln Sie die Prozentsätze der einzelnen Bilanzpositionen. Erläutern Sie den Vermögensaufbau, die Finanzierungssituation und die Anlagendeckung.

Bilanzpositionen
Anlagevermögen 80.000,00 €, langfristiges Fremdkapital 15.000,00 €, Umlaufvermögen 325.000,00 €, Eigenkapital 100.000,00 €, kurzfristiges Fremdkapital 290.000,00 €.

Aktiva	Aufbereitete Bilanz zum 31. Dezember 20(0)				Passiva
	€	%		€	%
Anlagevermögen			Eigenkapital		
Umlaufvermögen			Fremdkapital		
			• langfristig		
			• kurzfristig		
Bilanzsumme		100	Bilanzsumme		100

Aufgabe 3

Der Inhaber des Sportfachgeschäftes Beck erhält von seinem Steuerberater am Jahresende die nachfolgende Bilanz. Beurteilen Sie die Entwicklung des Geschäftes im Jahresvergleich.

Aktiva	Bilanz der Sport-Beck GmbH zum 31. Dezember 20(0)				Passiva
	Geschäftsjahr €	Vorjahr €		Geschäftsjahr €	Vorjahr €
BGA	8.138,00	5.931,00	Eigenkapital	285.384,00	33.640,00
Waren	131.091,00	103.347,00	Darlehen	97.000,00	90.677,00
Forderungen	81.495,00	24.305,00	Verbindlichkeiten	38.600,00	122.026,00
Bank	200.060,00	112.460,00			
Kasse	200,00	300,00			
	420.984,00	246.343,00		420.984,00	246.343,00

Aufgabe 4

Entscheiden Sie bei den unten aufgeführten Belegen:
a) Verlangt der Staat die Aufbewahrung?
b) Welche Aufbewahrungsfrist ist gegebenenfalls zu beachten?

Belege
1 Urlaubskarte des Chefs an die Belegschaft
2 Einzahlungsquittung von der Bank
3 Steuerbescheid vom Finanzamt
4 Grundbuch des abgelaufenen Geschäftsjahres
5 Inventarlisten von 20(-2)
6 Kontoauszüge der Hausbank
7 Lastschriftquittungen eines Lieferanten
8 Postquittung über gekaufte Briefmarken für den Schriftverkehr mit Lieferern
9 Hauptbuch aus dem Geschäftsjahr 20(-4)
10 Darlehensvertrag mit der Hausbank
11 Rechnung des Steuerberaters
12 Auskunftsschreiben eines Geschäftsfreundes über einen möglichen Lieferer

11 Den Erfolg eines Sonderstandes ermitteln

Herr Adam war skeptisch, aber der Außendienstmitarbeiter des Herstellers sprach mit großer Begeisterung:

Außendienstmitarbeiter: *„Die Ware läuft phantastisch. Alle bekannten Sponsorennamen sind auf den Trikots vorhanden – originalgetreu."*

Herr Adam: *„Aber wer will denn mit einem Trikot den Eindruck erwecken, er sei z. B. Mitglied im Team T-Mobile? Das ist doch völlig unglaubwürdig und man macht sich lächerlich!"*

Außendienstmitarbeiter: *„Die Radsportler sehen das ganz anders. Sie finden es toll, wie ein echter Profi auszusehen.*

Außerdem sind die Konditionen für Sie sehr interessant. Wir empfehlen einen Verkaufspreis von 65,00 €, der Einkaufspreis beträgt 30,00 €. Nach Abzug der Umsatzsteuer bleibt für Sie doch eine schöne Differenz."

Herr Adam: *„Die Differenz ist das Rohergebnis. Für mich entscheidend ist das Reinergebnis, mein Gewinn!"*

„Wir werden es auf jeden Fall versuchen – aber zunächst für drei Monate. Dann schaue ich mir genau an, was für mich übrig geblieben ist. Anschließend setzen wir uns noch einmal zusammen."

Außendienstmitarbeiter: *„Am Montag habe ich den Sonderstand mit Sponsoren-Trikots aufgebaut. Sie werden sehen, es wird ein Erfolg!"*

Der Sonderstand wurde vom Außendienstmitarbeiter angeliefert, mit Ware bestückt und mit Dekorationsmaterial versehen. Eine Mitarbeiterin des Biker-Shops erhielt den Auftrag, den Stand mit zu betreuen.
Nach drei Monaten stellte Herr Adam alle Aufwendungen und Erträge zusammen, die mit dem Sonderstand verbunden waren.

	A	B	C
1	**Eingabe**		
2	Absatz Sponsoren-Trikots	240,00	Stück
3	Bruttoverkaufspreis pro Stück	65,00	€
4	Bezugspreis (Einkaufspreis) pro Stück	30,00	€
5			
6	Verkaufsfläche Biker-Shop	210,00	m²
7	Verkaufsfläche Sonderstand Sponsoren-Trikots	4,00	m²
8			
9	Betreuung des Sonderstandes pro Tag	2,00	Stunden
10	Personalaufwendungen pro Stunde	12,50	€
11	Verkaufstage in 3 Monaten	77	Tage
12	Gesamtmiete Biker-Shop	39.000,00	€
13	2 Werbeanzeigen für den Sonderstand	300,00	€
14	übrigen Aufwendungen Biker-Shop	73.000,00	€
15	geplanter Gesamtgewinn Biker-Shop	44.000,00	€
16			

Trikots / Aufwendungen_Erträge / Tabelle3

Anschließend ermittelt er in einer Ergebnisrechnung das Roh- und das Reinergebnis. Die „übrigen Aufwendungen" (z. B. Aufwendungen für Büromaterial, Telekommunikation und Zinsen) verteilt Herr Adam nach dem Flächenanteil des Sonderstandes.
Nun kann er die Zahlen des Sonderstandes mit den geplanten Kalkulationszahlen des laufenden Jahres für sein gesamtes Geschäft (z. B. mit dem geplanten Gewinn für das Geschäftsjahr) vergleichen.
Plan-Zahlen des Biker-Shops: Bruttoumsatzerlöse 904.800,00 €, Verkaufsfläche 210 m²

	A	B	
16			
17	**Ergebnisrechnung**	€	
18	Brutto-Umsatzerlöse		
19	Umsatzsteuer 16 %		
20	Netto-Umsatzerlöse		
21	Wareneinsatz		
22	**Rohergebnis**		
23	anteilige Miete		
24	anteilige Personalaufwendungen		
25	Werbung für 2 Anzeigen		
26	anteilige übrige Aufwendungen		
27	**Reinergebnis (Gewinn)**		
28			
29	**Umsatz pro m² Verkaufsfläche**		
30	**Biker-Shop**		
31	Geplante Brutto-Umsatzerlöse		€
32	Verkaufsfläche		m²
33	Brutto-Umsatzerlöse pro m² (12 Monate)		€
34			
35			
36	**Sonderstand Sponsoren-Trikots**		
37	Brutto-Umsatzerlöse		€
38	Verkaufsfläche		m²
39	Brutto-Umsatzerlöse pro m²		€
40			
41	**Gewinn in Prozent vom Brutto-Umsatz**		
42	**Biker-Shop**		
43	Geplante Brutto-Umsatzerlöse		€
44	Geplanter Gewinn		€
45	Gewinn in Prozent vom Umsatz		%
46			
47	**Sonderstand Sponsoren-Trikots**		
48	Brutto-Umsatzerlöse		€
49	Gewinn		€
50	Gewinn in Prozent vom Umsatz		%

Trikots / Aufwendungen_Erträge / Sondertisch / Aufw_Erträ

In der Kontenübersicht wird Herr Adam die Netto-Umsatzerlöse darstellen, weil er die Umsatzsteuer an das Finanzamt abführen muss. Am Ende stehen sich die erzielten Umsatzerlöse und die entstandenen Aufwendungen gegenüber. Durch Saldieren lässt sich der Gewinn ermitteln.

	A	B	C	D	E
1					
2	**Aufwendungen**		**Ergebniskonto**	**Erträge**	
3		**€**		**€**	
4	Wareneinsatz		Netto-Umsatzerlöse		
5	Miete				
6	Gehälter				
7	Werbung				
8	Übrige Aufwendungen				
9					
10					

Trikots / Aufwendungen_Erträge / Tabelle3

Bereit NF

Arbeitsauftrag

Ermitteln Sie den Erfolg des Sonderstandes Sponsoren-Trikots und entscheiden Sie, ob der Sonderstand nach drei Monaten weiter geführt werden soll.

So sollten Sie vorgehen:

1. Roh- und Reinergebnis des Sonderstands ermitteln.
2. Beurteilung des erzielten Umsatzes pro m² Verkaufsfläche und des Gewinns.
3. Entscheidung über den Sonderstand treffen.

Aufgabe 1

„Nie wieder!“ – die Aussage von Frau Yildrim war eindeutig. Der Sonderstand mit Produkten „Rund um den festlichen Tisch“ war eine Katastrophe. Er sollte das Weihnachtsgeschäft beleben und für eine attraktive Dekoration in der Textilabteilung sorgen. Der Einkaufsverband hatte den Stand als „Paket“ angeboten und ihn auch durch eine eigene Mitarbeiterin dekorieren lassen. Ein Tisch, Stühle, Gläser, Geschirr, Kerzenleuchter und Kissen waren wunderschön und stimmungsvoll angerichtet worden – nur, die Kunden wollten kaum etwas davon wissen. In den letzten 14 Tagen vor Weihnachten mussten Preissenkungen für mehr Abverkauf sorgen. Am Ende halfen nur noch drastische Preisabschriften, um die Waren loszuwerden – „um sie zu verschenken“, wie Frau Yildrim sagte.

Die Erfolgskontrolle unmittelbar nach Weihnachten erbrachte folgende Zahlen (Umsatzsteuer 16 %):

	A	B
1		
2		€
3	Umsatzerlöse brutto	3.422,00
4	Einkaufspreis der verkauften Produkte	3.600,00
5	Dekoration durch den Einkaufsverband	210,00
6	anteilige übrige Aufwendungen (geschätzt)	1.400,00
7		

Trikots / Aufwendungen_Erträge / Sondertisch

a) Errechnen Sie das Roh- und das Reinergebnis des Sondertisches.
b) Stellen Sie die Zahlen übersichtlich in Kontenform dar.

	A	B	C	D
1				
2	Aufwendungen		Ergebniskonto	Erträge
3		€		€
4				
5				
6				
7				
8				
9				
10				

Trikots / Aufwendungen_Erträge / Sondertisch / Aufw_Erträge

Bereit NF

Aufgabe 2

Von Frühjahr bis zum Herbst wird auf dem Parkplatz eines Warenhauses ein Zelt aufgebaut, in dem Gartenartikel angeboten werden. Am Ende der Saison ermittelt der Geschäftsführer den Erfolg des Zeltverkaufs. Er verbindet die Prüfung stets mit der Frage, ob der Zeltverkauf im nächsten Jahr wieder durchgeführt werden soll.

Bruttoumsatzerlöse (einschließlich 16 % USt)	194.880,00 €
Wareneinsatz	95.400,00 €
Verkaufsfläche	60,00 m²
Raumkosten (einschließlich verrechneter Miete)	14.000,00 €
Aufwendungen für eine Mitarbeiterin	16.100,00 €
Werbung	1.800,00 €
anteilige übrige Aufwendungen	14.500,00 €

Errechnen Sie folgende Kennzahlen und vergleichen Sie sie mit den Kennzahlen des Warenhauses.

	Kennzahlen des Warenhaus
a) Rohergebnis pro m² Verkaufsfläche	410,00 €
b) Reinergebnis pro m² Verkaufsfläche	118,00 €
c) Umsatz pro m² Verkaufsfläche	3.300,00 €
d) Gewinn in Prozent vom Umsatz	3,60 %

Aufgabe 3

Bericht aus dem Warenwirtschaftssystem des City-Warenhauses Bauer:

Rohergebnis pro m² Verkaufsfläche

Abteilung	Jahr	Rohergebnis pro m² Verkaufsfläche in €
1.1 Lebensmittel	20(0)	544
2.2 Uhren/Schmuck	20(0)	1.348
3.2 Elektro/Tonträger/Computer	20(0)	1.165
4.1 Möbel	20(0)	687

a) Erläutern Sie mögliche Ursachen für die unterschiedlichen Rohergebnisse pro m² der oben dargestellten Abteilungen.

b) Wie berechnet man aus dem Rohergebnis das Reinergebnis?

12 Mitarbeiter über wichtige Kennzahlen informieren

Vierteljährlich informiert Herr Adam seine Mitarbeiter über die Entwicklung der Geschäftslage. Er macht anhand der Plan- und Ist-Zahlen auf Probleme aufmerksam, die die Mitarbeiter betreffen und die vor allem von ihnen gelöst werden können. Nun steht der Bericht für das 3. Quartal des laufenden Geschäftsjahres an. Die Stimmung der letzten beiden Mitarbeiterbesprechungen war schlecht. Die nächste – das konnte Herr Adam aus den Zahlen leicht erkennen – wird es erforderlich machen, auf den Alarmknopf zu drücken.
Die notwendigen Zahlen hatte er bereits aus dem Warenwirtschaftssystem zusammengetragen oder den Planungsunterlagen für das laufende Geschäftsjahr entnommen (siehe unten). Nun ist noch die Leistungstabelle um die Monate Juli bis September zu ergänzen und die Kennzahlen sind zu berechnen (siehe nächste Seite).

Einladung

zur Mitarbeiterbesprechung

am Montag, dem 2. Oktober,
19:00 Uhr

TOP 1: Geschäftslage im 3. Quartal
TOP 2: Maßnahmen

Daten aus dem Warenwirtschaftssystem:

Bericht: Brutto-Umsatzerlöse		
Bereich:	Gesamtbetrieb	
Monat:	07	56.868,00
	08	52.041,00
	09	66.815,00

Bericht: Kundenzahl		
Bereich:	Gesamtbetrieb	
Monat:	07	688
	08	634
	09	820

Bericht: Arbeitsstunden		
Bereich:	Gesamtbetrieb	
Monat:	07	960
	08	970
	09	920

Weitere Daten:

Fläche in m²	210
Mitarbeiterzahl	6
Arbeitszeit	40 Stunden pro Woche, 177 Stunden im Monat

Herr Adam will den Mitarbeitern aber nicht nur die Leistungstabelle vorstellen, sondern die Zahlen auch durch Grafiken veranschaulichen. Die Zahlen zu den Plan- und Ist-Umsätzen am Ende des 2. Quartals hat er z. B. in folgender Form dargestellt:

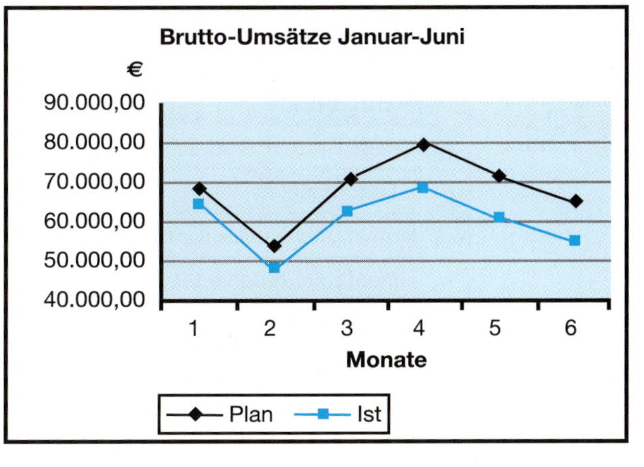

	A	B	C	D	E	F	G	H	I
1	**Leistungstabelle**								
2									
3	Plan-Umsatz (Jahr):		904.800,00 €	Plan-Kundenzahl:		10.645	Plan-Stundenleistung:		80,00 €
4				Plan-ø-Bon:		85,00 €	Plan-Umsatz pro m²/Monat:		359,00 €
5									
6		Plan	Ist	Plan	Ist	Ist	Ist	Ist	Ist
7	Monate	Umsatz (brutto)	Umsatz (brutto)	Kundenzahl	Kundenzahl	ø-Bon	Arbeitsstunden	Std.-Leistung	Umsatz/m²
8	Januar	68.600,00	65.170,00	807	770	84,64	910	71,62	310,33
9	Februar	53.900,00	49.049,00	634	580	84,57	905	54,20	233,57
10	März	71.000,00	63.190,00	835	752	84,03	903	69,98	300,90
11	April	79.800,00	68.628,00	939	812	84,52	940	73,01	326,80
12	Mai	71.800,00	61.030,00	845	725	84,18	950	64,24	290,62
13	Juni	65.600,00	55.760,00	772	667	83,60	955	58,39	265,52
14	Juli	67.700,00		796					
15	August	62.700,00		738					
16	September	80.500,00		947					
17	Oktober	87.300,00		1.027					
18	November	95.600,00		1.125					
19	Dezember	100.300,00		1.180					
20	Summe	904.800,00		10.645					
21									

Plan Monat | **Leistungstabelle**

Arbeitsauftrag

Stellen Sie die Geschäftslage des Biker-Shops im 3. Quartal dar.

1. Ergänzen Sie die Leistungstabelle mit den Zahlen der Monate Juli bis September.
2. Entwerfen Sie zu den wichtigsten Kennzahlen Grafiken.
3. Beurteilen Sie die Zahlen und machen Sie Vorschläge, durch welche Maßnahmen die Geschäftslage verbessert werden könnte.

Aufgabe 1

Errechnen Sie im unten stehenden Formular die Kennzahlen und begründen Sie, ob sich die Lage des Geschäftes verbessert oder verschlechtert hat.

	A	B	C
1	**Betriebswirtschaftliche Kennzahlen des City-Warenhauses Bauer**		
2			
3	**Eingabe**	**20(0)**	**Vorjahr**
4	Verkaufsfläche in m²	3.500	3.500
5	Umsatzerlöse (brutto) in €	7.741.138,00	7.490.881,00
6	Mitarbeiterzahl	45	44
7	Zahl der Kunden (Kundenbons)	316.082	308.844
8	Wareneinsatz in €	4.272.151,00	4.113.609,00
9	Durchschnittlicher Lagerbestand in €	1.154.636,00	1.054.772,00
10	eingesetzte Arbeitsstunden	89.100	88.950
11	**Ausgabe**		
12	Umsatz pro m² Verkaufsfläche in €		
13	Lagerumschlag		
14	Umsatz pro Kunde (Bon) in €		
15	Umsatz pro Mitarbeiter in €		
16	Stundenleistung in €		
17	Rohergebnis in €		

Leistungstabelle | Ergebnis 3. Quartal | **Aufgabe 1**

Aufgabe 2

Bei einem Vergleich der Umsätze von zwei Mitarbeiterinnen (Frau Melcher, Personalnummer 2101, und Frau Adolph, Personalnummer 2104) sind nicht nur Unterschiede in der Höhe der Gesamtumsätze festzustellen, sondern auch in der Höhe des Durchschnittsbons (Umsatz pro Kunde).

a) Welche Ursachen könnten Ihrer Meinung nach die Unterschiede erklären?

b) Entwickeln Sie Vorschläge, mit welchen Maßnahmen sich die Zahlen von Frau Adolph anheben lassen.

Statistik Personal	**Warenbereich 2 Abteilung 2.1 Textil**			
	Personalnummer	Monate/Jahr	Umsatz gesamt €	Umsatz pro Kunde €
	2101	01-12/20(0)	189.754	49,87
	2104	01-12/20(0)	174.936	45,49

13 Den Erfolg eines Unternehmens im Zeitablauf vergleichen

Die Enttäuschung war groß, als Herr Adam Anfang Januar von seinem Steuerberater die Abschlussunterlagen des zurückliegenden Geschäftsjahres 20(0) erhielt. Für die gewaltige Arbeit, die Nervenanspannung und den ganzen Ärger mit Lieferanten, Mitarbeitern und Behörden 42.600,00 € Jahresgewinn – rund dreieinhalb Tausend € im Monat.

Trotz des niedrigen Jahresüberschusses sah Herr Adam aber für sein Geschäft gute Entwicklungschancen. Er wollte daher nicht lange jammern, sondern den Ursachen für das schlechte Ergebnis auf den Grund gehen. Dazu vergleicht er die Aufwendungen und Erträge des Jahres 20(0) mit den Zahlen des Vorjahres und stellt die Veränderungen der Zahlen in einer Ergebnisrechnung dar (siehe unten).

	A	B	C	D
1	**Aufwendungen**	**Ist-Zahlen Vorjahr**		**Erträge**
2		**€**		**€**
3	Wareneinsatz	452.400,00	Netto-Umsatzerlöse	778.400,00
4	Aufwendungen für Geschäftsräume	11.000,00		
5	Gehälter	138.600,00		
6	Miete	38.500,00		
7	Büromaterial	5.000,00		
8	Telekommunikation	8.300,00		
9	Werbung	19.100,00		
10	Zinsen	17.000,00		
11	übrige Aufwendungen	29.900,00		
12	Reinergebnis (Gewinn)	58.600,00		
13		778.400,00		778.400,00
14				
15				
16	**Aufwendungen**	**Ist-Zahlen 20(0)**		**Erträge**
17		**€**		**€**
18	Wareneinsatz	462.700,00	Netto-Umsatzerlöse	790.000,00
19	Aufwendungen für Geschäftsräume	11.200,00		
20	Gehälter	154.200,00		
21	Miete	38.500,00		
22	Büromaterial	5.500,00		
23	Telekommunikation	8.400,00		
24	Werbung	19.300,00		
25	Zinsen	17.500,00		
26	übrige Aufwendungen	30.100,00		
27	Reinergebnis (Gewinn)	42.600,00		
28		790.000,00		790.000,00
29				

Aufw.-Erträge

Außerdem ermittelt er verschiedene Kennzahlen, die ihm Aufschluss über die Attraktivität seines Geschäftes in den Augen der Kunden, die Leistungsfähigkeit seiner Mitarbeiter und die Ertragsstärke seines Geschäftes geben.

	20(0)	Vorjahr
Verkaufsfläche in m^2	210	210
Mitarbeiterzahl	6	5,5
Kundenzahl	10.750	10.480
eingesetzte Arbeitsstd.	11.400	10.520

Welcher Wert ist jeweils mit 100 % gleichzusetzen?

	A	B	C	D
1				
2	**Ergebnisrechnung**	**Ist 20(0)**	**Ist Vorjahr**	**Veränderung in %**
3	Brutto-Umsatzerlöse			
4	Umsatzsteuer 16 %			
5	Netto-Umsatzerlöse			
6	Wareneinsatz			
7	**Rohergebnis**			
8	Aufwendungen für Geschäftsräume			
9	Gehälter			
10	Miete			
11	Büromaterial			
12	Telekommunikation			
13	Werbung			
14	Zinsen			
15	übrige Aufwendungen			
16	**Reinergebnis (Gewinn)**			
17				
18	**Kennzahlen**	**Ist 20(0)**	**Ist Vorjahr**	**Branchendurchschnitt**
19	Brutto-Umsatz pro m^2 Verkaufsfläche in €			4.600,00
20	Brutto-Umsatz pro Mitarbeiter in €			165.800,00
21	Stundenleistung in €			
22	Durchschnittsbon in €			
23	Rohergebnis pro m^2 Verkaufsfläche in €			
24	Gewinn in Prozent vom Bruttoumsatz			6,5
25				

Ergebnisrechnung

Herr Adam hat einige Branchendurchschnittszahlen, die er einer Mitteilung seines Einkaufsverbandes entnommen hat, bereits in das Formular eingetragen.

Arbeitsauftrag

Vergleichen Sie den Erfolg des Biker-Shops mit den Vorjahreszahlen.

1. Ergänzen Sie die Ergebnisrechnung.
2. Ermitteln Sie die Kennzahlen.
3. Beurteilen Sie die Ergebnisse Ihrer Berechnungen und stellen Sie fest, worauf der niedrige Gewinn des Geschäftes zurückzuführen ist.

Aufgabe 1

Berechnen Sie in der nachstehenden Tabelle zu den Umsatzzahlen eines Filialbetriebes die Differenzen zwischen den Ist-Zahlen und den Vorjahreszahlen bzw. den Planzahlen.

	A	B	C	D	E	F	G
1	Vorjahr	Plan	Ist	Differenz Vorjahr		Differenz Plan	
2	€	€	€	€	%	€	%
3	5.367.966	5.691.092	5.179.418				
4							

Tabelle1 | Aufgabe 1

Aufgabe 2

a) Berechnen Sie zum nebenstehenden Zahlenmaterial von vier Filialen einer Lebensmittel-Supermarktkette die prozentualen Abweichungen.

b) Beurteilen Sie die Zahlen und beachten Sie dabei folgende Besonderheiten:
Filiale 1 hat in unmittelbarer Nähe einen Mitbewerber erhalten.
Filiale 2 hat ein neues kundenorientiertes Konzept zur Warenpräsentation entwickelt.
Filiale 4 liegt in einem aufstrebenden Neubaugebiet.

	A	B	C	D
1				
2	Filiale	Umsatz Vorjahr in €	Umsatz 20(0) in €	Abweichung in %
3	1	769.585	722.755	
4	2	1.345.056	1.452.118	
5	3	837.773	739.577	
6	4	438.511	480.637	
7				
8	Filiale	Kundenzahl Vorjahr	Kundenzahl 20(0)	Abweichung in %
9	1	45.429	43.335	
10	2	75.200	76.000	
11	3	62.427	56.667	
12	4	25.278	29.344	
13				
14	Filiale	durchschn. Kundeneinkauf in € Vorjahr	durchschn. Kundeneinkauf in € 20(0)	Abweichung in €
15	1	16,94	16,68	
16	2	17,89	19,11	
17	3	13,42	13,05	
18	4	17,35	16,38	
19				

Tabelle1 | Aufgabe 1 | Aufgabe 2

Aufgabe 3

Entwickeln Sie aus den nachfolgenden Aufwendungen und Erträgen eine Ergebnisrechnung mit Jahresvergleich (Umsatzsteuer 16 %).

	A	B	C	D
1	Aufwendungen	Ist-Zahlen Vorjahr		Erträge
2		€		€
3	Wareneinsatz	678.600,00	Netto-Umsatzerlöse	1.167.600,00
4	Aufwendungen für Geschäftsräume	16.500,00		
5	Gehälter	207.900,00		
6	Miete	57.750,00		
7	Büromaterial	7.500,00		
8	Telekommunikation	12.450,00		
9	Werbung	28.650,00		
10	Zinsen	25.500,00		
11	übrige Aufwendungen	44.850,00		
12	Reinergebnis (Gewinn)	87.900,00		
13		1.167.600,00		1.167.600,00
14				
15	Aufwendungen	Ist-Zahlen 20(0)		Erträge
16		€		€
17	Wareneinsatz	717.185,00	Netto-Umsatzerlöse	1.224.500,00
18	Aufwendungen für Geschäftsräume	17.360,00		
19	Gehälter	229.010,00		
20	Miete	59.675,00		
21	Büromaterial	8.525,00		
22	Telekommunikation	13.020,00		
23	Werbung	29.915,00		
24	Zinsen	27.125,00		
25	übrige Aufwendungen	46.655,00		
26	Reinergebnis (Gewinn)	76.030,00		
27		1.224.500,00		1.224.500,00

Tabelle1 | Aufgabe 1 | Aufgabe 2 | Aufgabe 3

	A	B	C	D
1				
2	**Ergebnisrechnung**	**Ist 20(0)**	**Ist Vorjahr**	**Veränderung in %**
3	Brutto-Umsatzerlöse			
4	Umsatzsteuer 16 %			
5	Netto-Umsatzerlöse			
6	Wareneinsatz			
7	**Rohergebnis**			
8	Aufwendungen für Geschäftsräume			
9	Gehälter			
10	Miete			
11	Büromaterial			
12	Telekommunikation			
13	Werbung			
14	Zinsen			
15	übrige Aufwendungen			
16	**Reinergebnis (Gewinn)**			

Ergebnisrechnung

14 Eine Ergebnisverbesserung planen

		A	B	C	D	
	15					
	16	**Aufwendungen**	**Ist-Zahlen 20(0)**		**Erträge**	
	17		**€**		**€**	
②	18	Wareneinsatz	462.700,00	Netto-Umsatzerlöse	790.000,00	①
	19	Aufwendungen für Geschäftsräume	11.200,00			
③	20	Gehälter	154.200,00			
④	21	Miete	38.500,00			
	22	Büromaterial	5.500,00			
	23	Telekommunikation	8.400,00			
⑤	24	Werbung	19.300,00			
	25	Zinsen	17.500,00			
	26	übrige Aufwendungen	30.100,00			
	27	Reinergebnis (Gewinn)	42.600,00			
	28		790.000,00		790.000,00	
	29					

Aufw.-Erträge

Nachdem sich Herr Adam einen Überblick über die Zahlen des Geschäftsjahres 20(0) verschafft hat, betrachtet er nun die einzelnen Positionen der Aufwendungen und Erträge, um herauszufinden, wie das Reinergebnis verbessert werden könnte. Am Ende wird er eine Alternativrechnung erstellen, die den Gewinn wiedergibt, der sich ergäbe, falls er alle seine Ideen umsetzen könnte. Es ist eine Plan-Rechnung, denn er weiß, dass er seine Vorstellungen oft nur mittelfristig und unter Schwierigkeiten durchsetzen kann. Immerhin ergeben solche Planungsüberlegungen eine gute Perspektive und Leitlinien für die weitere Führung des Geschäftes.

Position ① Umsatzerlöse

Manchmal war Herr Adam ganz entsetzt, wenn er auf den Kassenbons – wie in den unten stehenden Beispielen – sah, wie viele Preisnachlässe seine Mitarbeiter – und er selber natürlich auch – gewährten.

Biker-Shop
40878 Ratingen
Oberstraße 17
Tel.: 02102 567 42-0

20(0)-03-31 MON

Kauf

562-82 Hinterradnabe	140,00
Preisnachlass 5 %	– 7,00
Kaufsumme	133,00
16 % Ust. 133,00 €	18,34

Biker-Shop
40878 Ratingen
Oberstraße 17
Tel.: 02102 567 42-0

20(0)-03-31 MON

Personalverkauf

791-02 H-Trikot	23,20
Personalrabatt 20 %	– 4,64
Kaufsumme	18,56
16 % Ust. 18,56 €	2,56

Biker-Shop
40878 Ratingen
Oberstraße 17
Tel.: 02102 567 42-0

20(0)-03-31 MON

Reklamation

370-90 Laufradsatz	240,00
Preisnachlass 25 %	– 60,00
Nachlass bar	– 60,00
16 % Ust. 60,00 €	8,28

Da das Warenwirtschaftssystem den ursprünglichen Auszeichnungspreis, den Preisnachlass und den Zahlbetrag exakt erfasst, konnte er dem System folgende Zahlen entnehmen:

	A	B	C	D	E	F	G
11							
12	Jahr	20(-3)	20(-2)	20(-1)	20(0)		Annahme
13	Bruttoumsatz zum Auszeichnungspreis	844.500,00	893.200,00	987.903,72	1.015.964,52		1.015.964,52
14	Preisnachlässe brutto	59.115,00	66.990,00	84.959,72	99.564,52		
15	Preisnachlässe in % vom Bruttoumsatz						7,00%
16	tatsächliche Brutto-Umsatzerlöse	785.385,00	826.210,00	902.944,00	916.400,00		
17							
18	Preisnachlässe im Branchendurchschnitt	6,40%	6,50%	6,70%	7,00%		7,00%

Preisnachlässe / Alternativ-Ergebnisrechnu

In einem weiteren Schritt nimmt Herr Adam an, es gelänge, die Preisnachlässe auf den Branchendurchschnitt von 7 % der Bruttoumsätze zu Auszeichnungspreisen zu reduzieren. Dann würden deutlich höhere Brutto- und damit auch Netto-Umsatzerlöse entstehen. Diese Zahlen wird er dann in die alternative Ergebnisrechnung (siehe unten) eintragen. Allerdings müsste er noch mit seinen Mitarbeitern überlegen, wie man den Branchendurchschnitt bei den Preisnachlässen erreichen kann.

Position ② Wareneinsatz

Der Biker-Shop hat drei Hauptlieferanten, die fast 70 % der Waren liefern. Mithilfe des Warenwirtschaftssystems hat Herr Adam die Einkaufsbeträge für die verkauften Produkte und die Einkaufskonditionen der Lieferer zusammengestellt.

Bezugskalkulation siehe Seite 24

	A	B	C	D	E	F	G	H	I	J	K	L
20												
21									Alternativ-Kalkulation			
22		%	Green Bull	%	Shamino	%	Extreme		%	Green Bull	%	Shamino
23	Listeinkaufspreise		154.665,00		96.700,00		78.600,00			154.665,00		96.700,00
24	Rabatte	0	0,00	0	0,00	10	7.860,00		5		5	
25	Zieleinkaufspreise		154.665,00		96.700,00		70.740,00					
26	Skonti	0	0,00	2	1.934,00	2	1.414,80		2		2	
27	Bareinkaufspreise		154.665,00		94.766,00		69.325,20					
28	Bezugskosten		4.375,00		2.150,00		0,00					
29	Bezugspreise		159.040,00		96.916,00		69.325,20					
30	(= Wareneinsatz)											
31												
32	Lieferbedingungen		Ab Werk		Ab Werk		Frei Haus			Frei Haus		Frei Haus

Lieferanten / Altern

Wenn es nun gelänge, die Lieferanten Green Bull und Shamino dazu zu bewegen, zumindest 5 % Rabatt sowie 2 % Skonto zu gewähren und frei Haus zu liefern, müsste sich beim Wareneinsatz eine Menge Geld sparen lassen (siehe Spalten „Alternativ-Kalkulation").

Position ③ Gehälter

	A	B	C	D	E	F	G
21	**Personaleinsatzplanung**						
22						Alternativ-Einsatzplanung	
23		Plan	Ist	Ist	Ist	Plan	Plan
24	Monate	Umsatz (brutto)	Umsatz (brutto)	Arbeitsstunden	Std.-Leistung	Arbeitsstunden	Std.-Leistung
25	Januar	68.600,00	65.170,00	910	71,62		80,00
26	Februar	53.900,00	49.049,00	905	54,20		80,00
27	März	71.000,00	63.190,00	903	69,98		80,00
28	April	79.800,00	68.628,00	940	73,01		80,00
29	Mai	71.800,00	61.030,00	950	64,24		80,00
30	Juni	65.600,00	55.760,00	955	58,39		80,00
31	Juli	67.700,00	56.868,00	960	59,24		80,00
32	August	62.700,00	52.041,00	970	53,65		80,00
33	September	80.500,00	66.815,00	920	72,63		80,00
34	Oktober	87.300,00	103.455,00	1.060	97,60		100,00
35	November	95.600,00	124.849,00	1.100	113,50		100,00
36	Dezember	100.300,00	149.545,00	1.175	127,27		100,00
37	Summe	904.800,00	916.400,00	11.748			
38							

Personaleinsatzplanung

In der Leistungstabelle der Lernsituation 12 war deutlich geworden, dass der Personaleinsatz unzureichend an die erzielten Umsatzerlöse angepasst wurde. Während in den ersten Monaten oft zu viel Personal im Geschäft anwesend war, mussten im Weihnachtsgeschäft viele Überstunden geleistet und Aushilfskräfte eingestellt werden. Herr Adam ist der Meinung, dass er durch eine bessere Personaleinsatzplanung weniger Arbeitsstunden einsetzen muss. Von seinen Mitarbeitern erwartet er die dafür notwendige Flexibilität.

In der Alternativ-Einsatzplanung (siehe Tabelle oben) ermittelt er die Arbeitsstunden, die für den Ist-Brutto-Umsatz notwendig gewesen wären. Wenn es zukünftig gelänge, die Arbeitszeiten der Mitarbeiter genau an den Umsatz eines Monats anzupassen, müssten sich deutlich weniger Personalaufwendungen einstellen.
Herr Adam geht von folgenden Überlegungen aus:

- Die Plan-Stundenleistung soll 80,00 € betragen, in der Weihnachtszeit (Oktober bis Dezember) 100,00 €.
- Eine Einsatzstunde seines Personals kostet durchschnittlich 15,00 €.
- Weitere Planungsdaten

Mitarbeiter	6	
Wochenstunden	40	pro Mitarbeiter
Monatsstunden	177	pro Mitarbeiter
	1.062	insgesamt
Jahresstunden	12.744	insgesamt

Position ④ Miete

Der Mietvertrag mit dem City-Warenhaus Bauer ist auf eine Dauer von 10 Jahren ausgelegt. Die Miete von 38.500,00 € lässt sich kaum verändern – allenfalls durch jährliche Anpassungen des Vermieters nach oben. Die Miete bezieht sich allerdings auf eine Fläche von insgesamt 250 m², davon 210 m² Verkaufsfläche und 40 m² Büro- und Werkstattfläche. Es wäre doch eine interessante Idee, den Vermieter zu einem Umbau zu veranlassen, der die Bürofläche verkleinert und dafür die Verkaufsfläche vergrößert. Aber dann entstehen auch für Herrn Adam Aufwendungen!

Position ⑤ Werbung

Herr Adam wünschte dringend mehr Informationen darüber, ob seine Werbeaufwendungen überhaupt erfolgreich sind. Die Werbeerfolgsmessung ist allerdings schwierig und ungenau. Immerhin kann er aus seinem Warenwirtschaftssystem und aus einer Mitteilung seines Einkaufsverbandes das folgende Zahlenmaterial zusammenstellen:

	A	B	C	D	E
1					
2		Brutto-Umsatz	Aufwendungen für Werbung	in % vom Umsatz	Branchendurchschnitt
3		€	€	%	%
4	Ist 20(0)	916.400,00	19.300,00		4,5
5	Alternative				

Preisnachlässe / Lieferanten / Personaleinsatzplanung / **Werbung**

Wenn er die Zahlen betrachtet, weiß er nicht so recht, welche Entscheidung er treffen soll. Eigentlich will er ja Handlungskosten einsparen, um seinen Gewinn zu erhöhen.

Zum Schluss wird Herr Adam alle Alternativzahlen in eine Alternativ-Ergebnisrechnung einbringen, um die Ist-Zahlen mit seinen Plan-Zahlen zu vergleichen. Kennzahlen zum Handlungskosten- und Gewinnanteil vom Bruttoumsatz im Vergleich zu Branchenzahlen geben ihm weitere Hinweise, in welche Richtung sich sein Geschäft zukünftig bewegen muss.

Arbeitsauftrag

Überprüfen Sie die Positionen 1 bis 5 aus den Aufwendungen und Erträgen des Jahres 20(0) mit dem Ziel, die Gewinnsituation des Biker-Shops zu verbessern.

1. Nehmen Sie die geforderten Berechnungen und Entscheidungen vor und beurteilen Sie die Erfolgswirksamkeit der Alternativen.
2. Tragen Sie die Alternativ-Zahlen in eine neue Ergebnisrechnung ein und vergleichen Sie sie mit den Jahresabschlusszahlen von 20(0).

	A	B	C	D
24				
25	**Alternativ-Ergebnisrechnung**	**Ist 20(0)**	**Alternative**	
26	Brutto-Umsatzerlöse	916.400,00		
27	Umsatzsteuer 16 %	126.400,00		
28	Netto-Umsatzerlöse	790.000,00		
29	Wareneinsatz	462.700,00		
30	**Rohergebnis**	**327.300,00**		
31	Aufwendungen für Geschäftsräume	11.200,00		
32	Gehälter	154.200,00		
33	Miete	38.500,00		
34	Büromaterial	5.500,00		
35	Telekommunikation	8.400,00		
36	Werbung	19.300,00		
37	Zinsen	17.500,00		
38	übrige Aufwendungen	30.100,00		
39	**Reinergebnis (Gewinn)**	**42.600,00**		
40				
41	**Kennzahlen**			**Branchen-ø**
42	Handlungskosten in % der Brutto-Umsatzerlöse			30,5
43	Gewinn in % der Brutto-Umsatzerlöse			6,5
44				

Lieferanten / Personaleinsatzplanung / Werbung / **Alternativ-Ergebnisrechnung**

Aufgabe 1

Nehmen Sie an, der Biker-Shop arbeitet mit den unten dargestellten Plan-Umsatzerlösen.

a) Berechnen Sie die erforderlichen Arbeitsstunden für die Monate.

b) Stellen Sie fest, ob das Geschäft die Arbeitsstunden mit dem vorhandenen Personal bestreiten kann, wenn folgende Bedingungen gelten:

Mitarbeiter	5,5	
Wochenstunden	40	pro Mitarbeiter
Monatsstunden	177	pro Mitarbeiter

	A	B	C	D
20				
21	**Personaleinsatzplanung**			
22		**Plan**	**Plan**	**Plan**
23	**Monate**	**Umsatz (brutto)/€**	**Arbeitsstunden**	**Std.-Leistung/€**
24	Januar	76.568		80,00
25	Februar	60.103		80,00
26	März	79.194		80,00
27	April	89.093		80,00
28	Mai	80.204		80,00
29	Juni	73.234		80,00
30	Juli	75.558		80,00
31	August	70.002		80,00
32	September	89.901		80,00
33	Oktober	97.477		100,00
34	November	106.771		100,00
35	Dezember	112.023		100,00
36	Summe	1.010.128		

Personaleinsatzplanung / Werbung / Alternativ-Ergebnisrechnung

Aufgabe 2

Entwerfen Sie anhand der unten stehenden Tabelle jeweils ein Kurvendiagramm, das für die Jahre 20(-4) bis 20(0)

a) die Entwicklung der Personalaufwendungen darstellt,

b) die Entwicklung der Personalleistung (Umsatz pro Mitarbeiter) zeigt und

c) die Flächenleistung (Umsatz pro m² Verkaufsfläche) sichtbar macht.

d) Ergänzen Sie die Kurvendiagramme zu b) und c) jeweils mit einem Diagramm über die Branchendurchschnittszahlen.

	A	B	C	D	E	F
1						
2	**Jahr**	**20(-4)**	**20(-3)**	**20(-2)**	**20(-1)**	**20(0)**
3	Personalkosten in €	128.310,00	144.680,00	169.710,00	171.820,00	226.607,00
4	Brutto-Umsatzerlöse in €	1.064.000,00	1.085.700,00	1.407.900,00	1.426.000,00	1.681.000,00
5	Zahl der Mitarbeiter	5	5	6	6	8
6	Verkaufsfläche in m²	210	210	230	230	270
7	Flächenleistung in €	5.066,70	5.170,00	6.121,30	6.200,00	6.226,00
8	Umsatz pro Mitarbeiter	212.800,00	217.140,00	234.650,00	237.666,70	224.133,00
9						
10	**Branchendurchschnittszahlen**					
11	Umsatz pro Mitarbeiter	214.100,00	217.600,00	219.200,00	221.700,00	230.200,00
12	Flächenleistung in €	5.810,00	5.954,00	6.062,00	6.100,00	6.340,00
13						

Werbung / Alternativ-Ergebnisrechnung / Aufgabe 1 / **Aufgabe 2**

Lernfeld 9 Preispolitische Maßnahmen vorbereiten und durchführen

1 Den Bruttoverkaufspreis berechnen

Ein Verkaufsgespräch in der Schuh- und Lederwarenabteilung des City-Warenhauses:

Kundin: *„Wie teuer ist die Tasche denn?"*

Frau Seifert: *„Diese Tasche aus Vollrindleder kostet 212,00 €. Sie ist farblich genau auf Ihren Wintermantel abgestimmt."*

Kundin: *„212,00 € !? Dann wäre die Tasche ja teurer als mein Mantel."*

Frau Seifert: *„Ja, Sie haben Recht, der Preis ist nicht niedrig. Bedenken Sie aber …"*
(Kundin unterbricht die Kundenberaterin.)

Kundin: *„Nicht niedrig? Völlig überteuert sind die Taschen, weil der Handel so viel verdienen will."*

Frau Seifert: *„Ich verstehe Ihre Erregung, die Preise für Lederwaren sind in den letzten Jahren wirklich sehr stark angestiegen. Unsere Preise sind allerdings äußerst knapp kalkuliert."*

Kundin: *„Knapp kalkuliert? – Zufällig weiß ich von meiner Freundin, was der Handel verdient: Er schlägt mindestens 100 % Gewinn auf."*

Frau Seifert: *…*

Arbeitsauftrag

Kalkulieren Sie den Verkaufspreis für die Damentasche aus dem Einstiegsbeispiel. Beachten Sie die unten stehenden Belege und Informationen.

1. Berechnen Sie die Höhe des Gewinns, der dem City-Warenhaus aus dem Verkauf der Tasche verbleibt.
2. Antworten Sie der Kundin im Eingangsbeispiel.

Siehe Kalkulation des Bezugspreises auf Seite 24

Belege:

Deutsche Post

Düsseldorf 16.05.20(0)

7,90 €

Preis Postpaket

Lederwarenfabrik Müller KG

MKG

Lederwarenfabrik Müller KG, Fritz-Walter-Weg 34, 70372 Stuttgart

City-Warenhaus Bauer
Oberstraße 17
40878 Ratingen

Fritz-Walter-Weg 34
70372 Stuttgart

Telefon: 0711 533876
Fax: 0711 533843

Rechnung-Nr. 4234/0 Kunden-Nr.: 45400 Datum: 14.05.20(0)

Menge	Artikel-Nr.	Artikelbezeichnung	Einzelpreis/€	Gesamtpreis/€
10	1286	Damentaschen farblich sortiert	105,00	1.050,00
			./. 5 % Rabatt	52,50
			Nettobetrag	997,50
			16 % USt	159,60
			Bruttobetrag	1.157,10

Zahlungsziel: 30 Tage ab Rechnungsdatum; innerhalb 10 Tagen mit 2 % Skonto.

Unsere Bankverbindung: Raiffeisenbank Stuttgart BLZ 600 605 99 Konto-Nr. 3 420 300 200

Hinweise

Die Lederwarenabteilung des City-Warenhauses kalkuliert mit folgenden Zuschlägen:
- Handlungskostenzuschlag 71,28 %
- Gewinnzuschlag 8 %
- Umsatzsteuer 16 %

Vorschläge für Formulierungen, um die Meinung der Kundin zu korrigieren:

1 „100 % Gewinnzuschlag? – dass ich nicht lache. Ihre Freundin sollte sich mal genauer erkundigen, was im Einzelhandel verdient wird."

2 „Die Vorstellung von solch hohen Gewinnzuschlägen des Einzelhandels ist in der Öffentlichkeit weit verbreitet. In Wirklichkeit liegt der Gewinnzuschlag im Durchschnitt bei wenigen Prozent des Selbstkostenpreises."

3 „An dieser Tasche verdienen wir jedoch nur ein paar Euro."

4 „Unsere Kunden erwarten ein reichhaltiges Sortiment und fachmännische Beratung. Die Kosten dafür sind sehr hoch. Am Ende beträgt der Gewinnzuschlag nur wenige Prozent."

Aufgabe 1

Stellen Sie fest, welche der nachstehenden Positionen Handlungskosten darstellen:

1 Ladenmiete
2 Rabatt des Lieferanten
3 Energiekosten
4 Personalkosten
5 Lohnkosten für die Hausgehilfin des Geschäftsinhabers
6 Porto/Telefon
7 Preis für die eingekauften Waren
8 Kosten für die Reinigung der Geschäftsräume
9 Zinsen für die Finanzierung des Warenbestandes
10 Kosten für den Privat-Pkw des Inhabers
11 Kosten für die Warenzustellung an Kunden
12 Kosten für Verpackungsmaterial beim Wareneinkauf
13 Bezugskosten beim Wareneinkauf
14 Kosten für Werbemaßnahmen

Aufgabe 2

Frachtkosten beachten!

Kalkulieren Sie den Bruttoverkaufspreis für eine Geldbörse nach folgenden Rechnungsangaben eines Lieferanten des City-Warenhauses:

Rechnung-Nr. 4234/0	Kunden-Nr.: 45400		Datum: 23.06.20(0)	
Menge	Artikel-Nr.	Artikelbezeichnung	Einzelpreis/€	Gesamtpreis/€
15	1397	Geldbörse, Leder	22,00	330,00
			./. 10 % Rabatt	33,00
			Nettobetrag	297,00
			16 % USt	47,52
			Bruttobetrag	344,52
	Zahlungsziel: 30 Tage ab Rechnungsdatum; innerhalb 10 Tagen mit 3 % Skonto.			

HKZ und GZ siehe oben

Für die Beförderung entstanden 5,30 € Frachtkosten. Verwenden Sie den Handlungskosten- und Gewinnzuschlag der Lederwarenabteilung des City-Warenhauses.

Aufgabe 3

Stellen Sie die nachfolgend aufgeführten durchschnittlichen Prozentanteile verschiedener Kostenarten an den Gesamtkosten aller Einzelhandelsgeschäfte als Kreisdiagramm dar. Geben Sie dem Kreisdiagramm auch eine passende Überschrift. Beginnen Sie auf „12.00 Uhr".

Kostenarten	Prozentanteil	Kostenarten	Prozentanteil
Personalkosten	46	Kraftfahrzeugkosten	2
Unternehmerlohn	8	Zinsen für Fremdkapital	5
Miete	14	Zinsen für Eigenkapital	2
Sachkosten für Geschäftsräume	3	Gewerbesteuer	1
Kosten für Werbung	7	Übrige Kosten	12

Aufgabe 4

Ermitteln Sie aus den nachfolgenden (ungeordneten) Zahlen den Bruttoverkaufspreis pro kg: Rohgewicht 1.200 kg, Tara 2 %, Listeneinkaufspreis 5,00 € pro kg Reingewicht ausschließlich Verpackung, Gewinnzuschlag 12 %, 3 % Liefererskonto, Frachtanteil 220,00 €, Handlungskostenzuschlag 34 %, Verpackung 36,00 €, 10 % Liefererrabatt, 16 % Umsatzsteuer.

Aufgabe 5

Der Betriebskalkulation eines Einzelhandelsgeschäftes sind folgende Zahlen zu entnehmen:
Wareneinsatz 740.000,00 €, Handlungskosten 370.000,00 €, Bruttoumsatzerlöse 1.327.040,00 €, Umsatzsteuer 16 %.

Berechnen Sie

a) den Handlungskostenzuschlag
b) den Gewinnzuschlag

Aufgabe 6

Kalkulieren Sie anhand der nachfolgenden Zahlen jeweils den Bruttoverkaufspreis:

Produkt	Bezugspreis/€	Handlungskostenzuschlag	Gewinnzuschlag	Umsatzsteuer
Tintenpatrone	14,50	55 %	12 %	16 %
Erdbeeren	1,20	34 %	6 %	7 %
Sessel	198,00	62 %	18 %	16 %

2 Den Gewinnzuschlag festlegen

Anfang Januar des Jahres 20(+1) im Biker-Shop. Die Kalkulationszahlen des vergangenen Geschäftsjahres 20(0) liegen vor. Herr Adam plant die Betriebskalkulation für das Jahr 20(+1). Die unten stehende Betriebskalkulation war das Ergebnis folgender Überlegungen:

Planungsüberlegungen für das neue Geschäftsjahr:

Wareneinsatz	505.000,00	Eine verbesserte gesamtwirtschaftliche Lage, die unverändert hohe Popularität des Radsports und die stetig stärker werdende Marktposition im Vergleich zu den Mitbewerbern lassen Herrn Adam zu dem Schluss kommen, dass für 505.000,00 € Waren zu EK-Preisen verkauft werden können.
+ Handlungskosten		
Sachaufwendungen für Geschäftsräume	12.000,00	Bei den Sachaufwendungen für Geschäftsräume erwartet Herr Adam lediglich einen leichten Anstieg aufgrund von Preiserhöhungen.
Gehälter	156.000,00	Zwar werden die Tarifverhandlungen im Frühjahr zu einer Erhöhung der Gehälter führen. Da eine Teilzeitkraft aber den Betrieb zur Jahresmitte verlassen wird und eine Ersatzkraft zunächst nicht vorgesehen ist, rechnet der Betriebsinhaber nur mit einer leichten Steigerung der Gehälter.
Miete	40.000,00	Der Vermieter, das City-Warenhaus Bauer, hat eine Mieterhöhung angekündigt. Angesichts zahlreicher Leerstände rings um den Standort wird es wohl bei einer geringen Anpassung nach oben bleiben.
Büromaterial	7.000,00	Die Einkaufsmengen sollen zukünftig erhöht werden, um bessere Preise zu erzielen. Dies führt in diesem Jahr zu höheren Aufwendungen.
Telekommunikation	9.000,00	Leichte Anpassung nach oben.
Werbung	22.000,00	Im Wesentlichen unverändert.
Zinsen	18.000,00	Kaum verändert, weil die Fremdkapitalausstattung des Betriebes weitgehend gleich geblieben ist.
Übrige Aufwendungen	34.000,00	Erhöhung um rund 10 %, um Preissteigerungen zu berücksichtigen.
= Selbstkosten	803.000,00	

Betriebskalkulation	Ist 20(0)		Plan 20(+1)	
	€	€	€	€
Wareneinsatz		462.700,00		505.000,00
+ Handlungskosten				
Aufwendungen für Geschäftsräume	11.200,00		12.000,00	
Gehälter	154.200,00		156.000,00	
Miete	38.500,00		40.000,00	
Büromaterial	5.500,00		7.000,00	
Telekommunikation	8.400,00		9.000,00	
Werbung	19.300,00		22.000,00	
Zinsen	17.500,00		18.000,00	
übrige Aufwendungen	30.100,00	284.700,00	34.000,00	298.000,00
= Selbstkosten		747.400,00		803.000,00
+ Gewinn		42.600,00		67.800
= Nettoumsatzerlöse		790.000,00		870.800
+ Umsatzsteuer		126.400,00		139.328
= Bruttoumsatzerlöse		916.400,00		1.010.128

→ WE – 100 %
Hdlgsk – x

Handlungskostenzuschlag	61,53	59,01
Gewinnzuschlag	5,70	8,44 %

↳ SK – 100 %
Gew – x

Ungeklärt ist noch die Frage, welchen Plan-Gewinn Herr Adam in seiner Kalkulation berücksichtigen soll. Bei der Festsetzung des Betrages lässt sich Herr Adam von folgenden Überlegungen leiten:

Trotz der vielen Arbeit war der Gewinn in den letzten Jahren eher mager ausgefallen. Zunehmend hat sich sein Geschäft aber am Markt einen Namen gemacht. Die zahlreichen Preiskämpfe mit seinen Mitbewerbern sind bereits im letzten Jahr deutlich zurückgegangen. „Jetzt ist es an der Zeit, die Ernte einzufahren und mit einem angemessenen Gewinnzuschlag zu kalkulieren“ – sagt sich Herr Adam. Dazu gehört nicht nur die Entlohnung seiner Arbeitskraft, sondern auch die Verzinsung des eingesetzten Eigenkapitals.

Folgende Gewinnbestandteile möchte Herr Adam daher in seiner Gewinnplanung berücksichtigt sehen:

Für seine Tätigkeit im Unternehmen ist eine faire Entlohnung anzusetzen **(Unternehmerlohn)**.	60.000,00 € pro Jahr
Das **Eigenkapital**, das Herr Adam in seinen Betrieb investiert hat, hätte bei seiner Hausbank – ohne Risiko – eine regelmäßige **Verzinsung** erbracht.	120.000,00 € Eigenkapital
• Zinssatz für Geldanlagen bei seiner Hausbank.	4,5 % pro Jahr 5.400 €
• Wegen des Risikos, sein Kapital durch unternehmerische Fehlentscheidungen zu verlieren, muss sich das Eigenkapital aber höher verzinsen als bei seiner Bank. Herr Adam berücksichtigt daher eine zusätzliche **Risikoprämie**.	2,0 % pro Jahr 2.400

Sobald die Betriebskalkulation für das Jahr 20(+1) vervollständigt ist, kann er auch die Kalkulationszuschläge (Handlungskosten- und Gewinnzuschlag) berechnen.

Um festzustellen, ob die Kalkulationszahlen auch zu marktfähigen Preisen führen, hat er drei Produkte von Mitbewerbern ausgewählt, die der Biker-Shop ebenfalls im Sortiment hat. Auf diese Produkte wird er seine Kalkulationszahlen anwenden. Die Ergebnisse dürfen nicht allzu sehr von den Konkurrenzpreisen abweichen, vor allem nicht nach oben.

Mitbewerber-Produkte			Kalkulation Biker-Shop	
Mitbewerber	**Produkt**	**Brutto-verkaufspreis**	**Bezugspreis**	**Kalkulierter Bruttoverkaufspreis**
Berendt		1.999,00	1.005,00	
Sänger		79,90	39,30	
Karstadt		14,50	8,10	

Arbeitsauftrag

Vervollständigen Sie die Plan-Kalkulation für das Jahr 20(+1) und überprüfen Sie die Marktfähigkeit der Kalkulationszahlen durch den Vergleich mit Konkurrenzprodukten.

Aufgabe 1

Berechnen Sie die Mindestgewinnhöhe: Entlohnung der Unternehmertätigkeit monatlich 6.000,00 €, 6 % Eigenkapitalverzinsung pro Jahr (Gesamtkapital des Unternehmens = 600.000,00 €, Fremdkapital 350.000,00 €), 2,5 % Risikoprämie pro Jahr.

Aufgabe 2

a) Bestimmen Sie aufgrund der Zahlen der Gewinn- und Verlustrechnung 20(0) den Handlungskostenzuschlag und den Gewinnzuschlag für das Geschäftsjahr 20(0).

b) Vergleichen Sie den erzielten Gewinn mit dem geplanten Mindestgewinn zu Beginn des Geschäftsjahres.

Soll	Gewinn- und Verlustrechnung 20(0)		Haben
Wareneinsatz	890.000,00	Nettoumsatzerlöse	1.600.000,00
Aufwendungen für Geschäftsräume	20.000,00		
Fahrzeugaufwendungen	22.000,00		
Gehälter	360.000,00		
Mieten	50.000,00		
Werbung	23.000,00		
Betriebliche Steuern	9.000,00		
Zinsaufwendungen	26.000,00		
übrige Aufwendungen	130.000,00		
Gewinn	70.000,00		
	1.600.000,00		1.600.000,00

Zahlen zur Berechnung des Mindestgewinns (geplanter Gewinn) für das Jahr 20(0)

Eigenkapitalbestand	200.000,00 €
Unternehmerlohn	monatlich 6.500,00 €
Eigenkapitalverzinsung	5 % pro Jahr
Risikoprämie	1 % pro Jahr

Aufgabe 3

Franz und Lothar Gruber sind Brüder. Franz arbeitet als Kundenberater in einem Einzelhandelsgeschäft. Seine Arbeitszeit beträgt 37,5 Stunden in der Woche. Sein Gehalt empfindet er zwar als nicht allzu üppig, aber es ist regelmäßig am Monatsende auf seinem Konto und es reicht, um davon zu leben und etwas zur Bank zu bringen, was auch noch Zinsen einbringt.

Lothar hat vor drei Jahren seine Ersparnisse in ein eigenes Geschäft investiert und zusätzlich hohe Bankkredite aufgenommen. Seither hat er einen 12-Stunden-Tag und die Ungewissheit, ob er sich mit seinem Unternehmen gegenüber zahlreichen Mitbewerbern behaupten kann. Er kalkuliert daher in seine Verkaufspreise ein:

- einen Unternehmerlohn für seine Tätigkeit im Geschäft (2.250,00 € pro Monat),
- eine Verzinsung seiner investierten Ersparnisse (25.000,00 €) zum üblichen Bankzinssatz (5 % pro Jahr),
- eine Risikoprämie in Form von zusätzlichen 2 % Zinsen für sein eingesetztes Kapital, da es in einem Geschäft weniger sicher angelegt ist als bei einer Bank.

Berechnen Sie den Gewinnzuschlag in Prozent, den Lothar Gruber in seiner Kalkulation einsetzen muss, wenn er am Ende des Geschäftsjahres den Unternehmerlohn, die Verzinsung seines Eigenkapitals und die Risikoprämie in den gewünschten Höhen erwirtschaften will. Er geht davon aus, dass er Waren zu Bezugspreisen (Wareneinsatz) in Höhe von 200.000,00 € verkaufen kann. Seinen Handlungskostenzuschlag schätzt er (wie im Vorjahr) auf 45 %.

3 Auf die Preisvorgaben des Marktes kalkulatorisch reagieren

Im Radsport-Center Sänger, dem wichtigsten Mitbewerber des Biker-Shops, läuft nun schon zum zweiten Mal eine große Werbeaktion, bei der unter anderem die aktuelle Sportuhr mit den herausragenden Zeiterfassungsmöglichkeiten zu einem äußerst günstigen Preis von 129,00 € angeboten wird. Da Kunden immer wieder fragen, ob der Biker-Shop diesen Artikel auch führt, soll nun geprüft werden, ob man auf diesen Preis eingehen kann, ohne die eigene Kalkulation zu beeinträchtigen.

Von drei Herstellern wurden Angebote angefordert, die folgendes Ergebnis erbrachten:

	Melcher	Timex	Oakley
Listeneinkaufspreis	75,00 €	76,00 €	72,00 €
Rabatt	10 %	15 %	10 %
Skonto	–	2 %	3 %
Bezugskosten	–	3,00 €	5,00 €

Der Biker-Shop kalkuliert mit einem Handlungskostenzuschlag von 59,01 % und einem Gewinnzuschlag von 8,44 %. Der Umsatzsteuersatz beträgt 16 %.

Arbeitsauftrag

Entscheiden Sie, ob der Biker-Shop die Sportuhr bei einem Marktpreis von 129,00 € in das Sortiment aufnehmen kann, wenn die Kalkulationszuschläge des Biker-Shops (Handlungskosten- und Gewinnzuschlag) auch bei diesem Produkt realisiert werden sollen.

So sollten Sie vorgehen:

1. Den höchstens aufwendbaren Bezugspreis mithilfe der Rückwärtskalkulation ermitteln.
2. Die drei Angebote daraufhin überprüfen, ob sie diesen Bezugspreis nicht überschreiten.

	A	B	
1	**Rückwärtskalkulation**		
2	**Eingabeteil**		
3	Bruttoverkaufspreis	129,00	€
4	Umsatzsteuer		%
5	Gewinnzuschlag		%
6	Handlungskostenzuschlag		%
7			
8	**Ausgabeteil**	**€**	
9	Bezugspreis		
10	+ Handlungskostenzuschlag		
11	= Selbstkostenpreis		
12	+ Gewinnzuschlag		
13	= Nettoverkaufspreis		
14	+ Umsatzsteuer		
15	= Bruttoverkaufspreis		
16			
17			

Rückwärtskalkulation / Bezu

	A	B	C	D	E	F
1	**Kalkulation Bezugspreis**					
2	**Eingabeteil**					
3	**Artikel**	**Sportuhren**				
4	**Lieferer**	**Melcher**		**Timex**		**Oakley**
5	Listeneinkaufspreis in €					
6	Rabatt in %					
7	Skonto in %					
8	Bezugskosten in €					
9						
10	**Ausgabeteil**					
11		**€**		**€**		**€**
12	Listeneinkaufspreis					
13	- Rabatt					
14	= Zieleinkaufspreis					
15	- Skonto					
16	= Bareinkaufspreis					
17	+ Bezugskosten					
18	= Bezugspreis					
19						

Rückwärtskalkulation / Bezugspreis / Tabelle

Aufgabe 1

Errechnen Sie jeweils den Bezugspreis, der angesichts der Konkurrenzpreise höchstens aufgewendet werden kann.

Konkurrenzpreise	Umsatzsteuer	Gewinnzuschlag	Handlungskostenzuschlag
1.399,00	16 %	5 %	38 %
2.999,00	16 %	8 %	44 %
7,49	7 %	6 %	28 %

Aufgabe 2

Das Unternehmen kalkuliert je nach Warengruppe mit unterschiedlichen Gewinnzuschlägen.

Eine Autobedarfszentrale ist mit unten angegebenen Artikeln unter starken Konkurrenzdruck geraten. Die Einkaufsabteilung sucht nach neuen Bezugsquellen, die günstigere Einkaufsmöglichkeiten bieten. Berechnen Sie jeweils den maximalen Bezugspreis.

Artikel	Konkurrenzpreise	Umsatzsteuer	Gewinnzuschlag	HKZ
a) Autoradio	289,00 €	16 %	8 %	35 %
b) Radzierblende	67,90 €	16 %	12 %	35 %
c) Verbandskasten	23,95 €	16 %	14 %	35 %

Aufgabe 3

Ein Heimwerkermarkt bietet in einer Tageszeitung folgende Produkte an:

Auf diese Angebote will ein Warenhaus mit einem eigenen Angebot antworten.
Zu welchem Bezugspreis darf die Fachabteilung des Warenhauses höchstens einkaufen, wenn sie die Radzierblenden und die Wandfarbe zum gleichen Preis und die Heißwasserspeicher um 3,00 € preisgünstiger verkaufen will? Die Fachabteilung kalkuliert mit 32 % Handlungskostenzuschlag, 6 % Gewinnzuschlag und 16 % Umsatzsteuer.

4 Die Kalkulation an die Marktsituation anpassen

Nachdem das Radsport-Center Sänger die Sportuhr weiterhin im Sonderangebot hat und immer mehr Kunden im Biker-Shop nach genau diesem Produkt fragen, ist nach Meinung von Herrn Adam die Zeit zum Handeln gekommen. Die Sportuhr muss ins Sortiment aufgenommen werden, auch wenn er kalkulatorisch nicht den Zielen des Geschäftsinhabers entspricht.
Herr Adam hat nun die Unterlagen des preisgünstigsten Anbieters zur Sportuhr auf seinem Schreibtisch liegen, um sich über eine Differenzkalkulation eine Vorstellung von den kalkulatorischen Auswirkungen zu machen.

Siehe Lernsituation 3 auf Seite 178.

	A	B
1	**Kalkulation Bezugspreis**	
2	**Eingabeteil**	
3	**Artikel**	**Sportuhr**
4	**Lieferer**	**Timex**
5	Listeneinkaufspreis in €	76,00
6	Rabatt in %	15
7	Skonto in %	2
8	Bezugskosten in €	3,00
9		
10	**Ausgabeteil**	
11		€
12	Listeneinkaufspreis	76,00
13	- Rabatt	11,40
14	= Zieleinkaufspreis	64,60
15	- Skonto	1,29
16	= Bareinkaufspreis	63,31
17	+ Bezugskosten	3,00
18	= Bezugspreis	66,31
19		

Bezugskalkulation

	A	B	
1	**Rückwärtskalkulation**		
2	**Eingabeteil**		
3	Bruttoverkaufspreis	129,00	€
4	Umsatzsteuer	16	%
5	Gewinnzuschlag	8,44	%
6	Handlungskostenzuschlag	59,01	%
7			
8	**Ausgabeteil**	€	
9	Bezugspreis	64,49	
10	+ Handlungskostenzuschlag	38,06	
11	= Selbstkostenpreis	102,55	
12	+ Gewinnzuschlag	8,66	
13	= Nettoverkaufspreis	111,21	
14	+ Umsatzsteuer	17,79	
15	= Bruttoverkaufspreis	129,00	
16			
17			

Rückwärtskalkulation

Arbeitsauftrag

Errechnen Sie mithilfe der Differenzkalkulation den verbleibenden Gewinn in € und in Prozent, wenn der Biker-Shop die Sportuhr von Timex in sein Sortiment aufnimmt.

	A	B	C
1	**Differenzkalkulation**		
2	**Eingabeteil**		
3	Bezugspreis		€
4	Handlungskostenzuschlag		%
5	Umsatzsteuer		%
6	Bruttoverkaufspreis		€
7			
8	**Ausgabeteil**	**€**	
9	Bezugspreis		
10	+ Handlungskostenzuschlag		
11	= Selbstkostenpreis		
12	**+ Gewinn**		
13	= Nettoverkaufspreis		
14	+ Umsatzsteuer		
15	= Bruttoverkaufspreis		
16			
17			
18	Gewinnzuschlag		%
19			

Differenzkalkulation

Aufgabe 1

Berechnen Sie aus den folgenden Zahlen den Bruttoverkaufspreis für eine Fischsorte. Die Werte sind ungeordnet.

Listeneinkaufspreis 23,60 €, Skonto 2 %, Umsatzsteuer 7 %, Handlungskostenzuschlag 53 %, Gewinnzuschlag 4 %, anteilige Bezugskosten einschließlich 16 % Umsatzsteuer 1,74 €, Rabatt 5 %.

Aufgabe 2

Errechnen Sie den Bezugspreis, der höchstens aufgewandt werden kann, wenn der Bruttoverkaufspreis in Höhe von 398,00 € als Konkurrenzpreis für ein Produkt vorgegeben ist. Das Geschäft kalkuliert mit einem Gewinnzuschlag von 6 % und einem Handlungskostenzuschlag von 48 % (USt. 16 %).

Aufgabe 3

Eine Käsesorte wird von einem Mitbewerber für 2,98 € angeboten. Ein Lebensmitteleinzelhändler möchte das Produkt zum gleichen Preis anbieten. Er kann den Artikel zu einem Bezugspreis in Höhe von 2,05 € einkaufen.

Berechnen Sie den Gewinn, der verbleibt, wenn das Lebensmittelgeschäft mit einem Handlungskostenzuschlag von 34 % kalkuliert (Umsatzsteuersatz 7 %).

Aufgabe 4

Ein Einzelhändler, der bisher mit einem Handlungskostenzuschlag von 52 %, einem Gewinnzuschlag von 7,5 % und 16 % Umsatzsteuer kalkuliert hat, möchte den Gewinnzuschlag um einen Prozentpunkt auf 8,5 % anheben.

Machen Sie sich die Auswirkung auf die Bruttoverkaufspreise am Beispiel eines Produktes deutlich, das für 35,50 € bezogen werden kann.

5 Die kalkulatorischen Auswirkungen von Preisänderungen berechnen

Eine typische Situation im Biker-Shop: Eine Kundin hat sich für eine hochwertige Windstopper-Jacke zum Preise von 199,00 € entschieden, betrachtet das Produkt nun aber sehr kritisch und bemängelt einige Schmutzstreifen. Da der Fehler nicht sehr auffällig ist und die Kundin glaubt, die Streifen selber beseitigen zu können, einigen sich die Auszubildende Silke und die Kundin schließlich auf einen Preisnachlass von 10,00 €.

An der Kasse liegt nebenstehendes Etikett vor.

Der Bezugspreis für die Jacke beträgt 99,40 €. Der Biker-Shop kalkuliert mit einem Handlungskostenzuschlag von 59,01 % und einem Gewinnzuschlag von 8,44 %. Der Umsatzsteuersatz beträgt 16 %.

Die Kalkulation der Jacke zeigt die unten stehende Tabelle. Der kalkulierte Bruttoverkaufspreis wurde auf 199,00 € aufgerundet.

	A	B	C	D	E	F
1	**Eingabeteil**					
2	Bezugspreis/€	99,40				
3	Handlungskostenzuschlag in %	59,01				
4	Gewinnzuschlag in %	8,44				
5	Umsatzsteuer in %	16,00				
6						
7	**Ausgabeteil**	**€**		**€**		**€**
8	Bezugspreis	99,40				
9	+ Handlungskostenzuschlag	58,66				
10	= Selbstkostenpreis	158,06				
11	+ Gewinnzuschlag/Gewinn	13,34				
12	= Nettoverkaufspreis	171,40				
13	+ Umsatzsteuer	27,42				
14	= Bruttoverkaufspreis	198,82		**199,00**		**189,00**
15						
16						
17	realisierter Gewinnzuschlag in %					
18						

Differenzkalkulation | **Sonderangebote**

Arbeitsauftrag

Errechnen Sie den Gewinn, den der Biker-Shop bei dem ursprünglichen Auszeichnungspreis erzielt hätte und welcher Gewinn nach der Preisreduzierung verbleibt.
Beurteilen Sie anschließend das Verhalten der Auszubildenden in der Einstiegssituation.

Aufgabe 1

Betrachten Sie noch einmal die Situation zum Preisnachlass oben:

a) Berechnen Sie den Bruttoverkaufspreis für die Jacke, der zu einem völligen Aufzehren des Gewinns führt.

b) Ermitteln Sie den Bruttoverkaufspreis, der lediglich den Bezugspreis deckt.

c) Berechnen Sie zu a) und b) die Prozentsätze, die vom ursprünglichen Bruttoverkaufspreis 199,00 € abgezogen werden müssen, damit sich die Ergebnisse einstellen.

Aufgabe 2

In einem Einzelhandelsgeschäft findet ein Räumungsverkauf wegen Umbaus statt. Die betroffenen Sortimentsteile werden mit einem Rabatt von 30 % angeboten. Die Artikel waren mit 52 % Handlungskostenzuschlag, 11 % Gewinnzuschlag und 16 % Umsatzsteuer kalkuliert und der errechnete Bruttoverkaufspreis auf volle € aufgerundet worden.
Machen Sie beispielhaft die kalkulatorischen Auswirkungen deutlich, wenn ein Produkt zum Bezugspreis von 110,00 € mit einem Rabatt von 30 % verkauft wird.

Aufgabe 3

Ein Artikel, der bisher zum Preis von 6,40 € bezogen und für 9,80 € verkauft wurde (Handlungskostenzuschlag 35 %, Gewinnzuschlag 6 %, Umsatzsteuer 7 %), ist vom Lieferer im Preis auf 6,60 € angehoben worden. Der Einzelhändler ist der Meinung, dass er das Produkt aus Konkurrenzgründen nur für höchstens 9,95 € anbieten kann.

a) Berechnen Sie den Stückgewinn vor der Erhöhung des Bezugspreises.

b) Stellen Sie fest, welcher Bruttoverkaufspreis sich nach der Erhöhung des Bezugspreises aufgrund der oben genannten Kalkulationszuschlagssätze ergibt.

c) Ermitteln Sie den Stückgewinn bei einem Bezugspreis von 6,60 € und einem Bruttoverkaufspreis von 9,95 €.

Aufgabe 4

Ein Einzelhändler kalkuliert mit folgenden Prozentsätzen:
Handlungskostenzuschlag 55 %, Gewinnzuschlag 8 %, Umsatzsteuer 16 %.

a) Kalkulieren Sie den Bruttoverkaufspreis eines Artikels zum Bezugspreis von 45,00 € und ermitteln Sie den Gewinn, den der Einzelhändler durch den Verkauf des Produktes erzielt.

b) Berechnen Sie jeweils den Gewinn oder Verlust, der dem Einzelhändler beim Verkauf des Artikels übrig bleibt, wenn folgende Preisänderungen vorgenommen würden:

ba) Einem Kunden werden 2,38 € nachgelassen, um den Preis zu „runden".

bb) Ein Kunde erhält einen Barzahlungsnachlass von 3 %.

bc) Der Einzelhändler gewährt einen Mengenrabatt von 10 %.

bd) Der Preis wird um 2,61 € angehoben.

Verwenden Sie die unten stehende Tabelle zur Lösung der Aufgaben.

	A	B	C	D	E	F	G	H	I	J
1	**Eingabeteil**									
2	Bezugspreis/€	45,00								
3	Handlungskostenzuschlag in %	55,00								
4	Gewinnzuschlag in %	8,00								
5	Umsatzsteuer in %	16,00								
6				ba)		bb)		bc)		bd)
7	**Ausgabeteil**	**€**		**€**		**€**		**€**		**€**
8	Bezugspreis									
9	+ Handlungskostenzuschlag									
10	= Selbstkostenpreis									
11	+ Gewinnzuschlag/Gewinn									
12	= Nettoverkaufspreis									
13	+ Umsatzsteuer									
14	= Bruttoverkaufspreis									
15										
16										

Sonderangebote | **Sonderangebote_2**

Aufgabe 5

Stark gestiegene Personalkosten wegen ungewöhnlich hoher Tarifabschlüsse, eine überraschende Mieterhöhung für das Geschäftslokal und gestiegene Energiekosten veranlassen einen Einzelhändler zu einer Überprüfung seiner Kalkulation zur Mitte des Geschäftsjahres. Für die zweite Jahreshälfte hatte der Einzelhändler ursprünglich mit folgenden Zahlen gerechnet (volle €):

	A	B	C	D	E	F
1	**Plan-Betriebskalkulation Juli - Dezember 20(0)**					
2			**alt**		**neu**	
3			**€**		**€**	
4	Wareneinsatz		680.000,00			
5	+ Handlungskosten		306.000,00			
6	= Selbstkosten		986.000,00			
7	+ Gewinn		78.000,00			
8	= Nettoumsatzerlöse		1.064.000,00			
9	+ Umsatzsteuer		170.240,00			
10	= Bruttoumsatzerlöse		1.234.240,00			
11						
12	Handlungskostenzuschlag in %					
13	Gewinnzuschlag in %					
14						

Er ist der Meinung, dass die Handlungskosten um 8 % anzuheben sind. Allerdings glaubt er, dass seine Verkaufspreise aufgrund der Wettbewerbssituation allenfalls um 2 % angehoben werden können.

a) Berechnen Sie den Handlungskostenzuschlag und den Gewinnzuschlag in der bisherigen Plan-Kalkulation.

b) Erstellen Sie eine neue Plan-Kalkulation, in der Sie eine Erhöhung der Handlungskosten um 8 % sowie eine Anhebung der Bruttoumsatzerlöse um 2 % berücksichtigen. Ermitteln Sie den Plan-Gewinn des Einzelhändlers für die zweite Jahreshälfte.

c) Berechnen Sie den Handlungskosten- und den Gewinnzuschlag, mit dem der Einzelhändler im zweiten Halbjahr kalkulieren muss.

Aufgabe 6

Die Auszubildende Bettina kauft in ihrem Ausbildungsbetrieb einen Pullover, der mit 128,50 € ausgezeichnet ist. Der Betrieb gewährt einen Personalrabatt von 10 %. Wie viel Gewinn verbleibt dem Betrieb, wenn der Pullover wie nebenstehend kalkuliert ist?

Bezugspreis	60,00 €
+ Handlungskostenzuschlag 60 %	36,00 €
Selbstkostenpreis	96,00 €
+ Gewinnzuschlag 15 %	14,40 €
Nettoverkaufspreis	110,40 €
+ Umsatzsteuer 16 %	17,66 €
Bruttoverkaufspreis	128,06 €
Auszeichnungspreis	128,50 €

Aufgabe 7

Ein Einzelhändler will einen neuen Artikel einführen. Er plant einen Absatz von 200 Stück. Seine Plankalkulation sieht wie nebenstehend angegeben aus. Ein Mitbewerber bietet diesen Artikel für 149,00 € an. Deshalb setzt der Einzelhändler seinen Auszeichnungspreis auf 147,90 € herab.

a) Berechnen Sie den Bruttoverkaufspreis mit den Plan-Kalkulationszahlen des Einzelhändlers.

b) Ermitteln Sie nach der Preisherabsetzung
- **ba)** den neuen Nettoverkaufspreis in €,
- **bb)** den Gewinn in €,
- **bc)** den Gewinn in Prozent.

c) Um wie viel Prozent hat der Einzelhändler den ursprünglich geplanten Auszeichnungspreis herabgesetzt?

d) Um wie viel Prozent ist der tatsächliche Gewinn je Stück des Artikels gegenüber dem geplanten Stückgewinn gesunken?

e) Um wie viel Prozent müsste der Absatz dieses Artikels gesteigert werden, um den ursprünglich geplanten Gesamtgewinn zu erzielen?

	A	B	
1	**Vorwärtskalkulation**		
2	**Eingabeteil**		
3	Bezugspreis	75,00	€
4	Handlungskostenzuschlag	60,00	%
5	Gewinnzuschlag	12,50	%
6	Umsatzsteuer	16,00	%
7			
8	**Ausgabeteil**	**€**	
9			
10			
11			
12			
13			
14			
15			
16			

Plan-Kalkulation / Tabell

6 Sonderangebote kalkulieren

Einmal im Monat wirbt das City-Warenhaus mit zeitlich begrenzten Sonderangeboten aus verschiedenen Abteilungen (Angebotszeit gewöhnlich 14 Tage). Herr Bauer will dadurch das Preisimage seines Geschäftes in den Augen der Kunden verbessern. Die Angebotstermine werden ein Jahr lang im Voraus geplant. Entsprechend langfristig ist auch die Warenbeschaffung für die Sonderangebote. In Frage kommen preisgünstige Produkte, die häufig mit aktuellen Ereignissen (z. B. Karneval, Ostern, Urlaub, Winteranfang) verbunden werden. Artikel, die schlecht laufen, werden nur gelegentlich als Sonderangebote eingesetzt.

Vor der Veröffentlichung des Prospektes werden die Abteilungen aufgefordert, Produkte und deren Angebotspreise vorzuschlagen und auch Ideen zur dekorativen Präsentation der Artikel zu entwickeln.

Herr Bauer hat die Produkte für den aktuellen Sonderangebotsprospekt weitgehend fertig gestellt. Lediglich drei Produkte aus der Schuh- und Lederwarenabteilung fehlen noch. Frau Yildirim hat zusammen mit Frau Seifert folgende Artikel ausgewählt:

	**Tasche 1** Aktentasche mit Super-Einteilung, aus weichem Rind-Nappaleder schwarz, gefüttert, abnehmbarer Umhängeriemen. Größe ca. 41x28x15 cm Bezugspreis: 45,25 €
	**Tasche 2** Shopper. S.OLIVER: Tasche aus weichem Synthetik in Leder-Optik. Gefüttert. RV-Innentasche. Ca. 34/29/8 cm. Farbe schwarz Bezugspreis: 25,30 €
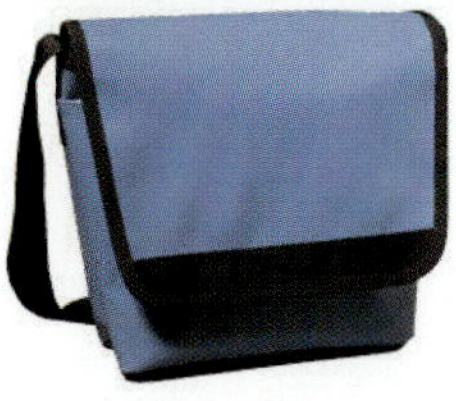	**Tasche 3** Schul- und Freizeitserie: Umhängetasche mit großem Vorfach, Hauptfach mit Doppelreißverschluss, 2 Vortaschen, aus hochwertigem Cordura Plus-Material. Größe ca. 42x32x10 cm. Farben grau, marine, schwarz Bezugspreis: 21,30 €

Die Schuh- und Lederwarenabteilung kalkuliert mit einem Handlungskostenzuschlag von 71,28 % und einem Gewinnzuschlag von 8 %; der Umsatzsteuersatz beträgt 16 %.

Arbeitsauftrag

Machen Sie Vorschläge, wie die oben aufgeführten Produkte im Sonderangebots-Prospekt des City-Warenhauses Bauer abgebildet werden sollen.

1. Entwickeln Sie Gestaltungsideen für die Platzierung der Artikel im Prospekt.
2. Machen Sie Preisvorschläge. Verschaffen Sie sich zu diesem Zweck zunächst einen Überblick, indem Sie folgende Preise feststellen oder kalkulieren:
   2.1 den Einkaufspreis (Bezugspreis),
   2.2 den Selbstkostenpreis und
   2.3 den Bruttoverkaufspreis der drei Taschen.

Bedenken Sie: Nicht kostendeckende Preise belasten das Abteilungsergebnis; andererseits locken attraktive Produkte mit niedrigen Preisen Kunden in die Abteilung.

Aufgabe 1

Der Inhaber des City-Warenhauses wird zum Telefon gerufen.

Herr Bauer: *„Wer ist es denn?"*

Frau Dehn: *„Der Geschäftsführer vom Schuhhaus Götz, Herr Täufer."*

Herr Bauer: *„Auch der noch" – denkt Herr Bauer – „gibt bestimmt Ärger." (Nimmt den Hörer:) „Guten Tag Herr Täufer, wie geht es Ihnen?"*

Herr Täufer: *„Schlecht, ausgesprochen schlecht. Allerdings erst seit einer Viertelstunde, seit ich Ihre Annonce in der Zeitung gesehen habe: Markenschuhe von Gallo für 59,90 €. Dabei gab es doch eine stillschweigende Vereinbarung, nicht alle Preise kaputt zu machen. Die Preisempfehlung des Herstellers lautet 99,90 €."*

Herr Bauer: *„Ich brauche keine Empfehlungen, ich kann selber kalkulieren."*

Herr Täufer: *„Wir auch. Es ist aber lebenswichtig, dass der Handel sich an diese Empfehlungen hält, das wissen Sie genau. Ich werde Ihre Preisgestaltung dem Hersteller melden, damit er geeignete Maßnahmen ergreift."*

Herr Bauer: *„Ich kann Sie nicht daran hindern."*

Herr Täufer: *„Und ich kann Sie nicht daran hindern, dass Sie sich selber ruinieren. Guten Tag!"*

a) Stellen Sie fest, welchen Gewinn in Prozent das City-Warenhaus mit einem Paar Schuhe erzielt, wenn es das Paar zum empfohlenen Preis des Herstellers verkauft, und vergleichen Sie den errechneten Wert mit dem Gewinnzuschlag, mit dem die Schuh- und Lederwarenabteilung normalerweise kalkuliert.
Bezugspreis: 32,00 €
empfohlener Bruttoverkaufspreis: 99,90 €
Handlungskostenzuschlag von 71,28 %, Gewinnzuschlag von 8 %, Umsatzsteuersatz 16 %.

b) Wie weit könnte das City-Warenhaus den empfohlenen Preis senken, damit mindestens der normale Gewinnzuschlag erzielt wird?

c) In welcher Höhe werden noch die Handlungskosten gedeckt, wenn der Bruttoverkaufspreis 59,90 € beträgt?

Aufgabe 2

In einem Baumarkt ist ein Wandregal mit Farbdosen in unterschiedlichen Preislagen zu füllen.

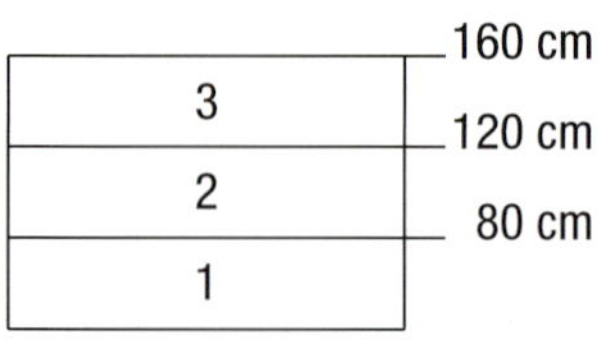

Produkt	Bezugspreis €	Nettoverkaufspreis €	Bruttoverkaufspreis €
A	7,50	12,63	14,40
B	6,10	11,75	13,40
C	5,20	8,73	9,95

Verteilen Sie die Produkte A bis C so auf die Regalböden 1 bis 3, dass das Produkt mit dem höchsten Rohergebnis den besten Regalplatz erhält.

7 Die Kalkulation vereinfachen

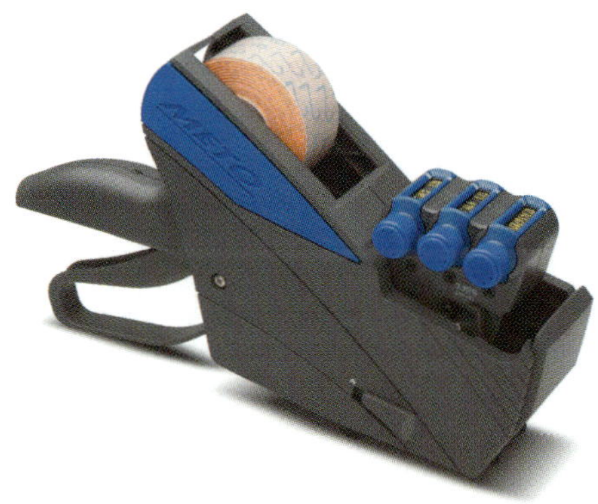

Im Biker-Shop mussten zu Beginn des Geschäftsjahres alle Produkte umgezeichnet werden. Im vergangenen Jahr war es gelungen, die Handlungskosten zu senken. Gleichzeitig rechnet der Geschäftsinhaber mit höheren Umsätzen. In seiner Plan-Kalkulation hatte Herr Adam einen Handlungskostenzuschlag von 55 % ermittelt (bisher 59,01 %).
Herr Adam wollte die möglichen Preisvorteile aber nicht vollständig an seine Kunden weiter geben, sondern seinen Gewinn erhöhen. Während bisher mit einem Gewinnzuschlag von 8,44 % kalkuliert wurde, soll der Gewinnzuschlag im neuen Geschäftsjahr 10 % betragen.
Alle Produkte waren daher neu zu kalkulieren. Die Anweisung lautete, die neuen Zuschlagssätze zunächst auf jedes Produkt anzuwenden, den ermittelten Preis dann aber noch auf die drei Endziffern xx9,90 € zu erhöhen.
Zur Vereinfachung und angesichts der vielen Artikel sollten die Mitarbeiter den Kalkulationszuschlag oder den Kalkulationsfaktor anwenden (Adam: „Ob ihr addiert oder multipliziert ist mir egal – Hauptsache, die Kalkulation stimmt!“).

Plan-Kalkulation 20(+1)			
Betriebskalkulation	**€**	**geplante Zuschlagssätze**	**Stückkalkulation**
Wareneinsatz	730.000,00		Bezugspreis
+ Handlungskosten	401.500,00	HKZ 55 %	+ Handlungskostenzuschlag 55 %
= Selbstkosten	1.131.500,00		= Selbstkostenpreis
+ Gewinn	113.150,00	Gewinnzuschlag 10 %	+ Gewinnzuschlag 10 %
= Nettoumsatzerlöse	1.244.650,00		Nettoverkaufspreis
+ Umsatzsteuer	199.144,00	Umsatzsteuer 16 %	+ Umsatzsteuer 16 %
= Bruttoumsatzerlöse	1.443.794,00		Bruttoverkaufspreis

Arbeitsauftrag

Kalkulieren Sie die Produkte des Biker-Shops mit den neuen Kalkulationszahlen.

1. Ermitteln Sie auf der Grundlage der oben abgebildeten Plankalkulation 20(+1) den Kalkulationszuschlag und den Kalkulationsfaktor.
2. Wenden Sie die in 1. ermittelten Zahlen auf ausgewählte Produkte an (siehe unten). Runden Sie den mit dem Kalkulationszuschlag oder Kalkulationsfaktor ermittelten Preis auf die Endziffern xx9,90 €.

Produkt	Preisetikett	Produkt	Preisetikett
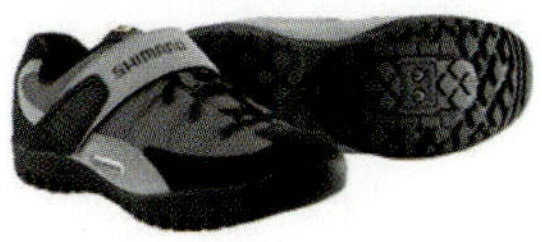	Biker-Shop		Biker-Shop
Bezugspreis: 33,80 €		Bezugspreis: 13,10 €	
	Biker-Shop		Biker-Shop
Bezugspreis: 23,60 €		Bezugspreis: 45,50 €	

Aufgabe 1

Ein Geschäft für Autozubehör bietet die unten angegebenen Artikel an. Für die einzelnen Warengruppen existieren unterschiedliche Zuschlagssätze.

a) Errechnen Sie mithilfe des Kalkulationszuschlages jeweils den Verkaufspreis.

Artikel	Bezugspreise in €	Kalkulationszuschlag %
Autoradio	350,00	62
Radzierblende	45,00	55
Abblendspiegel	20,00	110
Verbandskasten	18,00	240

b) Zu welchen Kalkulationsfaktoren führen die oben genannten Kalkulationszuschläge?

Aufgabe 2

Ein Verbrauchermarkt kauft 300 Weckuhren zum Listeneinkaufspreis von 35,00 €. Dem Angebot des Lieferers sind folgende Bedingungen zu entnehmen:
Mengenrabatt: 5 %; Skonto: 2 %; Bezugskosten: 0,50 € pro Weckuhr (netto).
Der Verbrauchermarkt kalkuliert mit 25 % Handlungskostenzuschlag und 12 % Gewinnzuschlag (16 % Umsatzsteuer).

a) Errechnen Sie den Bezugspreis für die Sendung.
b) Errechnen Sie den Bruttoverkaufspreis für die Weckuhr.
c) Berechnen Sie den Kalkulationszuschlag und den Kalkulationsfaktor, mit dem das Unternehmen arbeitet.

Aufgabe 3

Durch eine Tariferhöhung der Löhne und Gehälter ist ein Einzelhändler gezwungen, seine Kalkulation anzupassen. Der bisherige Handlungskostenzuschlag wird von 45 % auf 50 % erhöht. Der Gewinnzuschlag von 12 % und der Umsatzsteuersatz von 16 % bleiben gleich.

Tipp: Wählen Sie einen Bezugspreis von 100,00 €.

a) Errechnen Sie den bisherigen Kalkulationszuschlag und Kalkulationsfaktor.
b) Errechnen Sie den neuen Kalkulationszuschlag und Kalkulationsfaktor.

Aufgabe 4

In einem Möbelfachgeschäft wurde, nachdem der Kunde einige Mängel reklamiert hat, eine Anbauküche für 9.570,00 € statt zum kalkulierten Bruttoverkaufspreis in Höhe von 10.672,00 € verkauft. Der Bezugspreis betrug 6.000,00 €.
Mit welchem tatsächlichen Kalkulationszuschlag und mit welchem Kalkulationsfaktor wurde die Anbauküche verkauft?

Aufgabe 5

Die Gewinn- und Verlustrechnung eines Einzelhandelsgeschäftes weist folgende Daten aus:

Netto-Umsatzerlöse	30 Mio. €
Wareneinsatz	20 Mio. €
Personalaufwendungen	5 Mio. €
Sonstige Aufwendungen	4 Mio. €

a) Ermitteln Sie in Mio. €
- **aa)** die Handlungskosten,
- **ab)** die Selbstkosten,
- **ac)** das Rohergebnis,
- **ad)** das Reinergebnis,
- **ae)** die Bruttoumsatzerlöse (USt-Satz 16 %).

b) Ermitteln Sie in Prozent,
- **ba)** den Handlungskostenzuschlag,
- **bb)** den Gewinnzuschlag,
- **bc)** den Kalkulationszuschlag,
- **bd)** den Kalkulationsfaktor.

Aufgabe 6

Ergänzen Sie im unten stehenden Ausdruck eines Warenwirtschaftssystems für die Warengruppe 17 die fehlenden Felder (in Tausend €, T€, gerundet auf eine Stelle nach dem Komma).

Betriebskalkulation – Auswertung Juli 20(0)

Warengruppe	Umsatz brutto einschl. 16 % Ust. T€	Umsatz netto T€	Kalkulationszuschlag %	Wareneinsatz T€	Rohergebnis T€	Handlungskostenzuschlag %	Selbstkosten T€	Reinergebnis T€
15	208,8	180,0	92,0	108,8	71,3	32,5	144,1	35,9
16	452,4	390,0	67,5	270,1	119,9	32,5	357,9	32,1
17	359,6		104,0			32,5		

8 Den Kalkulationsabschlag bei Preisverhandlungen nutzen

Die Situation war heftig, der Kunde sehr erbost. Herr Adam musste kommen („Ich verlange den Chef!").

Biker-Shop
Artikel-Nr.: 355753

159,90 €

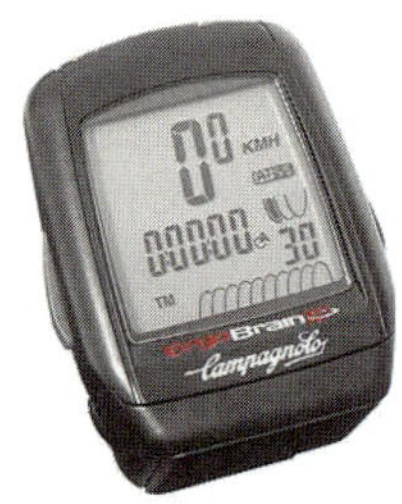

Herr Adam: *„Guten Tag Herr Wolters, es gibt ein Problem. Was kann ich für Sie tun?"*

Herr Wolters: *„Ich stehe hier an der Kasse, um diesen Radcomputer zu bezahlen und stelle fest, dass jeder Kunde Preisnachlässe oder andere Vergünstigungen erhält. Ich habe vor einem Monat mein neues Rennrad für rund 4.000,00 € gekauft und vor wenigen Tagen ein Mountainbike für meinen Sohn. In beiden Fällen habe ich nichts bekommen. Gute Kunden werden hier wohl besonders schlecht behandelt."*

Herr Adam: *„Es tut mir Leid, dass das übersehen worden ist. Natürlich erhalten Sie alle Vorteile, die auch die übrigen Kunden bekommen. Also: ich mache Ihnen jetzt für Ihren Radcomputer einen ganz besonderen Preis. Einen Moment bitte."*

(Herr Adam nimmt seinen Taschenrechner zur Hand und rechnet still vor sich hin: 159,90 € minus 49,44 % = 80,85 € plus 55,00 % = 125,31 € plus 16 % Umsatzsteuer = 145,36 €.)

Herr Adam: *„So, hier der Sonderpreis für Sie: 145,00 €!"*

Herr Wolters: *„Was? Das soll ein ganz besonderer Preis sein? Die anderen Kunden werden mit Nachlässen überschüttet!"*

Herr Adam: *„Hm – ich rechne noch einmal nach. Einen Augenblick bitte."*

(Wieder nimmt Herr Adam den Taschenrechner: 159,90 € minus 49,44 % = 80,85 € plus 16 % Umsatzsteuer = 93,79 €)

Herr Adam *„Das ist nun aber wirklich ein ganz spezieller Preis: 93,00 €. Sie sparen fast 67,00 €."*

Herr Wolters: *„Na also – es geht also doch."*

Herr Adam: *„Ich hoffe, dass Sie zufrieden sind."*

Herr Wolters: *„OK."*

Am Taschenrechner hat Herr Adam mit folgenden Kalkulationszahlen gerechnet:
- Kalkulationsabschlag 49,44 %
- Handlungskostenzuschlag 55,00 %
- Umsatzsteuersatz 16,00 %

Arbeitsauftrag

Ermitteln Sie für die unten stehenden Produkte folgende Preisuntergrenzen mithilfe des Kalkulationsabschlages:
1. Preisuntergrenze: Deckung des Selbstkostenpreises
2. Preisuntergrenze: Deckung des Bezugspreises

Rennrad

Bruttoverkaufspreis 1.290,00 €

Lenkertasche

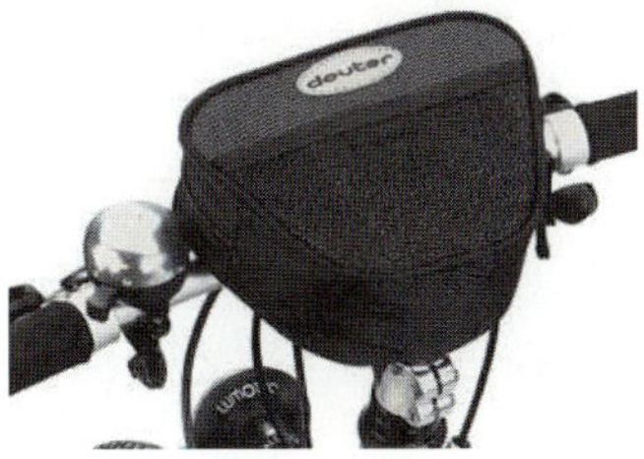

Bruttoverkaufspreis: 9,95 €

Radsportschuh

Bruttoverkaufspreis: 84,95 €

Aufgabe 1

Ermitteln Sie den Kalkulationsabschlag aus folgenden Angaben:

Handlungskostenzuschlag	65 %	72 %	43 %
Gewinnzuschlag	10 %	15 %	8 %
Umsatzsteuer	16 %	16 %	7 %

Aufgabe 2

Errechnen Sie die Inventurwerte unter Verwendung des Kalkulationsabschlages.

Siehe Lernsituation 6 in Lernfeld 7, Seite 78

Inventur-Liste								
Warengruppe:	**Bekleidung**	**Tag der Aufnahme: 31. Dez. 20(0)**		**Blatt-Nr. 14**				
Warenaufnahme						**Bewertung**		
Nr.	Warenbezeichnung	Stück	Verkaufspreis €/Stück	Alter (Monate)	Zustand der Ware	Gesamt-Verkaufspreis/€	Kalkulationsabschlag 45 %	Gesamt-EK-Preis (Inventurwert) €
	Übertrag							8.551,24
25	Langarmtrikot	12	61,90	0 - 6	–			
26	Radhose	28	45,90	0 - 6	–			
27	Winterträgerhose	19	86,90	0 - 6	–			
28	Rennanzug	8	85,90	0 - 6	–			

Aufgabe 3

Die Betriebskalkulation eines Warenhauses weist folgende Daten aus:

Netto-Umsatzerlöse	60 Mio. €
Wareneinsatz	40 Mio. €
Gehälter	10 Mio. €
Sonstige Aufwendungen	8 Mio. €

a) Ermitteln Sie in Mio. €
- **aa)** die Handlungskosten,
- **ab)** die Selbstkosten,
- **ac)** das Rohergebnis,
- **ad)** das Reinergebnis,
- **ae)** den Bruttoumsatz (Umsatzsteuersatz 16 %).

b) Ermitteln Sie in Prozent
- **ba)** den Handlungskostenzuschlag,
- **bb)** den Gewinnzuschlag,
- **bc)** den Kalkulationszuschlag,
- **bd)** den Kalkulationsfaktor,
- **be)** den Kalkulationsabschlag.

Aufgabe 4

Tipp: Erstellen Sie zunächst aus den Zahlen des GuV-Kontos eine Betriebskalkulation.

Ermitteln Sie die anhand des unten abgebildeten GuV-Kontos die Ist-Werte für
- **a)** den Handlungskostenzuschlag,
- **b)** den Gewinnzuschlag,
- **c)** den Kalkulationszuschlag,
- **d)** den Kalkulationsfaktor,
- **e)** den Kalkulationsabschlag,

Der Umsatzsteuersatz beträgt 16 %.

	A	B	C	D
1	**Betriebskalkulation 20(0)**			
2			€	€
3	Wareneinsatz			
4	+ Handlungskosten			
5		Sachaufwendungen für Geschäftsräume		
6		Gehälter		
7		Miete		
8		Büromaterial		
9		Telekommunikation		
10		Werbung		
11		Zinsen		
12		übrige Aufwendungen		
13	= Selbstkosten			
14	+ Gewinn			
15	= Nettoumsatzerlöse			
16	+ Umsatzsteuer			
17	= Bruttoumsatzerlöse			
18				
19	Handlungskostenzuschlag			%
20	Gewinnzuschlag			%
21	Kalkulationszuschlag			%
22	Kalkulationsfaktor			
23	Kalkulationsabschlag			%
24				

Betriebskalkulation

Soll		**Gewinn und Verlust**			**Haben**
Datum	Text/Gegenkonto	€	Datum	Text/Gegenkonto	€
31.12.	Wareneinsatz	462.700,00	31.12.	Nettoumsatzerlöse	790.000,00
31.12.	Aufwdg. für Geschäftsräume	11.200,00			
31.12.	Gehälter	154.200,00			
31.12.	Miete	38.500,00			
31.12.	Büromaterial	5.500,00			
31.12.	Telekommunikation	8.400,00			
31.12.	Werbung	19.300,00			
31.12.	Zinsen	17.500,00			
31.12.	übrige Aufwendungen	30.100,00			
31.12.	Gewinn	42.600,00			
		790.000,00			790.000,00

9 Die Handelsspanne zum Abteilungsvergleich verwenden

Das ist Chefsache: Einmal in der Woche vergleicht Herr Bauer die Abteilungen seines Hauses danach, welche Handelsspanne jeweils erzielt worden ist. Die Abteilungen mit den größten Abweichungen zwischen den geplanten und den tatsächlich realisierten Spannen (Ist-Handelsspanne) hat er dabei besonders im Auge.
Hohe Plan-Ist-Unterschiede führen regelmäßig zu Gesprächen mit den Abteilungs- und Bereichsleiter(inne)n mit dem Ziel, die Ursachen der Abweichungen herauszufinden und Maßnahmen zu treffen, die eine bessere Verwirklichung der Plan-Zahlen sicherstellen.

	A	B	C	D	E	F	G	H
1	**Abteilungsvergleich**							
2	Woche:	26	Zeit:	19:15				
3	**Abteilung**	**Wareneinsatz**	**erzieltes**	**erzielte**		**Nettoumsatz-**	**Umsatz-**	**Bruttoumsatz-**
4		**in €**	**Rohergebnis/€**	**Ist**	**Plan**	**erlöse/€**	**steuer in %**	**erlöse/€**
5	Lebensmittel	28.656,00			28,50		7	41.411,76
6	Textilien	13.432,50			49,00		16	27.137,45
7	Uhren/Schmuck	2.686,50			55,60		16	6.889,00
8	Schuhe/Lederwaren	3.582,00			45,94		16	7.525,00
9	Drogerie/Parfümerie	6.268,50			52,43		16	14.928,50
10	Haushaltswaren	7.164,00			43,15		16	13.721,41
11	Elektro/Tonträger	8.059,50			42,10		16	15.183,45
12	Tapeten/Bodenbeläge	3.582,00			42,10		16	6.811,78
13	Möbel	6.268,50			45,00		16	12.842,32
14	Sport	3.582,00			46,00		16	6.602,18
15	Spielwaren	1.791,00			45,00		16	3.728,07
16	Papier/Schreibwaren	4.477,50			48,15		16	9.206,03
17		89.550,00						165.986,96

Handelsspanne / Abteilung Textil / Tabelle3

Jetzt im Sommer interessiert sich Herr Bauer vor allem für die modisch orientierten Abteilungen. Für die Abteilung 2.1 Textilien hat er aus diesem Grunde eine eigene Tabelle angelegt, die die Ist-Handelsspanne im Zeitablauf wiedergibt.

Abteilung 2.1 Textil	Ist-Handelsspanne			Jahr	20(0)			
Monat	**Januar**	**Februar**	**März**	**April**	**Mai**	**Juni**		
Woche						23	24	25	26
in %	41,5	46,8	47,5	48,2	46,8	45,2	44,9	44,0	

Handelsspanne | **Abteilung Textil** | Tabelle2

Arbeitsauftrag

Ermitteln Sie die Ist-Handelsspannen der Abteilungen des City-Warenhauses und entscheiden Sie, mit welchen Abteilungsleitern/Abteilungsleiterinnen Gespräche geführten werden sollen.

Aufgabe 1

Beantworten Sie die nachfolgenden Fragen zur unten stehenden Lieferantenstatistik.

a) Nach welchem Auswahlgesichtspunkt werden die Lieferanten aufgelistet?
b) Wie errechnet man die Abverkaufsquote?
c) Welche Ursachen lassen sich für Preisänderungen in der Textilbranche nennen?
d) Für die nächsten Tage haben sich die Außendienstmitarbeiter der Lieferanten Bethmeyer und OBIS angesagt. Welche wichtigen Informationen lassen sich aus der Tabelle für die Besprechung mit den Außendienstmitarbeitern entnehmen?

Warengruppe: Hosen			**Datum: 05.06.20(0)**			**Saison: 01.02. - 05.06.20(0)**	
Lieferanten – Warenbewegungen – in Stück							
Name	Waren-eingang	Verkauf	Verkaufs-quoten in %	Preisänderungen Anzahl	Wert/€	in % vom Umsatz	erzielte Handels-spanne in %
Trend-Moden	1.955	1.059	54,2	32	448,0	0,4	46,6
Olympia	787	541	68,7	28	422,0	0,7	46,4
Bethmeyer	476	400	84,0	6	130,0	0,3	47,5
GDS	730	380	52,1	21	820,0	2,4	45,9
Sternburg	401	280	69,8	7	175,0	0,5	46,5
MODE-Partner	240	160	66,7	12	168,0	0,8	46,6
OBIS	270	94	34,8	36	1.260,0	8,9	41,7
Kallmann	89	80	89,9				52,1
	4.948	2.994	60,5				

Aufgabe 2

Ermitteln Sie anhand der nachfolgenden Betriebskalkulation (Plankalkulation) folgende Kalkulationszahlen:

a) Handlungskostenzuschlag
b) Gewinnzuschlag
c) Kalkulationszuschlag
d) Kalkulationsfaktor
e) Kalkulationsabschlag
f) Handelsspanne

Die Umsatzsteuer beträgt 16 %.

Betriebskalkulation 20(+1)	
	€
Wareneinsatz	850.000,00
+ Handlungskosten	467.500,00
= Selbstkosten	1.317.500,00
+ Gewinn	158.100,00
= Nettoumsatzerlöse	1.475.600,00
+ Umsatzsteuer	236.096,00
= Bruttoumsatzerlöse	1.711.696,00

Aufgabe 3

Bei der Kalkulation einer Artikelgruppe legt ein Einzelhändler eine Handelsspanne von 37,50 % zu Grunde. Er will einen Artikel dieser Artikelgruppe zum gleichen Preis wie ein Mitbewerber verkaufen, nämlich für 129,90 € einschließlich 16 % Umsatzsteuer.

a) Wie viel € darf der Bezugspreis für diesen Artikel höchstens betragen?
b) Ermitteln Sie für den vorliegenden Fall
  ba) den Kalkulationszuschlagssatz in Prozent,
  bb) den Kalkulationsfaktor.

10 Waren mit Preisen auszeichnen

In der Schuh- und Lederwarenabteilung des City-Warenhauses: Frau Yildirim und Frau Seifert unterhalten sich:

Frau Seifert: *„Die Klagen der Kunden über zu hohe Preise nehmen in letzter Zeit zu. Jeder will mit mir über den Preis verhandeln – es ist schrecklich!"*

Frau Yildirim: *„Ja, mir ist das auch schon aufgefallen, aber kalkulatorisch habe ich bei den Preisen keinen Spielraum mehr."*

Frau Seifert: *„Ich habe mir gedacht, vielleicht könnten wir die Preise optisch besser ausschauen lassen, wenn wir andere Preisschilder machen, z. B. für diese Ledertasche für 200,00 €. Zunächst würde ich den Preis auf 199,00 € festsetzen und nicht auf 200,00 €."*

Frau Yildirim: *„1,00 € Unterschied, das merkt doch kein Kunde!"*

Frau Seifert: *„Ich glaube, es ist ein großer Unterschied. Außerdem sollte man meiner Meinung nach die Preisschilder interessanter gestalten, z. B. in dieser Art:"*
(Frau Seifert zeigt Frau Yildirim folgende Preisschilder:)

Reduzierter Preis!
172,00 €
netto

172,00 €
+ Umsatzsteuer
–1,00 € Rabatt

Unser
Klitzekleinpreis:
199,00 €

Suchen Sie mit!
1 € Rabatt, wenn Sie
den Preis finden!

Für scharfe Rechner:
50,00 € x 5 (– 51,00 €)
= ?

Frau Yildirim: *„Auf jeden Fall ist es eine gute Idee, die Preisschilder optisch etwas attraktiver zu gestalten. Ich glaube aber nicht, dass Ihre Vorschläge inhaltlich zulässig sind."*

Arbeitsauftrag

1. Prüfen Sie anhand der „Verordnung zur Regelung der Preisangaben" (Preisangabenverordnung), ob die von Frau Seifert entworfenen Preisschilder zulässig sind.
2. Entwerfen Sie ein inhaltlich korrektes, aber attraktiv gestaltetes Preisschild zur Damentasche.

Aufgabe 1

Welche der nachfolgenden Informationen über eine Apfelsorte, die in einem Karton lose angeboten werden, müssen nach der Preisangabenverordnung (PAngV) in die Preisauszeichnung?

1. Cox Orange
2. Handelsklasse I
3. Mehrwertsteuersatz 7 %
4. Abpackdatum 14.06.20(0)
5. Artikelnummer
6. Bruttoverkaufspreis pro Stück 0,35 €
7. Bruttoverkaufspreis pro kg 1,50 €

Aufgabe 2

Sind die folgenden Verhaltensweisen nach der PAngV zulässig?

1 Die Preisauszeichnung erfolgt nicht an der Ware, sondern auf einer Preisschiene, die unter der Ware angebracht ist.
2 In einer Gärtnerei können die Kunden direkt auf dem nahe gelegenen Freiland Blumen und Pflanzen aussuchen. Die Produkte sind nicht mit Preisen gekennzeichnet.
3 Ein Schmuckgeschäft hat ein besonderes Schaufenster eingerichtet, in dem der Geschäftsinhaber ausgesuchte Schmuckstücke ausstellt, die er selber als Designer entworfen hat. Die Preise erfährt der Kunde nur, wenn er im Geschäft nachfragt.
4 Ein Schuhgeschäft hat eine eigene Reparaturwerkstatt. Über die Höhe der Reparaturkosten können keine allgemeinen Angaben gemacht werden. Das entscheidet der Schuhmachermeister von Fall zu Fall.
5 Weil dem Inhaber eines Pelzgeschäftes die Preise abschreckend hoch erscheinen, zeichnet er die Produkte im Schaufenster nur mit winzig kleinen Preisschildern aus, die von Passanten, die vor dem Schaufenster stehen, nicht zu entziffern sind.

Aufgabe 3

Aus welchen Gründen ist nach Ihrer Meinung die Preisangabenverordnung erlassen worden?

1 Die Preisauszeichnung erleichtert dem Kunden den Preisvergleich, sodass die Konkurrenz zwischen den Einzelhandelsunternehmen größer wird.
2 Die Verpflichtung zur Auszeichnung mit Endpreisen ist für den Kunden bequemer, weil er keine aufwändigen Berechnungen vornehmen oder um den Preis feilschen muss.
3 Die Kundenberatung wird vereinfacht, weil der Einzelhändler nicht mühsam in Preislisten nachschlagen muss.
4 Die Einzelhändler sollen gezwungen werden, ihre Kalkulation offen zu legen.

Lernfeld 10 Besondere Verkaufssituationen bewältigen

1 Sich in die Gedankenwelt älterer Kunden versetzen

Verkaufsschulung im City-Warenhaus Bauer: Frau Bauer hat das Thema

Senioren als Kundengruppe

auf das Programm für die Auszubildenden gesetzt. Zunächst hat jeder Teilnehmer einen Fragebogen auszufüllen, mit dem die Grundeinstellung zu älteren Kunden festgestellt werden soll.

Außerdem hat Frau Bauer drei Personenbeschreibungen aus einer Fachzeitschrift kopiert, die die typischen Grundeinstellungen von Senioren darstellen. Die Auszubildenden sollen die Texte auswerten, damit sie sich ein Bild von der Gedankenwelt älterer Kunden machen können.

Siehe auch die Kundengruppenbeschreibungen in Lernfeld 2.

Fragebogen Mit dem Älterwerden verbinde ich Begriffe wie (bitte nur 3 Felder ankreuzen):			
	Krankheit		Einsamkeit
	Familie		Armut
	Hobbys		Fröhlichkeit
	Angst		Sicherheit
	Langeweile		Lebensqualität
	Ruhe		Unabhängigkeit
	das Leben genießen		

Kundenbeschreibungen

Vor-Senioren: (50-59 Jahre)
„Das sind die besten Jahre“, sagt Siegfried Wegmann. Gesundheitlich fühlt sich der 58-Jährige topfit und jung. „Das liegt an meinem neuen Hobby, dem Radfahren.“ Fast täglich nach der Arbeit schwingt sich der Kriminaloberkommissar auf den Sattel und fährt seine 40 Kilometer. Nach seiner Beförderung zum Abteilungsleiter – auf dem Höhepunkt seiner Karriere – hat sich Wegmann selbst beschenkt: „Früher wären mir 1.800,00 EUR für ein Fahrrad ja zu teuer gewesen, aber man lebt nur einmal. Und sehr gute Qualität hat schließlich ihren Preis.“ Dabei war der Kauf des Traumrades schon eine Freude. Wegmann ließ sich im Fachgeschäft mehrmals beraten und studierte Kataloge namhafter Hersteller, bevor er sich für sein Modell entschied.
Ehefrau Ulla lebt den „zweiten Frühling“ ihres Mannes mit aus. Seitdem die Kinder aus dem Haus sind und auf eigenen Beinen stehen, arbeitet Ulla Wegmann wieder als Arzthelferin und verdient sich ihr „Taschengeld“. „Ich kleide mich gerne modisch, und auf den Besuch bei der Kosmetikerin möchte ich nicht verzichten“, sagt die 53-Jährige. Wenn ihr Mann in zwei Jahren in Pension geht, will aber auch sie Schluss machen. „Finanziell ist das kein Problem, und wir haben dann endlich mehr Zeit für uns und unser Enkelkind.“ Bei Tochter Sabine hat sich nämlich Nachwuchs angekündigt. „An Babysachen kann meine Frau bei keinem Stadtbummel mehr vorbeigehen“, stöhnt Siegfried Wegmann, lenkt aber mit einem Augenzwinkern ein: „Dass der Opa seinem ersten Enkel den Kinderwagen schenkt, versteht sich doch von selbst.“

Jung-Senioren: (60-74 Jahre)
„Früher war ich immer auf der Jagd nach Schnäppchen. Ich habe die Angebote studiert, bin von einem Geschäft zum anderen gefahren. Das wäre mir heute alles zu viel“, sagt Elke Bertram. „Dabei habe ich als Rentnerin eigentlich viel mehr Zeit, aber man merkt eben doch, dass man älter und ruhiger wird“, stellt die 65-Jährige fest. Mit ihrem Mann Horst geht sie gerne in die Stadt: „Aber auch das ist anders geworden. Wir bummeln nicht, um unbedingt etwas zu kaufen, sondern weil es ein nettes Freizeitvergnügen ist. Jetzt ist es einfach schön, mal unter Leute zu kommen, vielleicht sogar mal alten Bekannten über den Weg zu laufen, die man sonst nicht mehr sieht.“ Wenn doch mal eine Neuanschaffung ansteht, stürzt sich das Paar aber nicht ins Gewühl: „Wir haben unsere festen Anlaufstellen. In diesen Geschäften werden wir persönlich beraten, die Verkäufer kennen uns teilweise sogar schon, und da ist auch Zeit für persönliche Worte. Das schafft Vertrauen. Ich weiß, dass ich da gut aufgehoben bin und die Qualität bekomme, die ich will. Da brauche ich gar nicht eine so große Auswahl.“ Locker sitzt den Bertrams allerdings das Portmonee, wenn es um die Enkel geht: „Die Kinder wachsen doch ständig aus ihren Sachen heraus und brauchen was Neues.“ Auch für „Extras“ sind die Großeltern zu haben: „Wenn ich in der Spielzeugabteilung bin, erinnere ich mich daran, wie unsere Söhne mit großen Augen vor den Regalen standen. Damals hatten wir noch nicht das Geld, aber jetzt mit unserer guten Rente ... Die Kleinen haben wenigstens noch Wünsche, und die erfüllen wir ihnen gerne.“

Rollator = Gehhilfe

Alt-Senioren: (ab 74 Jahre)
„Vor zehn Jahren hätte ich gesagt, mit so einem Ding gehe ich nicht auf die Straße. Jetzt kann ich mir ein Leben ohne meinen Rollator gar nicht mehr vorstellen“, gibt Rolf Sonntag zu. „Die Arthrose macht mir das Laufen schwer“, erklärt der 81-Jährige: „Erst seit ich den Gehwagen habe, bin ich wieder beweglich und kann auch mal unbesorgt alleine auf die Straße gehen. Ein Segen, dass es heutzutage solche Produkte gibt, die alten Menschen das Leben angenehmer und bequemer machen.“ Vor einem Jahr ist seine Frau gestorben: „Das ist schwer. Da ist die Einsamkeit, aber auch die Umstellung. Meine Maria hat mich immer sehr verwöhnt.“ Dennoch legt er Wert auf seine Selbstständigkeit: „Meine Kinder und Enkel haben selbst genug um die Ohren, die können nicht immer für den Opa springen.“ Eine Haushaltshilfe kümmert sich um Wohnung und Wäsche, erledigt auch die täglichen Einkäufe. „Ich komme selbst so gut wie nie in die Stadt. Das ist mir viel zu anstrengend, und die Produktvielfalt verwirrt mich nur“, sagt der Senior: „Ich bleibe lieber in meinem Viertel.“ Früher hat Rolf Sonntag viel Wert auf ein modisches Äußeres gelegt: „Aber mein Schrank ist voll, und für wen soll ich mich noch schick machen? Jetzt gebe ich mein Geld lieber für meine Gesundheit aus. Bei mir an der Ecke ist ein kleines Reformhaus. Das ist nicht gerade billig, aber die Verkäuferin ist sehr nett und weiß schon immer ganz genau, was ich brauche. Der muss ich nicht mehr viel erklären, weil ich ja gar nicht mehr was Neues ausprobieren will. Und sie nimmt sich immer Zeit für ein persönliches Schwätzchen, ich komme ja sonst nicht unter Leute.“

Arbeitsauftrag

Versetzen Sie sich in die Gedankenwelt älterer Kunden.

1. **Beschreiben Sie anhand der oben stehenden Texte das Verhältnis älterer Kunden zu ihrer Umwelt, ihre Ansprüche an die Ware und ihr Einkaufsverhalten.**
2. **Erläutern Sie Maßnahmen, mit denen Sie sich im Verkaufsgespräch auf diese Kunden jeweils einstellen.**

Aufgabe 1

a) Beschreiben Sie die Grundhaltung von Paul Blum anhand des unten stehenden Textes.
b) Beurteilen Sie die Bedeutung solcher Kunden für die heutigen Einzelhandelsbetriebe.

Paul Blum, 83 und kein bisschen müde
„Mit den Leuten meiner Generation kann ich nichts anfangen“, sagt Paul Blum. „Die sind mir zu alt“, fügt der 83-Jährige hinzu. Statt daheim zu bleiben, zieht es den rüstigen Senior nach draußen: „Meine neue Leidenschaft ist das Inline-Skaten. Ich bin ja schon als Kind gerne Rollschuh gelaufen, und als es letztens im Supermarkt dieses billige Komplett-Set gab, habe ich sofort zugegriffen. Wer will denn immer diesen überteuren Qualitätskram aus dem Fachhandel.“ Auch beim Einkaufen ist Blum spontan: „Ich mag große Kaufhäuser und diese modernen Einkaufszentren. Da kann ich mir aus all den vielen Produkten aussuchen, was mir gefällt. Und die Verkäufer quatschen mich wenigstens nicht so voll, wie sie es häufig in den kleinen Fachgeschäften tun.“ Die Familie ist von seiner Eigenwilligkeit nicht so begeistert. „Die hätten wohl lieber einen lahmen Opa auf dem Sofa, der den Enkeln und Urenkeln seine Rente zusteckt“, vermutet er: „Aber da können sie lange warten. Ich habe gearbeitet, damit ich es im Alter gut habe. Mein Geld gebe ich einzig und allein für mich aus. Wer sagt denn, dass der Mensch keinen Spaß mehr an was Neuem hat, nur weil er alt ist? Ich kaufe mir gerne schöne Sachen.“

Aufgabe 2

Betrachten Sie die Kunden, die Ihren Ausbildungsbetrieb betreten. Erstellen Sie eine Übersicht zur Alterseinteilung dieser Kunden nach Ihren eigenen Vorstellungen, z. B.

Einteilung	Alter von … bis	Besonderheiten
jugendlich		
jung		
mittleres Alter		
alt		

Aufgabe 3

Entwickeln Sie für Ihren Ausbildungsbetrieb Überlegungen, wie man sich auf ältere Kunden einstellen könnte. Gehen Sie dabei auf folgende Gesichtspunkte ein:

- Verkaufsraumgestaltung
- Produktauswahl (Sortiment)
- Einkaufsatmosphäre
- Dienstleistungen (Service)

2 Produktmerkmale im Verkaufsgespräch nutzen

2.1 Mit den Produktmerkmalen Optik und Bedienung argumentieren

Produktmerkmale:
1. Material
2. Herstellung
3. Optik
4. Bedienung
5. Maße
6. Zeichen
7. Herkunft

Emine, Auszubildende im zweiten Ausbildungsjahr, beobachtet in der Abteilung Damenoberbekleidung des City-Warenhauses eine sportlich gekleidete etwa 25-jährige Kundin. Zunächst betrachtet die Kundin einige Zeit verschiedene Jacken, dann schaut sie sich suchend um. Emine spricht die Kundin daraufhin an.

Emine: *„Guten Tag, für welchen Anlass benötigen Sie eine Jacke?"*

Kundin: *„Ich brauche eine Jacke zum Wandern, aber eine, die ich nicht immer in die Reinigung bringen muss."*

Emine: *„Sie suchen also eine Jacke, die strapazierfähig und regenfest sowie pflegeleicht ist."*

Kundin: *„Regenfest muss sie unbedingt sein. Wissen Sie, ich verbringe meinen Sommerurlaub in diesem Jahr wieder in Irland. Das Wetter dort ist wirklich sehr wechselhaft. Im vergangenen Jahr war ich zum ersten Mal dort. Mal schien die Sonne, dann wieder haben uns Regenschauer überrascht. Ich war manches Mal nass bis auf die Haut. Und dann dieser kalte Wind. Aber die Landschaft ist traumhaft."*

Emine: *„Dann folgen Sie mir doch bitte zu unseren Anoraks. Dort finden wir bestimmt das Richtige für Ihren Urlaub."*

Kundin: *„Augenblick bitte, meine Freundin hat mir einen bestimmten Anorak empfohlen. Sie hat mir auch ein Etikett mitgegeben (sucht in ihrer Handtasche). Meine Freundin wollte mir ihre Jacke sogar für den Urlaub leihen, doch das habe ich abgelehnt. Wissen Sie, die Jacke ist braun. … Wo steckt denn bloß das verflixte Etikett? (sucht in ihren Hosentaschen) … Ich trage viel Schwarz und Weiß. Und dazu Braun, nein danke! Schließlich möchte auch im Urlaub ordentlich aussehen. … Ah, da ist es ja (zieht ein Etikett aus einer Hosentasche und hält es Emine hin). Ist das wohl das Richtige für mich?"*

Guaranteed To Keep You Dry
GORE-TEX® fabrics
GORE

Arbeitsauftrag

1. Führen Sie für Emine das Verkaufsgespräch fort, indem Sie die junge Frau kundengerecht beraten.

1.1 Nennen Sie zunächst den Zweck, für den die Kundin die Jacke verwenden möchte, und tragen Sie diesen in die unten stehende Tabelle ein.

1.2 Leiten Sie aus diesem Verwendungszweck anhand der Kundenäußerungen ab, welche Ansprüche von der Kundin an die Jacke gestellt werden. Notieren Sie diese ebenfalls stichwortartig in der Tabelle.

1.3 Erstellen Sie eine Produktbeschreibung über Gore-Tex, indem Sie die Tabelle mithilfe des beigefügten Informationsmaterials vervollständigen.

1.4 Setzen Sie Ihre Lösung in einem Verkaufsgespräch um.

Bedenken Sie:

- Die Kundin ist vom Nutzen einer Gore-Tex-Jacke zu überzeugen. Die Argumentation stützt sich dabei auf den von der Kundin benannten Verwendungszweck. Im Verkaufsalltag ist es in diesem Zusammenhang jedoch kaum möglich, ein Verkaufsargument nur auf ein Produktmerkmal zu stützen. Vielmehr sind aus den diversen Produktmerkmalen diejenigen Eigenschaften herauszustellen, die die Jacke für den Verwendungszweck geeignet machen, z. B.
  - „Diese Hose besteht aus ..., sodass Sie ..."
  - „Das Besonders an Gore-Tex ist, dass ... Dadurch haben Sie den Vorteil, dass ..."
  - „Wenn Sie gerne Schwarz und Weiß tragen, empfehle ich Ihnen ...
- Formulieren Sie verständlich, positiv und im Sie-Stil.

Es gibt kein schlechtes Wetter – es gibt nur schlechte Kleidung?!

Gore-Tex-Kleidung beliebt

Wer kennt diese Situation nicht? Die Fahrradtour, der Wanderurlaub oder der Spaziergang am Wochenende – lange hat man sich darauf gefreut und nun spielt das Wetter nicht mit. Statt des erhofften Sonnenscheins ziehen dicke Regenwolken über den Himmel und verdunkeln häufig auch die Stimmung.

Wohlbefinden bei jedem Wetter versprechen Jacken aus Gore-Tex.

Gore-Tex Produkte erkennt man am Etikett. Es garantiert die auf diesem Produktanhänger beschriebenen Eigenschaften. Andernfalls wird eine Reparatur, Ersatz oder eine Erstattung des Kaufpreises versprochen. Doch was sind die Eigenschaften, die Gore-Tex beliebt machen?

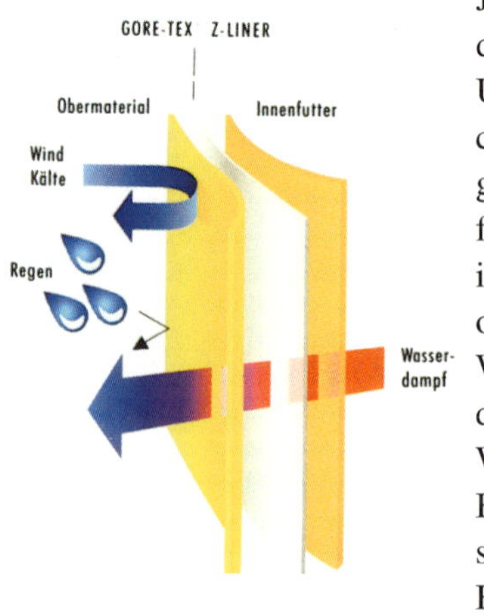

Das Besondere an Bekleidung aus Gore-Tex ist eine leichte, hauchdünne Membran, die zwischen Oberstoff und Futterstoff eingearbeitet wurde. Die Struktur der Membran gleicht dem Aufbau einer Hecke, sodass Gore-Tex-Produkte winddicht sind. Die Membran besteht aus einem Kunststoffmaterial, dessen Poren ca. 700-mal größer als ein Wasserdampfmolekül, jedoch etwa 20.000-mal kleiner als ein Wassertropfen sind. Die Folge ist, dass Wasser in flüssiger Form nicht nach innen dringen, während Wasserdampf (Schweiß) entweichen kann.

Um Wasserdichte zu gewährleisten, werden mithilfe besonderer Schweißmaschinen in einem speziell entwickelten Verfahren die Nähte verschweißt. Jacken aus Gore-Tex sind also wasserdicht und gleichzeitig atmungsaktiv, sodass ein Hitzestau vermieden und ein angenehmer Tragekomfort erreicht wird.

Allerdings beeinträchtigen bereits kleine Löcher und Risse die Wasserdichte der Jacke. Deshalb sollten die Jacken nicht mit Anstecknadeln o. Ä. durchstochen werden.

Um möglichst lange Freude an der Jacke zu haben, ist das eingenähte Pflegeetikett unbedingt zu beachten. Sofern nichts anderes angegeben wurde, ist ein Waschen mit Feinwaschmittel ohne Weichspüler bei 40 °C in der Waschmaschine möglich. Dabei sollte der Spülgang wiederholt werden, um Waschmittelrückstände auszuspülen.

Bei der Herstellung wurde der Oberstoff der Jacken imprägniert. Durch Bügeln ohne Dampf kann der Wasser abweisende Imprägnierungseffekt aufgefrischt werden. Nach 3 bis 4 Wäschen sollte die Kleidung allerdings wieder mit handelsüblichem silikonfreien Imprägnierspray behandelt werden – und schon bleibt die Vorfreude auf die Fahrradtour, den Wanderurlaub oder den Spaziergang ungetrübt.

Verwendungszweck		
Kundenansprüche		
Produktmerkmal	**Produkteigenschaften**	**erfüllte Kundenansprüche**
• Material		
• Herstellung		
• Optik (Farbe)		
• Bedienung (Pflege)		

2. Arbeitsauftrag

Entwerfen Sie eine Verkaufssituation, in der Sie einen Kunden über ein Produkt ihres Ausbildungssortimentes informieren. Geben Sie dabei über die Optik und die Bedienung sowie der sich daraus jeweils ergebenden Eigenschaften des Produktes Auskunft.

Beachten Sie folgendes Vorgehen:

- Wählen Sie ein Produkt aus Ihrem Ausbildungssortiment aus, z. B.
  a) blaue Mundduschе
  b) Silberbesteck mit kombinierter seidenmatter und glänzender Oberfläche
  c) hellgrüne Sitzkissen für Gartenmöbel

- Bestimmen Sie einen Kundentyp, beschreiben Sie diesen sowie dessen Ansprüche an das Produkt, z. B.
  a) Eine ca. 40-jährige Dame spricht in der Elektroabteilung einen Kundenberater an: „Entschuldigung, ich suche eine Munddusche, aber sie muss einfach zu bedienen sein – also kein technischer Schnickschnack. Außerdem sollte sie farblich in unser weißes Badezimmer passen."
  b) Ein junges Paar stellt im City-Warenhaus seinen Hochzeitstisch zusammen und wünscht ein Silberbesteck für besondere Anlässe.
  c) „Wir brauchen für unsere dunkelgrünen Gartenmöbel neue Sitzkissen, die nicht so auffällig sind und die nicht chemisch gereinigt werden müssen", erklärt ein Ehepaar mittleren Alters der Kundenberaterin.

- Wählen Sie aus den sich aus der Herstellung und dem Material des Produktes ergebenden Eigenschaften diejenigen Eigenschaften aus, die sich auf die Kundenansprüche beziehen:

a) Produktmerkmale	– Optik (Farbe): blau
	– Bedienung: zwei Drehknöpfe zur täglichen Nutzung
Produkteigenschaften:	– farbiger Akzent
	– Einschalten des Gerätes mit dem rechten Knopf, stufenlose Regulierung des Wasserdruckes mit dem rechten Drehknopf;
Kundennutzen:	– Auflockerung durch Kontrast, einfache Handhabung
b) Produktmerkmale	– Optik (Oberfläche): Kombination aus seidenmatter und glänzender Oberfläche
	– Bedienung: spezielle Aufbewahrung und Pflege
Produkteigenschaften:	– Kontrast zwischen seidenmatter und hochglänzender Oberfläche
	– Aufbewahrung in einer mit einem imprägnierten Stoff ausgeschlagenen Schublade, um Verfärbungen zu vermeiden, entstandene Verfärbungen mithilfe von Silberputztüchern beseitigen
Kundennutzen:	– edles Aussehen
c) Produktmerkmale	– Optik (Farbe): hellgrün
	– Herstellung: mit Reißverschluss
	– Bedienung: einfache Pflege
Produkteigenschaften:	– dezente Farbwirkung
	– problemlose Herausnahme der Kissenfüllung
	– bei 40 °C im Feinwaschgang waschbar, bügeln bei mittlerer Einstellung
Kundennutzen:	– farbliche Ergänzung, pflegeleicht

- Argumentieren Sie mit diesen Produkteigenschaften, indem Sie eine Verbindung zu den Kundenansprüchen herstellen. Betonen Sie also den Nutzen des Produktes für den Kunden:
  a) „Ich empfehle Ihnen diese blaue Munddusche für Ihr Badezimmer. Mit diesen beiden Drehknöpfen nehmen Sie das Gerät, das in einem weißen Bad einen kontrastreichen Blickfang bildet, in Betrieb. Am linken Knopf schalten Sie das Gerät ein. Mit dem rechten Drehknopf können Sie den Wasserdruck dann stufenlos regulieren. Diese Munddusche bietet Ihnen also eine einfache Handhabung und belebt gleichzeitig das Gesamtbild Ihres Bades."
  b) „Dies ist ein Silberbesteck, das unterschiedliche Oberflächen miteinander kombiniert. Während die Griffe seidenmatt gehalten sind, haben Löffelkelle und Messerklinge sowie die Gabelzinken glänzende Oberflächen. Durch den Kontrast zwischen seidenmatter und hochglänzender Oberfläche wirkt das Besteck sehr elegant. Diese Wirkung bleibt Ihnen erhalten, wenn Sie das Besteck in einer Schublade aufbewahren, die mit einem speziell imprägnierten Tuch ausgeschlagen ist, und das Besteck hin und wieder mit einem Silberputztuch reinigen. Sie haben dann einen edlen Blickfang für Ihren festlich gedeckten Tisch.
  c) „Hier sehen Sie hellgrüne Sitzkissen, die mit einem Reißverschluss versehen und einfach zu pflegen sind. Der helle Grünton der Kissen wirkt zu Ihren dunkelgrünen Gartenmöbeln harmonisch, und trotz des hellen Farbtons lassen sich Verschmutzungen nach Herausnahme der Kissenfüllung durch eine Feinwäsche bei 40 °C entfernen. Wenn Sie pflegeleichte Sitzkissen mit dezenter Farbwirkung suchen, sind diese Kissen die richtige Wahl für Sie."

Aufgabe 1

Geben Sie für die folgenden Verkaufsargumente an,

a) ob es sich jeweils um Bereitstellungs-, Handhabungs- oder Pflegeinformationen handelt.

b) auf welche Kundenansprüche eingegangen wird.

(1) Um die matte Oberfläche des gewachsten Holzes zu erhalten, sollten Sie die Truhe regelmäßig dünn mit Terpentinwachs, auch Antik-Wachs genannt, behandeln. Lassen Sie das Wachs ein paar Tage einziehen und polieren Sie dann mit einem Wolltuch nach. Auf diese Weise bleibt die Truhe für viele Jahre ein repräsentatives Möbelstück in Ihrer Diele.

(2) Die Programmierung dieses Videorekorders ist besonders einfach. Dank einer Quicktaste kann Ihr Mann zum Beispiel den Rekorder zur sofortigen Aufnahme veranlassen. Durch einmaliges Drücken dieser Taste werden sofort 30 Minuten aufgezeichnet. Zweimaliges Drücken verlängert die Aufnahmezeit auf 60 Minuten und so weiter. Auch wenn sich Ihr Mann für technische Dinge weniger interessiert, wird er mit diesem Videorekorder gut zurechtkommen.

(3) Vor dem ersten Tragen sollten Sie die Schuhe eincremen. Verwenden Sie dazu bitte eine Tubencreme, die Sie am bestem mit dem Schwämmchen dünn auftragen. Das Pflegemittel schützt das Oberleder und hält es geschmeidig. So bleibt Ihnen das elegante Aussehen dieses Leders lange erhalten.

(4) Wenn die Batterien aufgebraucht sind, nehmen wir sie zurück. Dort an der Kasse sehen Sie eine kleine Schachtel für leere Batterien. Wir sorgen dann für eine umweltschonende Beseitigung. Bringen Sie doch die alten Batterien gleich mit, sobald Sie neue benötigen. Das ist für Sie am einfachsten.

Aufgabe 2

Wenn ein Kunde über die Bedienung eines Produktes informiert wird, so muss der Kundenberater eine freundliche Formulierung wählen.

a) Entscheiden Sie begründet, welcher Kundenberater freundlicher formuliert.

Stefan: *„Der Clip des Pulsmessers wird am Ohrläppchen befestigt. Sie müssen darauf achten, dass sich das Licht des Ohrclips hinter dem Ohrläppchen befindet."*

Markus: *„Der Clip des Pulsmessers wird am Ohrläppchen befestigt. Achten Sie darauf, dass sich das Licht des Ohrclips hinter dem Ohrläppchen befindet."*

b) Formulieren Sie die folgende Aussage eines Kundenberaters in eine freundlichere Fassung um.

Kundenberater: *„Benzin, Terpentin oder chemische Reinigungsmittel dürfen Sie auf keinen Fall verwenden, da diese das Gerät angreifen."*

Aufgabe 3

Erklären Sie einer Kundin die Handhabung eines Schnellkochtopfs. Bringen Sie dabei die nachfolgenden Angaben in einem zusammenhängenden Text.

Satzverbindungen siehe Informationsband

- Mindestens 1/4 Liter Flüssigkeit auf den Topfboden geben.
- Den Kochstufenregler auf „Öffnen" stellen.
- Den Deckel so auf den Topf legen, dass sich die beiden Markierungen gegenüberstehen.
- Den Deckel auf den Topf drücken und dann schließen.
- Die Heizquelle auf die höchste Heizstufe stellen und den Topf zum Ankochen aufsetzen.
- Sobald Dampf aus dem Abdampfschlitz des Deckels tritt, den Kochstufenregler auf die gewünschte Kochstufe schalten.
- Kurz bevor der entsprechende Ring am Ventil sichtbar wird, die Heizquelle auf mittel oder klein zurückstellen.

Aufgabe 4

a) Vertiefen Sie Ihr Warenwissen, indem Sie für fünf Produkte Ihrer Ausbildungsbranche Informationen über Bereitstellung, Handhabung und Pflege in einer Übersicht zusammenstellen.

b) Entwerfen Sie für eines der unter a) ausgewählten Produkte eine Verkaufssituation, in der Sie einen unwissenden Kunden über die Bedienung dieses Produktes informieren.

Aufgabe 5

Eine etwa 40-jährige Dame betritt ein Lederwarenfachgeschäft und wird von der Kundenberaterin begrüßt.

Kundenberaterin: *„Guten Morgen."*

Kundin: *„Guten Morgen."*

Kundenberaterin: *„Womit darf ich Ihnen behilflich sein?"*

Kundin: *„Ich suche zu meiner blau-weißen Kombination eine farblich passende Umhängetasche."*

Kundenberaterin: *„Umhängetaschen kann ich Ihnen in reicher Auswahl und in den aktuellen Modefarben dort drüben zeigen. (Kundin und Kundenberaterin begeben sich zum Regal mit Umhängetaschen). Hier habe ich eine Tasche in Weiß. Weiß ist eine sehr neutrale Farbe. Sie würde sehr gut zu Ihnen passen. Außerdem habe ich hier eine blaue Tasche, die stände Ihnen auch recht gut. Blau können Sie außerdem mit vielen anderen Taschen kombinieren."*

Kundin: *„Ja, das gefällt mir schon. Was können Sie mir sonst noch zeigen?"*

Kundenberaterin: *„Vielleicht diese rote Tasche, die wäre auch nicht schlecht. Oder gefällt Ihnen diese Umhängetasche in braun? Dieser Naturton ist derzeit sehr aktuell."*

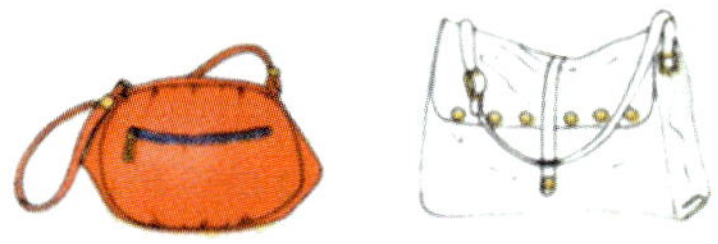

a) Beurteilen Sie begründet die Verkaufsargumentation der Kundenberaterin. Berücksichtigen Sie dabei auch, inwieweit eine Farbberatung erfolgt.

b) Entscheiden Sie, welche der nachfolgenden Verkaufsargumente Ihrer Meinung nach für die oben stehende Verkaufssituation geeignet sind.

(1) „Zu Ihrer Kombination kann ich Ihnen zum Beispiel diese weiße Tasche empfehlen. Weiß bildet zusammen mit Ihrer Bluse einen interessanten Kontrast zur blauen Hose und den roten Accessoires. Außerdem können Sie Weiß noch mit allen anderen bunten Farben oder auch mit Schwarz kombinieren. Mit dieser weißen Tasche erhalten Sie eine geschmackvolle Ergänzung für Ihre Oberbekleidung und zudem eine farblich vielseitig verwendbare Umhängetasche."

(2) „Zu Ihrer blauen Hose können Sie gut eine weiße Tasche kombinieren. Da Weiß eine unbunte Farbe ist, lässt sie sich mit allen bunten und unbunten Farben verbinden. Weiß ist daher sehr neutral. Diese Umhängetasche passt hervorragend zu Ihrer Oberbekleidung."

(3) „Außerdem kann ich Ihnen diese Umhängetasche zeigen. Sie ist Ton in Ton auf Ihre blaue Hose abgestimmt. Darüber hinaus harmoniert sie vorzüglich mit Ihren Schuhen, dem Gürtel und Ihrem Schmuck."

(4) „Wenn Sie zu Ihrer Oberbekleidung einen stärkeren Akzent setzen wollen, empfehle ich Ihnen diese rote Tasche. Zusammen mit Schuhen, Gürtel und Schmuck sorgt die Umhängetasche für ein abwechslungsreiches Farbbild."

(5) „Ich würde die rote Tasche empfehlen. Die Grundfarben Rot und Blau harmonieren miteinander, wenn eine Farbe sparsam eingesetzt wird."

Aufgabe 6

Geben Sie an, ob in den nachfolgenden Verkaufsargumenten der Grundsatz der Farbharmonie oder der Akzentsetzung aufgegriffen wird.

(1) „Bei einem weißen Service haben Sie besonders viele Möglichkeiten für einen hübschen Tischschmuck. Nehmen Sie zum Beispiel eine weiße Tischdecke, so können Sie Kerzen, Servietten und Blumen in kräftigen Farben wählen, durchaus auch in unterschiedlichen Farbtönen. Bei einer blauen Tischdecke beleben Sie die Dekoration zusätzlich durch orangefarbene oder gelbe Servietten und Kerzen, da Orange und Gelb zu Blau einen deutlichen Kontrast bilden. Für den festlich gedeckten Tisch kann ich Ihnen dieses elegante weiße Service empfehlen."

(2) „Den hellbraunen Holzrahmen können Sie durchaus mit einem Schwarz-Weiß-Bild kombinieren. Der warme Holzton, die weiße Wand und das Schwarz-Weiß-Bild ergänzen sich farblich hervorragend. Wenn das Bild erst einmal an der Wand hängt, wird es Ihnen bestimmt gefallen."

(3) „Zu dem roten Zifferblatt Ihrer Uhr empfehle ich Ihnen ein dunkelrotes Armband."

(4) „In dem Bild ist sehr viel Blau enthalten. Mit einem schmalen roten Rahmen schaffen Sie einen interessanten farblichen Gegensatz von Bild und Rahmen, der den Gesamteindruck auflockert. So kommt Ihr Bild an der Wand gut zur Geltung."

Aufgabe 7

Erstellen Sie, sofern möglich, eine Übersicht über die aktuellen Modefarben und Farbkombinationen Ihres Ausbildungssortiments.

Aufgabe 8

Im City-Warenhaus sollen die folgenden Puppen für das Schaufenster gestaltet werden:

Gestalten Sie die beiden oben stehenden Schaufensterpuppen jeweils nach dem Grundsatz der Farbharmonie und dem Grundsatz der Akzentsetzung. Beachten Sie dabei die aktuellen Modefarben.

2.2 Den Kundenanspruch „Geltungswert“ aufgreifen

In der Haushaltswarenabteilung des City-Warenhauses spricht eine Kundin mittleren Alters Monika, Auszubildende im zweiten Ausbildungsjahr, an.

Kundin: *„Guten Morgen, wo finde ich denn Isolierkannen?“*

Monika: *„Guten Morgen, folgen Sie mir bitte in den nächsten Gang. (Monika führt die Kundin in den entsprechenden Gang.) Hier haben wir eine große Auswahl an Kannen. Welche Vorstellungen haben Sie denn?“*

Kundin: *„Die Kanne ist ein Geschenk für meine Nichte. Sie hat sie nicht näher beschrieben. Auf jeden Fall sollte der Kaffee schon lange heiß bleiben. Und die Kanne sollte nicht zu umständlich sein. Nicht so eine, bei der beim Einschenken immer der Deckel in die Tasse fällt. Und sie sollte schon was hermachen und zu ihrer Einrichtung passen.“*

Monika: *„Wie ist Ihre Nichte denn eingerichtet?“*

Kundin: *„Oh, das ist schwer zu beschreiben. Sie mag es schon farbig – ihr Service ist beispielsweise orange mit weiß.“*

Monika: *?*

Innovation: Entwicklung von Neuheiten

Arbeitsauftrag

Entwickeln Sie unter Berücksichtigung der Ausgangssituation eine kundengerechte Verkaufsargumentation.

So sollten Sie vorgehen:

- Überlegen Sie zunächst, welche Erwartungen die Kundin an die Ware stellt.
- Ermitteln Sie dann anhand der folgenden Produktbeschreibung der Isolierkanne Toscana, welche Produktmerkmale und sich daraus ergebende Eigenschaften für die Verkaufsargumentation in dieser Situation von Bedeutung sind.
- Formulieren Sie dann die Verkaufsargumentation.

Isolierkanne Toscana

Die Isolierkanne Toscana der Firma Alfi zaubert mit ihren mediterranen Farben italienisches Flair auf Ihren Tisch.
Der Körper besteht aus hochwertigem, mattem Kunststoff. Toscana ist mit einer neuen, weltweit einzigartigen Einhandbedienung ausgestattet:
Der Kannendeckel muss nicht geöffnet werden, sondern beim Eingießen wird nur der Hebel am Kannendeckel gedrückt.
Für beste Isolierleistung sorgt der bewährte alfiDur-Vakuum-Hartglaseinsatz mit 1,0 l Inhalt (ca. 8 Tassen). Auf die Isolierleistung geben wir eine Garantie von 5 Jahren.
Diese Isolierkanne wurde für ihr gutes Design mit den Red Dot Design Award 2004 ausgezeichnet. Dabei wurden u. a. der Innovationsgrad, die Funktionalität, Ergonomie und Langlebigkeit als Kriterien berücksichtigt.

Aufgabe 1

Geben Sie an, aus welchen der folgenden Kundenäußerungen neben dem Anspruch „Schönheit“ auch der Anspruch „Geltungsbedürfnis“ deutlich wird.

(1) „Ich brauche eine Fußmatte, die sich der Optik meines Autos anpasst.“
(2) „Ich suche ein hübsches Geschirr für meine Glasvitrine.“
(3) „Dieser rosafarbene Skianzug gefällt mir schon ganz gut. Aber den Herstellernamen kenne ich gar nicht.
(4) „Ich möchte diese Bluse zu meiner braunen Cordhose tragen.“
(5) „Ich habe auf der Möbelmesse ein tolles Sofa gesehen. Jetzt möchte ich mal schauen, ob Sie auch so etwas führen.“

Aufgabe 2

Beim Kauf von Produkten ist für den Kunden der Anspruch „Geltungsbedürfnis“ häufig von Bedeutung.

a) Formulieren Sie für fünf Produkte Ihres Ausbildungsbetriebes den Kundenwunsch so, dass die Kundenansprüche „Geltungsbedürfnis“ und „Schönheit“ des Kunden deutlich werden.

b) Entwickeln Sie für eines der oben genannten Produkte eine kurze Verkaufssituation, in der Sie mit dem Produktmerkmal Optik argumentieren.

2.3 Mit den Produktmerkmalen Maße, Zeichen und Herkunft argumentieren

Produktmerkmale:
1. **Material**
2. **Herstellung**
3. **Optik**
4. **Bedienung**
5. **Maße**
6. **Zeichen**
7. **Herkunft**

In der Abteilung Lebensmittel des City-Warenhauses
Schon seit einiger Zeit steht Mirko vor dem Weinregal und begutachtet mal diese, mal jene Flasche. Er liest die Etiketten durch, aber so oft er sie auch liest, er wird dadurch einfach nicht schlauer. Sabrina, Auszubildende im 2. Ausbildungsjahr, tritt hinzu.

Sabrina: *„Guten Tag, Sie interessieren sich für unser Weinsortiment?"*

Mirko: *„Ja, heute Abend kommen meine Eltern zu Besuch."*

Sabrina: *„Und da wollen Sie bestimmt einen besonderen Wein anbieten …"*

Mirko: *„Stimmt. Das wollte ich aber auch schon vorgestern. Aber ich glaube, der Wein war nicht der richtige."*

Sabrina: *„Wieso denn das?"*

Mirko: *„Wissen Sie, ich kenne mich mit Wein nicht so gut aus. Aber für meinen Schwiegervater muss es immer nur das Beste sein. Er ist nämlich Weinliebhaber. Besonders deutschen Wein mag er. Und da habe ich wohl einen Fehler gemacht. Irgendwie habe ich wohl nicht den richtigen Wein zum Essen angeboten."*

Sabrina: *„Und warum glauben Sie, dass es nicht der richtige Wein war?"*

Mirko: *„Weil mein Schwiegervater komisch reagiert hat, als ich gefragt habe, ob er zufrieden sei. Wissen Sie, ich hatte eine 1,5-l-Flasche im Angebot vom Pizzadienst. Ich glaube, auf dem Etikett stand „Tafelwein"? Eigentlich hört sich das doch ganz gut an, oder? Naja, viel hat er ja auch nicht getrunken. Die Flasche war viel zu groß. Den Rest habe ich dann in den Kühlschrank gestellt. Aber die Flasche passte kaum rein."*

Sabrina: *„Tja, ehrlich gesagt, glaube ich, dass Sie mit „Tafelwein" nicht richtig gelegen haben. Wenn Sie Ihren Schwiegereltern eine besondere Qualität anbieten wollen, empfehle ich Ihnen Weine, die mit dem Zeichen „Qualitätswein mit Prädikat" ausgestattet sind."*

Mirko: *„Tja, eine besondere Qualität sollte es schon sein. Das darf auch ruhig etwas kosten. Diesmal will ich alles richtig machen."*

Deutscher Tafelwein Rhein
Leonhards
Stammtisch Schoppen
Weißwein

Sabrina: *„Und welchen Geschmack bevorzugt Ihr Schwiegervater?"*

Mirko: *„Einen kräftigen und würzigen Geschmack, glaube ich. ‚Wein muss Temperament haben', sagte er."*

Sabrina: *„Trinkt Ihr Schwiegervater eigentlich lieber Rotwein oder Weißwein?"*

Mirko: *„Ich denke, er trinkt lieber Rotwein. Aber auch nicht jeden. Ich glaube, er bevorzugt auch ein bestimmtes Anbaugebiet. Ich weiß aber nicht, welches. Ist das denn nicht sowieso egal?"*

Sabrina: *„Nein, nein, da gibt es schon ein paar Unterschiede. Die Qualität ist sogar von Jahr zu Jahr unterschiedlich."*

Mirko: *„Und in welchem Jahr war sie besonders gut?"*

1. Arbeitsauftrag

Führen Sie das Verkaufsgespräch für Sabrina kundengerecht fort. Beraten Sie den Kunden unter besonderer Berücksichtigung des Produktmerkmals Zeichen. Gehen Sie auch auf den Angebotszustand, die Herstellung sowie die Herkunft des Weins ein. Berücksichtigen Sie zudem das geeignete Maß sowie die richtige Behandlung von Wein.

1.1 **Stellen Sie aus den Aussagen des Kunden fest, welche Ansprüche er an den Wein stellt, den er für die Feier am Wochenende benötigt. Halten Sie die Ansprüche in der unten stehenden Tabelle stichwortartig fest.**

1.2 **Beschreiben Sie die Eigenschaften der unterschiedlichen Güteklassen und treffen Sie eine Entscheidung für eine Güteklasse, die den Ansprüchen des Kunden genügt.**

1.3 **Verdeutlichen Sie durch Beschriftung der unten stehenden Grafiken die Unterschiede in der Herstellung von Rotwein und Weißwein und wählen Sie aus, welche Weinfarbe dem Kunden angeboten werden soll.**

1.4 **Wählen Sie das Anbaugebiet aus, das den Ansprüchen des Kunden genügt.**

1.5 **Entscheiden Sie, welche Inhaltsmenge für den Kunden geeignet ist.**

1.6 **Beraten Sie den Kunden über die richtige Behandlung und Lagerung von Wein.**

1.7 **Entwickeln Sie Ihre Lösung als Verkaufsgespräch, in welchem Sie den Kunden vom Nutzen des von Ihnen empfohlenen Weins überzeugen.**

Bedenken Sie:
- Der Kunde will nicht enttäuscht werden. Er will genau wissen, warum er bei seiner letzten Wahl falsch gelegen hat. Nennen Sie ihm eine Güteklasse, die seinen Ansprüchen genügt, und erläutern Sie ihm die positiven Eigenschaften.
- Formulieren Sie verständlich und in einer Weise, die die Besonderheit der von Ihnen ausgewählten Güteklasse unterstreicht.

Ansprüche des Kunden	

Produktmerkmal Zeichen

Güteklasse	Qualitätswein mit Prädikat			
Kabinett	Spätlese	Auslese	Beerenauslese	Trocken-Beerenauslese
Herstellung aus ausgereiften Trauben …				

Ausgewählte Güteklasse (bitte ankreuzen)

☐	☐	☐	☐	☐

Güteklassen

Deutscher Wein wird generell in vier Güteklassen eingeteilt. Mit jeder Güteklasse steigt die Qualität des Weins. Die Güteklassen werden unabhängig von der Unterscheidung in Rotwein, Weißwein oder Rosé-Wein eingeteilt. Auf den Etiketten von Weinflaschen sind die Güteklassen gekennzeichnet.

- Güteklassen
  - Tafelwein
  - Landwein
  - Qualitätswein b. A. (**b**estimmter **A**nbaugebiete)
  - Qualitätswein mit Prädikat
    - Kabinett
    - Spätlese
    - Auslese
    - Beerenauslese
    - Trocken-Beerenauslese

Tafelwein

An Tafelwein werden keine besonderen Anforderungen gestellt. Bei Tafelwein handelt es sich um die niedrigste Güteklasse. Besondere Qualitätsprüfungen gibt es hierbei nicht. Tafelwein muss jedoch aus einem der vier Anbaugebiete Rhein-Mosel, Bayern, Neckar oder Oberrhein stammen und einen Alkoholgehalt von mindestens 8,5 Vol.-% aufweisen.

Vol.-% = Volumenprozent

Landwein

Unter Landwein versteht man gehobenen Tafelwein. Landwein muss den typischen Geschmack eines der oben genannten Anbaugebiete haben. Der Geschmack kann abhängig von Klima und Anbauboden recht unterschiedlich sein. Der Alkoholgehalt ist mit mindestens 9,0 Vol.-% etwas höher als bei Tafelwein. Landwein wird nur trocken und halbtrocken angeboten. „Trocken" heißt, dass der Wein nicht mehr als 4 Gramm unvergorenen Zucker pro Liter enthalten darf. Bei halbtrockenem Wein liegt diese Grenze bei 9 Gramm unvergorenen Zuckers.

Qualitätswein bestimmter Anbaugebiete (QbA)

Auf einem Etikett findet der Kunde meistens nur die Bezeichnung „Qualitätswein b. A.". Hierbei handelt es sich – im Unterschied zu Tafel- und Landwein – um gehaltvollere Weine, die den typischen Charakter eines Weinanbaugebietes aufweisen. Qualitätswein b. A. muss mindestens 9,0 Vol.-% Alkoholgehalt aufweisen. Der gebietstypische Charakter des Weins wird durch eine amtliche Prüfung garantiert. Außerdem hat Qualitätswein b. A. einen gesetzlich festgelegten Reifegrad (Mostgewicht)

Qualitätswein mit Prädikat (QmP)
Hierbei handelt es sich um Weine, die zusätzlich zu den Anforderungen der Qualitätsweine b. A. noch weiteren Anforderungen genügen müssen. So darf beispielsweise der Alkoholgehalt nicht durch eine **zusätzliche** Zuckerung erhöht werden. Um ein bestimmtes Prädikat zu erhalten, werden diese Qualitätsweine nach verschiedenen Kriterien untersucht:

- Zeitraum der Weinlese
- Reifegrad der Trauben
- Mostgewicht (Öchslegrad)

Kabinett
Kabinettswein wird aus ausgereiften Trauben hergestellt, die während der Hauptlesezeit geerntet werden. Die Trauben haben ein relativ niedriges Mostgewicht (70–85 Öchslegrad). Kabinettswein zeichnet sich durch eleganten, leichten Geschmack aus und hat einen Alkoholgehalt von mind. 7 Vol.-%.

Spätlese
Die Trauben werden nach der Hauptlesezeit geerntet, wenn sie vollreif sind. Das Mostgewicht ist mit 76–95 Öchslegrad etwas höher als bei Kabinettswein. Kennzeichen der Spätlese ist ein reicher Geschmack von nobler Eleganz. Der Alkoholgehalt liegt bei mind. 7 Vol.-%.

Auslese
Aus vollreifen Trauben werden alle nicht einwandfreien Früchte „ausgelesen“. Auslese hat ein kräftiges Aroma und feines Bukett. Das Mostgewicht beträgt 83–105 Öchslegrad. Der Alkoholgehalt liegt bei mind. 7 Vol.-%.

Beerenauslese (BA)
Beerenauslesen sind Spitzenweine, zu deren Herstellung nur überreife und edelfaule (oft vollreife) Trauben verwendet werden. Der natürliche Zuckergehalt ist sehr hoch, dadurch haben sie eine reife Süße. Beerenauslesen haben einen hohen Gehalt an Würzstoffen, sodass ihr Geschmack temperamentvoll, kräftig und würzig ist. Sie sind sehr lange lagerfähig und zählen eher zu den Weinen mit höherem Preisniveau. Der Alkoholgehalt beträgt mind. 5,5 Vol.-%. Das Mostgewicht beträgt 110–128 Öchslegrad.

Trockenbeerenauslese (TBA)
Nur edelfaule Trauben, die rosinenartig eingeschrumpft sind, werden hierzu verwendet. Farbe, Aroma und der Gehalt an Würzstoffen ist hierbei außerordentlich intensiv. Der natürliche Zuckergehalt ist so hoch, dass die Weine bisweilen außerordentlich süß sind. Trockenbeerenauslesen sind sehr lange lagerfähig. Der Alkoholgehalt beträgt mind. 5,5 Vol.-%. Trockenbeerenauslesen haben ein Mostgewicht von mindestens 150 Öchslegraden. Unter den Güteklassen erreichen Trockenbeerenauslesen die höchste Prädikatsstufe und werden auf einem sehr hohen Preisniveau verkauft.

Produktmerkmal Angebotszustand
Auch wenn das Wetter von Jahr zu Jahr sehr unterschiedlich ist, sind die deutschen Rebsorten so auf unser Klima eingestellt, dass sie nahezu jedes Jahr einen guten, ansprechenden Wein liefern. Trotzdem gibt es Unterschiede im Zustand des angebotenen Weins. In dem einen Jahr überwiegt vielleicht eine markante, fruchtige Säure. Im nächsten Jahr bestimmt möglicherweise eine feine, harmonische Süße des Mostes den Charakter des späteren Weines. Für Weinkenner sind diese Feinheiten der Jahrgänge wichtig. Und nach dem Jahrgang richtet sich schließlich auch die Aufbewahrungszeit des Weins. So gelten bei Weinen, die mit dem Zeichen „Qualitätswein mit Prädikat" ausgestattet sind, folgende Aufbewahrungszeiten:

„Angebotszustand" = Produktmerkmal bei Lebensmitteln

Aufbewahrungszeit	
Kabinett	2– 3 Jahre
Spätlese	5–10 Jahre
Auslese	7–10 Jahre
Beerenauslese	7–10 Jahre
Trockenbeerenauslese	7–10 Jahre

Jahrgangsqualität		Ausgewählter Jahrgang
1994	Gute Mostqualität	☐
1995	Gute Mostqualität	☐
1996	Gute Mostqualität	☐
1997	Sehr gute Mostqualität	☐
1998	Gute Mostqualität	☐

Produktmerkmal Herstellung

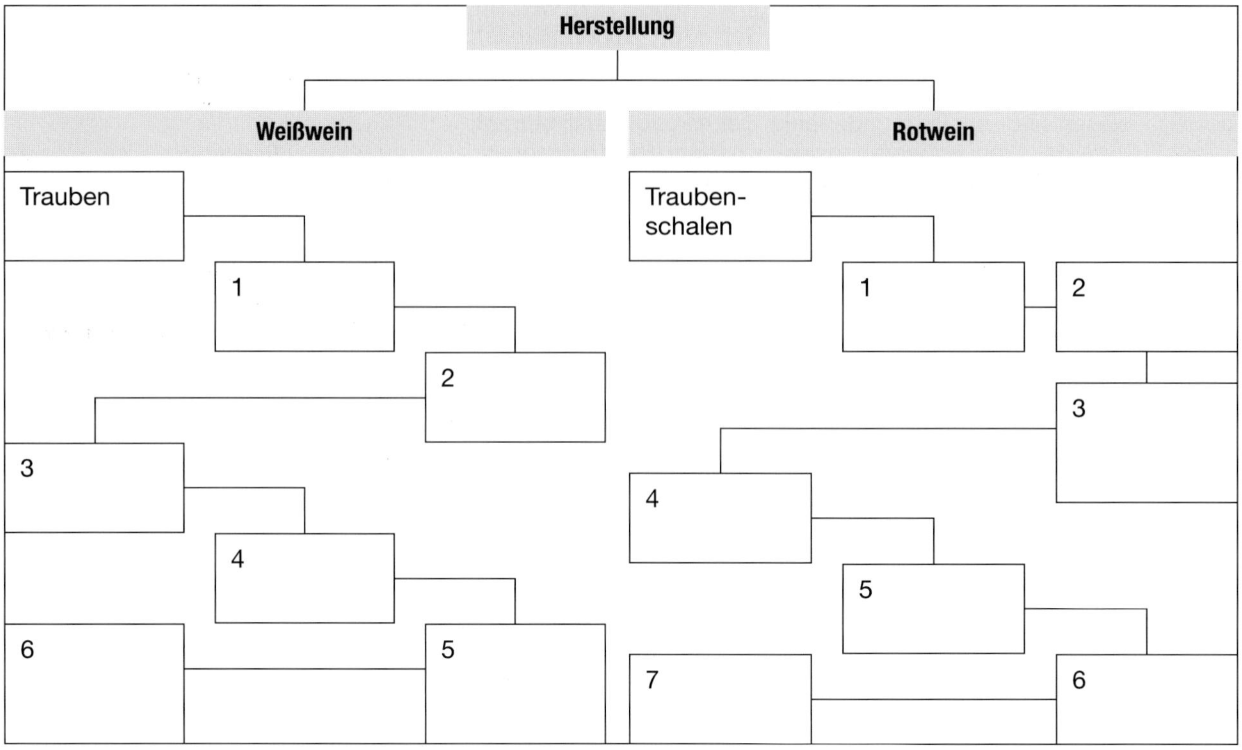

Ausgewählter Wein (bitte ankreuzen): ☐ ☐

Weißweinherstellung
Weißwein kann aus grünen und roten Trauben hergestellt werden. Wird er aus roten Trauben hergestellt, so müssen diese ein helles Fruchtfleisch haben. In Deutschland hingegen wird Weißwein nur aus weißen Trauben hergestellt. Der erste Schritt bei der Weißweinherstellung ist, dass die von Stielen befreiten Trauben grob zur Maische gemahlen werden. Im zweiten Schritt wird in der Kelter (Presse) der Most (Saft) abgepresst, sodass nur noch der Treber (ausgepresstes Fruchtfleisch) übrig bleibt. Aus 100 kg Weintrauben gewinnt man auf diese Weise ca. 75 Liter Most. Als dritter Schritt wird der Most in große Fässer oder Stahltanks gegeben, wo er vergärt. Anschließend werden dem Most Hefekulturen zugesetzt. Nun erfolgt die Hauptgärung, die etwa eine Woche dauert. Nach der Hauptgärung wird der Wein zum Nachgären in Fässer gepumpt. Dieser Vorgang dauert bis zu drei Wochen. In diesen Wochen entwickelt der Wein sein Bukett. Bis zur Abfüllung in Flaschen lagert der Wein nun im Reifefass. Dadurch, dass bei Weißwein die Maische direkt gekeltert wird, besteht die Gefahr, dass der Weißwein schneller verdirbt, weil der frische Most leichter von Bakterien in der Luft befallen werden kann. Um den Weißwein vor Verderb oder vor Veränderungen im Geschmack zu schützen, wird er durch Schwefelung haltbarer gemacht. Hiernach wird der immer noch trübe Rebensaft noch einmal in einem Filter von Schmutzstoffen befreit. Eventuell noch vorhandene Bakterien werden zuletzt durch kurze Erwärmung abgetötet.

Rotweinherstellung
Rotwein wird nur aus roten oder blauen Trauben hergestellt. Die Farbe des Rotweins stammt aus den Schalen der Trauben. Die von Stielen befreiten Trauben werden ebenfalls grob zur Maische gemahlen. Allerdings vergärt – anders als bei Weißwein – zunächst die Maische in Tanks. Erst durch die Vergärung der Maische wird der rote Farbstoff der Schalen freigesetzt. Nach der Gärung wird die vergorene Maische gekeltert. Anschließend wird der Most – genauso wie bei Weißwein – im Gärfass vergoren und mit Hefekulturen versetzt (Hauptgärung). Nach der Hauptgärung wird der Rotwein ebenfalls zum Nachgären in Fässer gepumpt und lagert dort bis zur Abfüllung in Flaschen. Im Unterschied zu Weißwein besitzt Rotwein einen kräftigeren, vollmundigeren Geschmack. Rotwein erhält seinen typischen kräftigen Geschmack durch die Maische-Gärung. Während die Maische bei Weißwein direkt gekeltert wird und der Most so leichter von Bakterien befallen werden kann, wird die Maische bei Rotwein zunächst vergoren. Zudem befinden sich die wesentlichen Aroma- und Farbstoffe für die Herstellung von Rotwein in den Schalen, die in der Maische mit vergoren werden (das Fruchtfleisch roter Trauben ist meistens hell). Erst nach der Maische-Gärung wird der vergorene rote Saft gekeltert.

Mostgewicht und Öchslegrad
Nach der Ernte wird das Mostgewicht der Trauben festgestellt. Das Ergebnis dieser Messung nennt man „Öchslegrad". Der Öchslegrad entscheidet darüber, welcher Güteklasse der Wein zugeordnet wird. Bei der Messung des Mostgewichts wird angezeigt, um wie viel schwerer ein Liter Most als ein Liter Wasser ist. Mit der Angabe von Öchslegrad kann man den Alkoholgehalt in Prozent messen.

1 Liter Wein	= 1.100 g	10 Öchslegrad = ca. 1,2 % Alkoholgehalt
– 1 Liter Wasser	= 1.000 g	100 Öchslegrad = ca. 12 % Alkoholgehalt
= Öchslegrad	= 100 g	

Obwohl die deutschen Weinanbaugebiete die nördlichsten Europas sind, erfreuen sich deutsche Weine in der ganzen Welt großer Beliebtheit. Blume und Bukett deutscher Weine sind überall sehr gefragt. Dabei unterscheiden sich die Weine der einzelnen Weinanbaugebiete noch durch bestimmte Eigenschaften. Insgesamt unterscheidet man in Deutschland **13 bestimmte Anbaugebiete (b. A.)**.

Blume = Duft, der sich im Glas entfaltet

Bukett (auch: Bouquet) = Duft nach verschiedenen Aromen

Häufig werden die Begriffe mit gleicher Bedeutung verwendet

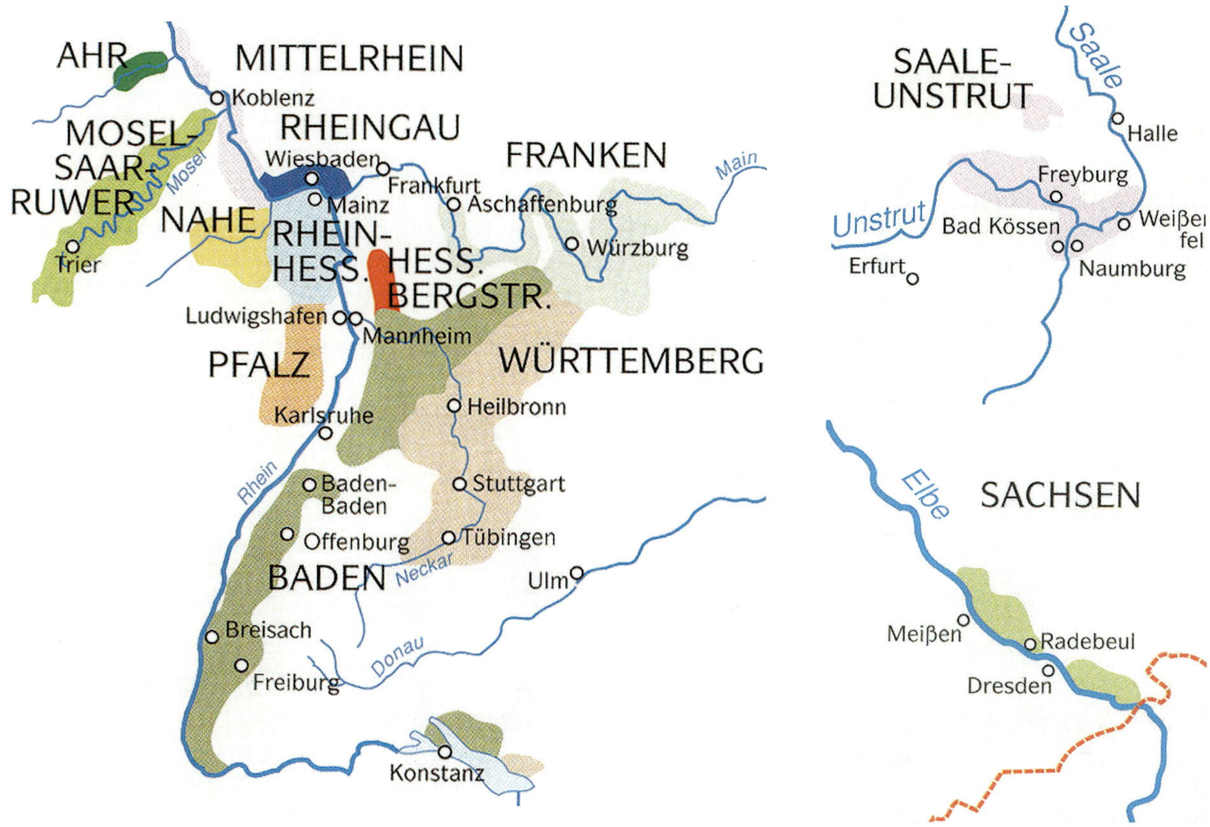

Deutsche Weinanbaugebiete

Ausgewähltes Anbaugebiet

- **Ahr.** Im Ahrtal werden überwiegend Rotweine erzeugt, die sich durch ihr Temperament und ihren sehr kräftigen Geschmack auszeichnen. Besonders beliebt sind Beerenauslesen aus dem Ahrtal wegen ihres würzigen Geschmacks. ☐
- **Mittelrhein.** Dieses Weinanbaugebiet erstreckt sich vom Rhein bis zum Siebengebirge. In diesem Weinanbaugebiete werden herzhaft frische Auslesen angebaut. Diese Weine sind wegen ihrer feinen Blume sehr beliebt. ☐
- **Mosel-Saar-Ruwer.** Weine, die innerhalb der Grenzen dieser drei Flüsse erzeugt werden, werden wegen ihrer feinen Eleganz und Lieblichkeit geschätzt. Sie haben wegen ihres Kohlesäuregehalts eine erfrischende Wirkung. ☐
- **Rheingau.** Weine, die in diesem rechtsrheinischen Gebiet erzeugt werden, haben eine fruchtige Säure, sind bekömmlich und nicht schwer. Es sind häufig Auslesen mit harmonischem Geschmack. ☐
- **Franken.** Frankenweine kommen aus dem Maingebiet. Das Weinanbaugebiet Franken ist ein typisches Weißweingebiet. Frankenweine sind kräftig und erdhaft und werden häufig in sog. Bocksbeutelflaschen in den Handel gebracht. ☐
- **Nahe.** Naheweine gelten als fruchtig und saftig. Sie haben die Eigenschaft, die Spritzigkeit von Moselweinen mit der Fruchtigkeit von Rheinweinen zu vereinigen. An der unteren Nahe sind die Weine schwer und gehaltvoll. ☐
- **Rheinhessen.** Boden und Klima sind in diesem Weinanbaugebiet sehr unterschiedlich. Somit werden auch alle Geschmackswünsche abgedeckt. Milde, liebliche Weine gibt es genauso wie charaktervolle und gehaltvolle Weine. ☐
- **Hessische Bergstraße.** Auf etwa der Hälfte dieses Anbaugebietes werden Auslesen angebaut, die wegen ihrer erdhaften Säure und ihres herzhaften Geschmacks bekannt sind. Sie sind mit keinem anderen Wein vergleichbar. ☐

- **Pfalz.** Dieses Weinanbaugebiet gilt als sonnendurchglüht. Aus diesem Grund werden hier Weine erzeugt, die als wuchtig und besonders kräftig angesehen werden. Aber auch milde und frische Tischweine werden hier erzeugt.
- **Württemberg.** Württemberg besitzt das größte Rotwein-Anbaugebiet. Vom Neckar im Norden bis zum Bodensee im Süden wachsen hier kräftige Weine mit einem frischen Geschmack.
- **Baden.** Badische Weine sind die südlichsten Weine Deutschlands. In Baden werden frische und bekömmliche Weine genauso wie gehaltvolle und duftige Weine erzeugt. Baden ist das sonnigste Weinland.
- **Saale/Unstrut.** Hierbei handelt es sich um das nördlichste Weinanbaugebiet Deutschlands. Weine aus diesem Gebiet sind aufgrund ihres trockenen Geschmacks und weichen Charakters berühmt.
- **Sachsen.** Sächsische Weine stammen aus dem kleinsten Weinanbaugebiet Deutschlands. Die trockenen Weine sind charaktervoll und zeichnen sich durch ihre fruchtige Säure aus. Dadurch sind sie unverwechselbar.

Produktmerkmal Maße

Zwar wird Wein heutzutage immer mehr in Tüten und Schläuchen verkauft, doch wird er üblicherweise in Flaschen abgefüllt. Am häufigsten trifft man im Einzelhandel eine Flaschengröße mit einer Inhaltsmenge von 0,75 l an. Kunden, die nur in kleinen Mengen genießen wollen, können auch die sog. halbe Flasche (= 0,375 l) kaufen. Als weiteres Maß erhält man Wein in 1,0-l-Flaschen.
Traditionsreiche Weinanbaugebiete haben zudem im Laufe der letzten Jahrhunderte eigene Flaschenformen und Flaschenfarben herausgebildet.

Bocksbeutel
Gilt als „Wahrzeichen" für Frankenweine. Nur Frankenweine dürfen darin abgefüllt werden.

Bordeaux-Flasche
Häufigste Flaschenform, die aber nicht nur für Bordeaux-Weine genutzt wird.

Burgunder-Flasche
Nicht nur Burgunderwein, sondern auch Rotwein von der Ahr wird darin abgefüllt.

Schlegel-Flasche
Die häufigste Flaschenform für deutsche Weine.

Zusätzlich zu den üblichen Maßen für Inhaltsmengen von Weinflaschen wird Wein auch in Flaschen mit Übergrößen abgefüllt. So gibt es für Wein in Bordeaux-Flaschen verschiedene Übergrößen:
- Magnum-Flasche: 2 Flaschen (= 1,5 l)
- Double-Magnum-Flasche: 4 Flaschen (= 3,0 l).

Die Flaschenform ist für die Qualität des Weins unerheblich. Die Flaschengröße hingegen kann von wichtiger Bedeutung sein, denn je kleiner die Flasche ist, desto geringer ist die Lagerfähigkeit des Weins. Aus diesem Grund werden besonders seltene und exzellente Rotweine in Flaschen mit Übergrößen abgefüllt.

Produktmerkmal Bedienung

Wein sollte bei stets gleich bleibender Lagertemperatur aufbewahrt werden. Üblicherweise wird Wein im Keller gelagert. Die idealen Kellertemperaturen liegen dabei zwischen 12 und 17 °C. Wichtig ist, dass die Flaschen bei längerer Lagerung flach liegen. Der Wein umspült dann den Korken und hält ihn feucht; andernfalls würde er schnell eintrocknen und luftdurchlässig werden. Hochwertiger Wein soll erst getrunken werden, wenn er nach dem Transport einige Tage kühl gelagert hat. Wer keinen Keller (oder einen ähnlich kühlen Raum) hat, kühlt seinen Wein häufig im Kühlschrank. Für die Lagerung im Kühlschrank müssen jedoch einige wichtige Dinge berücksichtigt werden:

- Der Wein sollte nur so lange im Kühlschrank aufbewahrt werden, bis er seine Trinktemperatur erreicht hat. Er kann jedoch ohne Qualitätsverlust einige Tage im Kühlschrank bleiben.
- Der Wein kann einen sehr negativen „Kühlschrankgeschmack" annehmen, wenn er über einen zu langen Zeitraum im Kühlschrank gelagert wurde.
- Wein, der mehrere Wochen im Kühlschrank lagerte, ist vor dem Servieren unbedingt zu kosten.
- Ein Wein, der bereits im Kühlschrank gekühlt wurde, darf nicht wieder zur weiteren Lagerung in den Keller zurück. Der längere Verbleib in der Kälte verhindert jegliche weitere Entwicklung des Weines.

2. Arbeitsauftrag

Entwerfen Sie eine Verkaufssituation, in der Sie einen Kunden über ein Produkt aus dem Sortiment Ihres Ausbildungsbetriebes hinsichtlich der Zeichen informieren. Gehen Sie dabei auch auf das Material des Produkts und dessen Eigenschaften ein.
Beachten Sie folgendes Vorgehen:

- Wählen Sie ein Produkt aus Ihrem Ausbildungssortiment aus, z. B.
  a) Weintrauben (Tafeltrauben), Handelsklasse Extra
  b) Herren-Crash-Hemd aus Baumwollmischgewebe (65 % Polyester, 35 % Baumwolle), nicht bügeln, Handwäsche
  c) Briefumschläge aus Recyclingpapier (hergestellt aus 100 % Altpapier)
- Bestimmen Sie einen Kundentyp, beschreiben Sie diesen sowie dessen Ansprüche, z. B.
  a) Ein ca. 30-jähriger Mann prüft in der Lebensmittelabteilung die Etiketten des abgepackten Obstes. Gegenüber der Verkäuferin sagt er: „Auf gesunde Ernährung achte ich auf jeden Fall. Da muss es schon gute Qualität sein. Man kann gar nicht genug darauf achten, das Richtige zu essen. Ich mag vor allen Dingen süße Trauben, aber sie dürfen nicht so weich sein."
  b) Ein junger Mann, ca. 18 Jahre alt, sucht in der Abteilung Herrenhemden nach einem ausgefallenen Hemd: „Ich suche ein Knitterhemd. Es muss auffallen. Aber ich habe keine Waschmaschine. Und ich habe auch keine Lust, meiner Mutter jede Woche die Wäsche zu bringen. Ich muss mich gut darin bewegen können. Es darf also nicht zu klein sein."
  c) Ein ca. 45-jähriger Mann, gut gekleidet, äußert in der Schreibwarenabteilung gegenüber einer Verkäuferin folgenden Wunsch: „Ich bin Rechtsanwalt. Ich versende häufig wertvolle Dokumente und sperrige Dokumenten-Mappen, die auf dem Postweg nicht verknicken dürfen. Gibt es denn Versandtaschen, in denen Dokumente gesichert transportiert werden und die gleichzeitig nicht so umweltschädigend hergestellt werden?"
- Wählen Sie Eigenschaften aus, die sich auf die Kundenansprüche beziehen, z. B.

a) Produktmerkmale:	Handelsklasse Extra (Zeichen) Erste Weinlese im August (Herstellung), Süditalien (Herkunft) Feste Schale, besondere Süße (Angebotszustand) Besonders große Beeren (Maße) Vor dem Verzehr gründlich reinigen, weißer Bezug auf der Schale entsteht durch Verdunstung der Nachtfeuchtigkeit und kann leicht abgewaschen werden (Bedienung)
Produkteigenschaften:	fehlerlose Früchte in Form und Farbe, frei von Schmutz und Rückständen, Auslese, höchste Qualität, besondere Süße aufgrund intensiver Sonneneinwirkung
Kundennutzen:	wertvolles Nahrungsmittel für die Verdauungsförderung, hoher Vitamingehalt zur Stärkung von Abwehrkräften, besonderer geschmacklicher Genuss
b) Produktmerkmale:	Baumwollmischgewebe (65 % Polyester, 35 % Baumwolle), nicht bügeln, Handwäsche (Zeichen) Gefältete Kunstfasern werden in Baumwollgewebe eingewoben, so dass sich der Stoff zusammenzieht (Herstellung) Italien (Herstellung) Modische Knitteroptik mit eingenähtem Streifen-Design, Rückenfalte und abgerundetem Saum (Optik), Größe XL (Maße) Nicht bügeln, Handwäsche, Hemd muss nach der Handwäsche verknotet werden und trocknen, damit die Crash-Optik erhalten bleibt (Bedienung)
Produkteigenschaften:	Baumwolle: saugfähig, luftdurchlässig, weich Polyester: formbeständig, transportiert Schweiß nach außen Handwäsche: kann im Waschbecken gewaschen werden Nicht bügeln: darf nicht mit Bügeleisen behandelt werden Eingewebte gefältete Kunstfasern sichern den Knitter-Look
Kundennutzen:	angenehmes Tragegefühl, Kauf einer Waschmaschine ist nicht erforderlich, muss nicht gebügelt werden, auffallende und moderne Optik, ausreichender Tragekomfort durch entsprechende Größe.
c) Produktmerkmale:	Recycling-Papier zu 100 % aus Altpapier (Zeichen) Mit Sperrschichtluftpolsterfolie gefüttert (Herstellung) Deutschland (Herkunft) Farbe: gold, angeschrägte Ecken (Optik) DIN C4: 229 x 324 mm = 79 g DIN B4: 250 x 353 mm = 90 g (Maße) Seiten müssen für den Transport sperriger Gegenstände aufgeklappt werden, nach Gebrauch einfach dem Altpapier-Kreislauf zuführen (Bedienung)
Produkteigenschaften:	wird zu 100 % aus Altpapier hergestellt und ist vollständig recyclingfähig, die Innentasche ist vollständig mit Luftpolstertasche gefüttert, angeschrägte Ecken sichern vor Verhaken, stabile Seitenfalte kann aufgeklappt werden.

Kundennutzen: Umwelt wird geschont, weil das Papier für die Luftpolstertasche zu 100 % aus Altpapier hergestellt wurde und dem Altpapier-Kreislauf zugeführt werden kann, Fütterung mit Luftpolster sichert die versandten Produkte vor Bruch und Erschütterung beim Transport, aufklappbare Seitenfalte ermöglicht den Transport sperriger Güter, angeschrägte Ecken verhindern ein Aufreißen der Versandtasche.

- Argumentieren Sie mit den Produkteigenschaften und gehen Sie auf die Kundenansprüche ein:
  a) „Da kann ich Ihnen diese Datteltrauben empfehlen. Es handelt sich um Handelsklasse Extra. Die Trauben werden im August in Süditalien gelesen und erhalten somit sehr viel Sonneneinstrahlung. Aus diesem Grund erhalten sie die besondere geschmackliche Süße. Sie haben eine feste Schale und sind besonders groß, fast so groß wie Datteln. Deshalb werden sie auch so genannt. Trauben sind ein wertvolles Nahrungsmittel für die Verdauungsförderung. Durch ihren hohen Gehalt an Vitaminen stärken sie Ihre Abwehrkraft. Vor dem Verzehr sollten Sie sie jedoch gründlich reinigen. Sollten Sie auf den Trauben einen weißen Bezug auf der Schale sehen, so stammt er von der Verdunstung der Nachtfeuchtigkeit. Die Qualität der Datteltrauben wird dadurch nicht eingeschränkt. Sie können den Bezug leicht abwaschen."
  b) „Sehen Sie sich doch mal dieses Hemd in Größe XL an. Durch eingewebte und gefältete Kunstfasern zieht sich der Stoff zusammen und erhält seine modische Crash-Optik. Das Mischgewebe besteht aus 35 % Baumwolle und 65 % Polyester. Die Baumwolle sorgt für gute Luftdurchlässigkeit und Saugfähigkeit. Polyester sorgt dafür, dass Ihr Hemd seine Form behält und der Schweiß nach außen transportiert wird. Die Hemdgröße sorgt für angenehmen Tragekomfort. Außerdem benötigen Sie keine Waschmaschine, weil das Hemd von Hand im Waschbecken gewaschen werden kann. Und bügeln müssen Sie es auch nicht, denn sonst verliert es seinen Knitter-Look. Wenn Sie es gewaschen haben, sollten Sie es verknoten und an der Luft trocknen lassen, damit es seine Crash-Optik behält.
  c) Ich empfehle Ihnen die Briefumschläge aus Recyclingpapier. Sie werden zu 100 % aus Altpapier hergestellt. Aus diesem Grund können sie vollständig dem Abfallentsorgungs-Kreislauf zugeführt werden, so dass sie wieder zu 100 % als Grundstoff für die spätere Herstellung weiterer Papierartikel verwendet werden können. Durch die Fütterung der Innentasche mit einem Luftpolster können Sie Ihre Dokumente sicher transportieren lassen. Wenn Sie die Seitenfalte umklappen, vergrößert sich das Volumen der Innentasche, so dass Sie auch sperrige Inhalte mühelos einfüllen können. Die angeschrägten Ecken sorgen dafür, dass die Versandtasche nicht verhakt. Auf diese Weise können Sie Ihre Dokumente sicher und problemlos transportieren lassen und tragen gleichzeitig zum Schutz der Umwelt bei.

Aufgabe 1

Geben Sie an, um welche Art von Zeichen es sich nachstehend handelt.

1. 2. 3. 4. 5. 6. 7. 8.

Aufgabe 2

Welche der nachstehenden Aussagen passen auf Güte-, Waren- oder Bedienungszeichen?

1. „Durch dieses Zeichen garantiert der Hersteller eine gleich bleibende Qualität der Produkte, die mit dem Zeichen versehen sind."
2. „Da das Zeichen von unabhängigen Organisationen verliehen wird, hat es für den Kunden besonders große Überzeugungskraft."
3. „Der Hersteller möchte durch dieses Zeichen seine Artikel von der Konkurrenz abheben."
4. „Durch das Zeichen informiert der Hersteller die Kunden über den Gebrauch dieses Produktes."
5. „Das Zeichen signalisiert dem Kunden ein bestimmtes Preisniveau. Der Hersteller und auch der Einzelhändler können das Produkt daher höher kalkulieren."

Aufgabe 3

Beantworten Sie zu den nachfolgenden Verkaufsargumenten jeweils folgende zwei Fragen:

a) Von welchem Zeichen (Güte-, Waren- oder Bedienungszeichen) ist jeweils die Rede?
b) Welche Kundenansprüche werden in den folgenden Verkaufsargumenten jeweils sichtbar?

Beispiel 1

„Die Firma Compo hat sich diesen Pinguin als Zeichen ausgesucht, um ihre Produkte, die aus echtem Guano hergestellt werden, zu kennzeichnen. Sie können daher gut jene Artikel auswählen, die für die natürliche Düngung Ihrer Pflanzen so wertvoll sind."

Beispiel 2
„Kinderschuhe mit dem ‚Elefanten' sind bekannt dafür, dass sie in verschiedenen Weiten angeboten werden. Gerade empfindliche Kinderfüße benötigen Schuhe, die in Länge und Weite stimmen. Mit diesem Elefanten-Schuh erhalten Sie fußgesundes Schuhwerk für Ihre Tochter."

Beispiel 3
Kunde: *„Ich hätte gern eine Farbsprühdose ‚Polar-Silber-Metallic'. Sie sollte nicht gesundheitsschädigend sein."*

Kundenberater: *„Gerne. Da haben wir hier eine Farbe, die mit einem umweltfreundlichen Treibmittel ausgestattet und schadstoffarm ist. Sie wurde von zwei unabhängigen Organisationen getestet und von beiden für gut befunden. Sie sehen hier das Gütezeichen von ‚RAL' und den ‚Umweltengel'. Wenn Sie noch zusätzlich diese Staubfiltermaske benutzen, sind Sie optimal geschützt."*

Beispiel 4
„Dieses Warnzeichen auf dem Haartrockner soll Sie daran erinnern, dass Sie das Gerät nicht in der Badewanne, in der Dusche oder über einem mit Wasser gefüllten Waschbecken benutzen. Da Sie das Warnzeichen immer vor Augen haben, schafft es mehr Sicherheit, als wenn es nur in der Bedienungsanleitung vermerkt wäre."

Beispiel 5
„‚Globetrotter' ist eine Marke unseres Hauses. Der Name steht für sportlich-praktische Freizeitkleidung zu vernünftigen Preisen. Sie erkennen das an dieser Jeans-Kombination. So preisgünstig werden Sie kaum ein anderes Markenprodukt erwerben können."

Aufgabe 4

Eine Kundin begutachtet an der Gemüsetheke einen Sack Kartoffeln. Erstaunt registriert sie den hohen Preis. Sabrina ordnet gerade die Ware, als sie von der Kundin angesprochen wird.

Kundin: *„Na, das wird ja wohl auch immer teurer."*

Sabrina: *„Dafür wird es aber auch besser."*

Kundin: *„So? Woher wollen Sie das denn wissen?"*

Sabrina: *„Steht doch auf dem Etikett. Schauen Sie doch mal hier, das Zeichen."*

Kundin: *„Ach, das hier. Tja, da steht ‚Bio'. Und?"*

Sabrina: *„Daran erkennen Sie doch, dass es gute Qualität ist."*

Kundin: *„Wenn Sie es sagen. Aber wer soll denn bei all diesen Zeichen überhaupt noch durchblicken, was sie bedeuten?"*

Informieren Sie sich über das Umweltzeichen „BIO-Siegel" und begründen Sie, warum es als Ausdruck besonderer Produktqualität geeignet ist.

Aufgabe 5

Suchen Sie auf Verpackungen, Broschüren etc. jeweils zwei

- Gütezeichen,
- Warenzeichen,
- Bedienungszeichen und
- Umweltzeichen

aus Ihrer Ausbildungsbranche und erklären Sie deren Bedeutung.

Aufgabe 6

Jede Branche hat ihre eigene Produktkennzeichnung. Durch die große Produktvielfalt wird es immer schwieriger, die Eigenschaften so vieler unterschiedlicher Waren zu kennen. Der Verkäufer muss sich folglich mit den häufigsten und wichtigsten Produktzeichen seiner Branche auskennen, um den Kunden fachkundig beraten zu können.

a) Besorgen Sie zwei typische Verpackungen von Produkten Ihrer Branche und verschaffen Sie sich einen Überblick über die darauf vorhandenen Zeichen.
b) Erklären Sie die Bedeutung der von Ihnen ausgewählten Zeichen.

Aufgabe 7

Eine Kundin sucht in der Abteilung „Damenoberbekleidung" nach einer Bluse. Nachdem sie die Preise mehrerer Blusen miteinander verglichen hat, reagiert sie stutzig und wendet sich an eine Kundenberaterin, die gerade in der Nähe mit Dekorationsarbeiten beschäftigt ist.

a) *Kundin:* *„Tja, ich weiß gar nicht, was ich nehmen soll."*

Kundenberaterin: *„Wie kann ich Ihnen denn dabei helfen?"*

Kundin: *„Also, diese Bluse gefällt mir sehr, aber ich wundere mich etwas über den hohen Preis.*

Kundenberaterin: *„Dann gucken Sie doch einfach mal auf das Schildchen."*

Kundin: *„So? Was meinen Sie denn damit?"*

Kundenberaterin: *„Hier, das Ökosiegel. Haben Sie das noch nie gesehen? ‚Naturtextil' ... Steht ja drauf ... Dann wissen Sie ja wohl auch, warum das so teuer ist. ‚Öko' ist immer teurer als andere Sachen."*

Kundin: *„Tja, wenn Sie meinen ... Aber, ich glaube, ich schaue noch mal weiter."*

b) *Kundin:* *„Tja, ich weiß gar nicht, was ich nehmen soll."*

Kundenberaterin: *„Wie kann ich Ihnen denn dabei helfen?"*

Kundin: *„Also, diese Bluse gefällt mir sehr, aber ich wundere mich etwas über den hohen Preis.*

Kundenberaterin: *„Dann sehen Sie doch mal hier, das ‚Naturtextil'-Zeichen. Es deutet darauf hin, dass die Blusen ausschließlich aus nachwachsenden Rohstoffen aus kontrolliert biologischem Anbau, wie zum Beispiel Baumwolle, Seide, Hanf oder Merinoschafwolle hergestellt werden. Außerdem darf der Hersteller das Zeichen nur dann vergeben, wenn er garantiert keine chemischen Zusatzstoffe zur „Verfeinerung" der Textilien verwendet. Dies wird zudem durch unabhängige Labors kontrolliert."*

Kundin: *„Tja, das hört sich ja schon sehr überzeugend an. Ich glaube, ich probiere die Bluse einmal an."*

Aufgabe 8

In einem Drogeriemarkt: Ein Kunde – schätzungsweise Mitte 30, gut gekleidet – steht vor einem Regal mit Deodorants. Sabrina lernt gerade die Bestellung am Regal, bemerkt jedoch den Kunden, der etwas unschlüssig das eine oder andere Deodorant in der Hand hält und wieder zurück ins Regal stellt. Sabrina spricht ihn an und fragt, wie sie ihm helfen kann.

Kunde: *„Ach, wissen Sie, ich schwitze stark unter den Achseln. Als ob es nicht schon unangenehm genug wäre, habe ich immer einen dunklen Flecken unter dem Arm. Das ist mir häufig sehr peinlich. Ich arbeite in einer Bank und trage immer helle Hemden. Da sieht man die Flecken schon sehr deutlich. Und das bei all dem Kundenverkehr."*

Sabrina: *„Da gibt es eigentlich keine großen Unterschiede. Deo ist Deo. Die unterscheiden sich ja doch meistens nur im Geruch voneinander. Irgendwie ist ja doch immer dasselbe drin."*

Kunde: *„Aber irgendeinen Unterschied muss es doch geben, sonst hätten die Deodorants nicht alle so unterschiedliche Preise."*

Sabrina: *„Da zahlen Sie eben einfach meistens die Marke mit. Wissen Sie? Das Warenzeichen für das Deo."*

Kunde: *„Und welches können Sie mir nun empfehlen?"*

Sabrina: *„Das müssen Sie schon selbst wissen."*

Entwickeln Sie ein Verkaufsgespräch, in welchem Sie die Kaufentscheidung des Kunden in angemessener Weise erleichtern und zu einem erfolgreichen Kaufabschluss führen.

2.4 Den Kundenanspruch „gesunde Ernährung" berücksichtigen

Sabrina soll die Obst- und Gemüsetheke der Lebensmittelabteilung aufräumen und die Ware ordentlich dekorieren. Seit einiger Zeit schon fällt ihr eine Kundin auf, die der Theke immer wieder abgepacktes Obst entnimmt, die Etiketten genau prüft und das Obst anschließend wieder zurücklegt.

Sabrina: *„Wie kann ich Ihnen helfen?"*

Kundin: *„Tja, eigentlich suche ich etwas Gesundes."*

Sabrina: *„Da sind Sie beim Obst ja goldrichtig."*

Kundin: *„So einfach ist das aber nicht."*

Sabrina: *„Wieso?"*

Kundin: *„Weil ich nicht alles essen kann."*

Sabrina: *„Aber warum denn das?"*

Kundin: *„Ich habe Probleme mit Allergien. Ich reagiere allergisch auf Kernobst. Deshalb muss ich ein wenig darauf achten, was ich kaufe. Und es sollte Spitzenware sein."*

Sabrina: *„Ach, Obst können Sie immer essen. Da machen Sie sicherlich nichts falsch. Das ist doch so gesund. Was soll da schon passieren? Bei Obst können Sie auch alles nehmen. Das sieht manchmal nur etwas anders aus. Aber das hat nichts zu bedeuten. Sehen Sie mal hier: ganz frisch – Äpfel vom Niederrhein. Probieren Sie doch mal."*

Arbeitsauftrag

Übertragen Sie das Eingangsbeispiel auf Ihr Ausbildungssortiment und entwickeln Sie eine Verkaufssituation, in der Sie einer Kundin/einem Kunden mit Allergien geeignete Produkte anbieten.

Kunden mit Allergien

Immer mehr Menschen reagieren allergisch auf Kernobst wie z. B. Äpfel und Birnen. Besonders betroffen sind Menschen, die ohnehin unter Pollenallergien (z. B. Birken-, Erlenpollen) leiden. So kann – besonders bei Pollenallergikern – der herzhafte Biss in den Apfel Atemnot oder unangenehme Hautreizungen auslösen. Der Zusammenhang von Pollenallergie und Kernobstallergie wird auch als „Kreuzallergie" bezeichnet. Leider sehen Experten die Ursache in dieser zunehmenden Entwicklung in der chemischen Behandlung von Obst, damit es schöner aussieht und länger hält. Aus diesem Grund empfehlen sie beispielsweise den Verbrauch von Birnen- und Apfelsorten, die es im Handel nicht mehr so häufig gibt. Experten raten: Gesundes Obst muss nicht schön sein, und schönes Obst muss nicht immer gesund sein. Deswegen ist es für den Kundenberater wichtig Kunden, die unter Kreuzallergien leiden, darauf hinzuweisen, dass bestimmte Kernobstsorten wie z. B. Äpfel oder Birnen allergische Reaktionen auslösen können. Wollen die Kunden hingegen nicht auf den Verzehr des Kernobstes verzichten, so sollte man ihnen raten, das Obst zu erhitzen, weil dadurch einige (nicht alle) Stoffe, die die Allergie auslösen können, unschädlich gemacht werden. Trotzdem muss man bei dem Verzehr sehr vorsichtig sein.

Aufgabe 1

Kunden wollen schmackhaft und gesund essen. Immer stärker gewinnt der Kundenanspruch „gesunde Ernährung" an Bedeutung. Zahlreiche Kunden entwickeln diesen Anspruch aus freien Beweggründen. Manche hingegen sind aus gesundheitlichen Gründen (z. B. Diabetiker) darauf angewiesen, auf die entsprechende Nahrung zu achten.

a) Stellen Sie eine Liste von Produkten aus dem Lebensmittelbereich zusammen, die sich insbesondere für Kunden eignen, die sich aus freien Beweggründen gesund ernähren wollen.

b) Stellen Sie fest, welche Zeichen darauf hinweisen, dass diese Produkte für eine gesundheitsbewusste Ernährung geeignet sind.

Aufgabe 2

Aus welchen der folgenden Kundenäußerungen wird der Anspruch „gesunde Ernährung" erkennbar?

a) Ich esse zwar gerne Schokolade, aber es darf nicht viel Zucker darin sein.

b) Bei Gemüse ist mir nichts zu teuer.

c) Ich liebe zwar den Geschmack von Kaffee, aber er ist mir manchmal einfach zu stark.

d) Ich will mit dem Obst auch ein wenig für die kalte Winterzeit vorbeugen.

e) Klasse Extra, Klasse 1, Klasse 2 … bei Obst ist es doch egal, um welche Handelsklasse es sich handelt.

Aufgabe 3

Vergleichen Sie das Verhalten des Kundenberaters in den beiden Verkaufssituationen und begründen Sie, weshalb sich der Kunde in dem zweiten Gespräch zum Kauf entschließen konnte.
Ein Kunde betritt die Abteilung Bürogeräte eines Bürofachmarktes und wendet sich an einen Kundenberater, der gerade mit Dekorationsarbeiten beschäftigt ist.

a) *Kunde:* *„Entschuldigen Sie, ich suche ein Papierschneidegerät, dass ich auf meinem Schreibtisch dazu verwenden kann, um Bilder möglichst gerade ausschneiden zu können."*

Kundenberater: *„Da kann ich Ihnen dieses Schneidegerät empfehlen. Damit bekommen Sie einen glatten Schnitt." (hält dem Kunden ein Tischgerät aus dem Regal entgegen)*

Kunde: *„Hoffentlich schneidet das Gerät auch wirklich nur Papier. Ich habe keine Lust, mir damit in die Hand zu schneiden."*

Kundenberater: *„Keine Angst. Da passiert schon nichts."*

Kunde: *„Tja, wenn Sie es sagen. Aber – ehrlich gesagt – ich glaube, ich überlege es mir noch einmal."*

b) *Kunde:* *„Entschuldigen Sie, ich suche ein Papierschneidegerät, dass ich auf meinem Schreibtisch dazu verwenden kann, um Bilder möglichst gerade ausschneiden zu können."*

Kundenberater: *„Da kann ich Ihnen dieses Schneidegerät empfehlen. Damit bekommen Sie einen glatten Schnitt, und ihre Bilder haben einen ordentlichen Rand. Die Handhabung ist sehr einfach und sicher. An diesem Zeichen erkennen Sie, dass das Schneidegerät zuvor von unabhängigen Prüfern auf Sicherheit bei der Bedienung geprüft wurde. Wenn ich Ihnen das einmal zeigen darf." (demonstriert das Gerät)*

Kunde: *„Tja, das ist ja genau das, was ich suche. Ich glaube, ich nehme es."*

TÜV Hannover e.V. GS geprüfte Sicherheit

2.5 Verwendungsbezogen argumentieren

In der Abteilung Tapeten, Bodenbeläge, Farben des City-Warenhauses

Kunde: *„Ich hätte gerne einen Teppichboden für unser Kinderzimmer."*

Kundenberater: *„Ja, gerne. Zu welcher Einrichtung soll der Teppichboden passen?"*

Kunde: *„Im Zimmer befinden sich Möbel mit gelbem Kunststofffurnier und rote Vorhänge. Die Wände sind weiß."*

Kundenberater: *„Darf ich Ihnen einmal unsere reichhaltige Teppichbodenauswahl anhand eines Musterbuches zeigen?"*

Kunde: *„Sehr gerne."*

Kundenberater: *(schlägt das Musterbuch im unteren Preisbereich auf) „Hier sehen Sie zum Beispiel einen Teppichboden, dessen Oberseite aus Chemiefasern besteht. Chemiefasern sind äußerst strapazierfähig. Das macht diesen Teppichboden für ein Kinderzimmer besonders geeignet. Die Teppichunterseite besteht aus geschäumtem Latex. Dadurch wird der Bodenbelag elastisch und erhält die Fähigkeit, den Trittschall zu schlucken. Das geschäumte Material ist daher ein Schutz für Kinder und erhöht zudem den Wohnkomfort, da es Geräuschbelästigungen vermindert."*

Kunde: *„Das ist ja recht günstig."*

Kundenberater: *„Als Farbe empfehle ich Ihnen dieses Dunkelgrün. Sie schaffen damit kräftige Farbkontraste zu den gelben Möbeln und den roten Vorhängen. Diese Farbzusammenstellung ist ideal für ein Kinderzimmer, weil Kinder leuchtende Farben lieben."*

Kunde: *„Ich glaube, das gibt eine recht bunte Mischung."*

Kundenberater: *„Ein beigefarbener Teppichboden, wie Sie ihn hier sehen, ist farblich zurückhaltender. Beige würde sich den gelben Möbeln farblich anpassen. Die roten Vorhände wären dann der Farbtupfer in dem Raum. Wenn Sie die Bettbezüge etwas an den Vorhängen ausrichten, es gibt zum Beispiel lustige rot weiß karierte Bezüge für Kinderbetten, erhalten Sie mit dem beigen Teppichboden eine geschmackvolle Einrichtung Ihres Kinderzimmers."*

Kunde:	*„Eigentlich gefallen mir beide Farben."*
Kundenberater:	*„Die Wahl der Farbe hängt auch von der Raumgröße ab. Bei einem kleinen Kinderzimmer empfehle ich Ihnen eher helle Farben, da diese einen Raum größer erscheinen lassen."*
Kunde:	*„Das Kinderzimmer ist sehr schmal, es misst nur 3,20 Meter."*
Kundenberater:	*„Dann sollten Sie bei Beige bleiben."*
Kunde:	*„Ich glaube auch."*
Kundenberater:	*„Geben Sie mir bitte die genauen Maße des Kinderzimmers, damit ich feststellen kann, wie viel Teppichboden Sie benötigen."*
Kunde:	*„Ja, das Zimmer ist 3,60 mal 3,20 Meter groß."*
Kundenberater:	*„Haben Sie auch bedacht, dass eventuell Fensternischen oder Türen den Raum an einigen Stellen ausweiten?"*
Kunde:	*„Ach, nein. Bei den 3,60 Metern muss noch eine Fensternische berücksichtigt werden. Die Tür schließt mit der Wand ab."*
Kundenberater:	*„Das ist sehr günstig. Die Teppichrollen haben eine Breite von vier Meter. Es bleiben also 40 Zentimeter für die Nische. Das reicht immer. Sie haben daher in der Breite kaum Verschnitt. Bei der Länge sollten Sie etwas über 3,20 Meter hinausgehen, weil die Räume oft nicht ganz rechtwinklig sind. Mit diesen Maßen bekommen Sie einen preisgünstigen Bodenbelag für Ihr Kinderzimmer."*

Arbeitsauftrag

Entwerfen Sie aus der Sicht Ihres Ausbildungssortiments ein verwendungsbezogenes Verkaufsgespräch.

So sollten Sie vorgehen:

- Wählen Sie ein Produkt aus, das verschiedene Verwendungszwecke hat. Entscheiden Sie sich für einen Verwendungszweck, den ein Kunde nennen könnte.
- Leiten Sie aus dem Verwendungszweck mögliche Kundenansprüche ab. Versetzen Sie sich dazu in die Verwendungssituation des Kunden.
- Stellen Sie fest, welche Produkteigenschaften den Artikel für den genannten Verwendungszweck besonders geeignet machen und welchen Nutzen der Kunde aus den jeweiligen Produkteigenschaften zieht.
- Überzeugen Sie den Kunden davon, dass das Produkt mit seinen Eigenschaften für den vom Kunden genannten Verwendungszweck in besonderer Weise geeignet ist.

Beispiel:

Produkt:	Isolierkanne
Mögliche Verwendungszwecke des Produkts:	– für den täglichen Bedarf (Frühstück, Kaffeetafel) – für festliche Zwecke – für Camping, Reise und Wanderungen – für die Arbeit
Kundentyp:	Kundin, ca. 45 Jahre, elegant gekleidet
Verwendungszweck für die Kundin:	Die Kundin wünscht eine Isolierkanne, die sie auf den **festlich gedeckten Tisch** stellen kann.
Ansprüche der Kundin:	hochwertige Kanne, die man vorzeigen kann; großes Fassungsvermögen (für zahlreiche Gäste); passend zur festlichen Tischdekoration
Geeignete Produkteigenschaften	
• des Materials:	Metall-Kannenkörper; hochwertiges verchromtes Messing (außen); verspiegelter Glaskolben (innen),
• der Maße:	1,5 l Inhalt (größtes Fassungsvermögen)
• der Optik	– Farbe: dekorativer Silber-Farbton – Form: traditionelle bauchige Form – Oberfläche: hochglänzende, festliche Oberfläche
Verkaufsargumentation (z. B. zur Oberfläche des Produkts):	
Das Produktmerkmal nennen:	Die verchromte Oberfläche der Isolierkanne …
Die Produkteigenschaft(en) erwähnen:	… glänzt besonders stark.
Den verwendungsbezogenen Nutzen deutlich machen:	Die Isolierkanne bildet dadurch eine Ergänzung zum Tafelsilber und ist zusätzliches Dekorationsteil. **Für den festlich gedeckten Tisch** ist daher diese hochglänzende Ausführung besonders geeignet.

Aufgabe 1

Entwickeln Sie zu unten stehendem Beispiel zwei weitere verwendungsbezogene Verkaufsargumente.

Produkt:	Hüttenschuh
Mögliche Verwendungszwecke des Produkts:	für Erwachsene, für Kinder, als Hausschuh
Kundentyp:	Hausfrau, Mitte 30
Verwendungszweck für die Kundin:	Hüttenschuh **für die Tochter**
Ansprüche der Kundin:	bequem, strapazierfähig, rutschsicher, waschbar, warm haltend, anpassungsfähig an den Kinderfuß, praktisch, gut aussehend
Geeignete Produkteigenschaften	
• des Materials:	hochwertige, 100 % reine Schurwolle, Sohle mit rutschsicherer Kautschukbeschichtung
• der Maße:	passend für alle Fußgrößen von Schuhgröße 17 bis 48
• der Farbe	zahlreiche aktuelle Farbkombinationen; kräftige Farben, wie sie Kinder lieben
• der Form	vielfältige Dessins, die Schuhe sind der Anatomie des Kinderfußes angepasst
• der Oberfläche	angenehm flauschige Oberfläche des Walkstoffes aus reiner Schurwolle
• der Herstellung	doppelte Sohle mit Luftpolster speichert und reguliert Wärme, hoher Anteil an Handarbeit garantiert beste Verarbeitung, dicht gearbeitetes Obermaterial ist besonders verschleißfest

Beispiel für ein verwendungsbezogenes Verkaufsargument zur Herstellung des Produkts:

Das Produktmerkmal nennen:	Die Schuhe besitzen eine doppelte Sohle mit Luftpolsterung
Die Produkteigenschaft(en) erwähnen:	Dadurch ist die Sohle in der Lage, Wärme zu speichern und zu regulieren.
Den verwendungsbezogenen Nutzen deutlich machen:	Der Hüttenschuh schützt die **Füße Ihrer Tochter** also vor Bodenkälte. Sie darf sogar mit den Schuhen ruhig einmal nach draußen laufen.

Aufgabe 2

In einem Feinkostgeschäft

Kundin:	*„Können Sie mir helfen eine Gemüseplatte zusammenzustellen?“*
Kundenberaterin:	*„Für welchen Anlass und für wie viel Personen möchten Sie die Gemüseplatte zubereiten?“*
Kundin:	*„Für sechs Personen. Wir erwarten heute Abend Gäste.“*
Kundenberaterin:	*„Wenn Sie Gemüsesorten mit Fleisch kombinieren wie z. B. Spargel mit Schinken oder Paprikaschoten mit Fleischsoße, dann eignet sich eine solche Platte als sättigende, nährstoffreiche Hauptmahlzeit.“*
Kundin:	*„Die Gemüseplatte ist eigentlich mehr als Beilage gedacht.“*
Kundenberaterin:	*„Dann gibt es einmal die Möglichkeit, eine Gemüsesorte als Hauptbestandteil zu nehmen, z. B. einen ganzen Blumenkohl. Mit Rosenkohl und Tomaten als farbliche Ergänzung sowie z. B. Petersilie und Karotten als dekorative Verzierung erhält diese Platte ein appetitanregendes Aussehen. Sie können aber auch mehrere Gemüsesorten in etwa gleichen Anteilen wählen.“*
Kundin:	*„Ja, das wäre mir lieber, wenn nicht eine Gemüsesorte zu sehr dominiert.“*
Kundenberaterin:	*„Gut, wenn Sie u. a. so feine Gemüsesorten wie Broccoli und Pilze verwenden, werden Ihre Gäste dies sicher schätzen.“*
Kundin:	*„Broccoli und Pilze – das gefällt mir. Aber Pilze sind doch sehr mild, oder?“*
Kundenberaterin:	*„Ja, da haben Sie Recht. Champignons sind z. B. mild im Geschmack. Wenn Sie aber Pilze und Broccoli mit Staudensellerie, Lauch, roten Paprikaschoten, Möhren und Fenchel ergänzen, dann bekommen Sie eine gute Mischung von milden und würzigen Gemüsesorten, die Sie mit einer leckeren Soße verfeinern können. Dann können Sie auch sicher sein, dass Sie den Geschmack aller Gäste treffen.“*
Kundin:	*„Das ist eine gute Idee. Aber welche Soße nehme ich denn am besten dazu?“*
Kundenberaterin:	*„Sehr gut würde dazu eine Avocadocreme passen. Eine Avocado pürieren Sie, verrühren diese dann mit Crème fraˆche und Joghurt und schmecken diese Soße mit einigen Kräutern und Gewürzen ab. Wenn Sie Ihren Gästen zum Abendessen aber eine leichter bekömmliche Soße mit weniger Kalorien servieren möchten, können Sie statt Crème fraˆche auch den fettärmeren Schmand oder Magermilchjoghurt mit nur 0,3 % Fett verwenden.“*

Kundin: *„Das hört sich ja sehr gut an. Vor allem die kalorienärmere Variante gefällt mir sehr gut, aber ich habe ohnehin nur noch wenig Zeit. Mir wäre deshalb eine Soße, die weniger Arbeit bereitet, lieber."*

Kundenberaterin: *„Dann nehmen Sie doch eine unserer Fertigsoßen. Damit können Sie Ihren Gästen auch ohne viel Mühe eine schmackhafte Soße zubereiten, die außerdem noch kalorienarm ist. Diese ‚Kräuter-Käse-Sauce' z. B. würde sehr gut zu einer solchen Gemüseplatte schmecken, weil sie diese geschmacklich abrundet."*

a) Welche Kundenansprüche hat die Kundenberaterin aus dem Verwendungszweck abgeleitet?
b) Welche weiteren Ansprüche konnte sie aus den Kundinnenäußerungen ableiten?
c) Mit welchen Produktmerkmalen und -eigenschaften argumentiert die Kundenberaterin?
d) Wie oft weist die Verkäuferin auf den Verwendungszweck hin?

Aufgabe 3

Erstellen Sie eine Übersicht mit speziellen Verwendungszwecken zu fünf Produkten Ihres Sortiments.

Beispiel

Produkt	Grundverwendung	spezielle Verwendungszwecke
Wanderschuhe	wandern	• für Bergwanderungen • für den regelmäßigen Spaziergang • für Wandern im Flachland und an der See • zum sportlichen Walken

Aufgabe 4

Im Baumarkt Gerdes sind die Verkaufsmitarbeiter angewiesen worden, möglichst die Handelsmarken des eigenen Hauses zu verkaufen, weil daran mehr verdient wird als an den bekannten Markenprodukten. Ein Kunde wendet sich an den Kundenberater:

Kunde: *„Ich suche einen 10-Liter-Eimer ‚Alpinaweiß'. Wo finde ich den?"*

Kundenberater: *„Unsere Innenfarben finden Sie hier vorne. Darf ich fragen, wofür Sie die Farbe verwenden wollen?"*

Kunde: *„Ja, ich muss meinen Keller streichen – es wird mal wieder Zeit."*

Kundenberater: *„Für Kellerräume empfehle ich Ihnen unsere Handelsmarke ‚Innenweiß'. Die Abriebbeständigkeit von Alpinaweiß ist zwar etwas höher, für den Zweck reicht Innenweiß aber vollkommen aus. Der Preis ist auch nur halb so hoch wie beim Markenprodukt."*

Kunde: *„Dann nehme ich natürlich die billigere Farbe."*

a) Auf welche Weise gelingt es dem Kundenberater, den Kunden von der Handelsmarke zu überzeugen?
b) Übertragen Sie die Situation auf Ihren Ausbildungsbetrieb und bieten Sie einem Kunden eine Handelsmarke an.

3 Mehrere Kunden gleichzeitig bedienen

In der Abteilung Haushaltswaren/Eisenwaren/ Werkzeuge: Peter muss seit einiger Zeit in dieser Abteilung aushelfen. Seine Hauptaufgabe besteht darin, die Regale der Warengruppe Sanitär zu betreuen, d. h. Ware nachzuräumen, auszuzeichnen, ständig die Bestände zu überprüfen und allgemein Ordnung zu halten. Oft muss er auch Kunden beraten.

Erster Kunde: *(geht auf Peter zu) „Kann man denn zu diesem Waschtisch eine passende Säule bekommen?"*

Peter: *„Ja, einen Moment bitte, ich hole Ihnen die Säule vom Lager."*

Zweiter Kunde: *(auf Peters Weg zum Lager) „Wo stehen die Falttüren?"*

Peter: *„Dort am Regalende. Ich muss eben zum Lager, ich stehe Ihnen gleich zur Verfügung."*

Zweiter Kunde: *(nachdem Peter dem ersten Kunden die Waschtischsäule übergeben hat) „Können Sie mal kurz schauen? Ich brauche diese Falttür für eine Breite von 102 cm."*

Peter: *„Dann benötigen Sie noch dieses Ergänzungspaket. Es enthält zwei weitere Lamellen."*

(Während der Kunde das Ergänzungspaket betrachtet, beobachtet Peter einen Kunden, der etwas ratlos die Heizkörperventilschlüssel mustert, und geht auf ihn zu.)

Peter: *„Guten Tag – das sind die Schlüssel, um Heizkörper zu entlüften."*

Dritter Kunde: *„Ich suche einen Schlüssel, damit ich an meinem alten Heizkörper den Ablaufhahn öffnen kann."*

Peter: *„Ja, das sind diese Schlüssel. Die quadratische Bohrung ist genormt, so dass der Schlüssel auf jedes Ventil passt."*

Dritter Kunde: *„Dann nehme ich einen."*

Vierter Kunde: *(nähert sich mit einer Seifenschale in der Hand) „Wenn diese Seifenschale nicht passt, kann ich die dann umtauschen?"*

Peter: *„Ja, verwahren Sie bitte den Kassenbon; dann können Sie die Seifenschale innerhalb von einer Woche umtauschen."*

usw.

Arbeitsauftrag

Übertragen Sie die Einstiegssituation auf Ihren Ausbildungsbetrieb und entwerfen Sie eine Verkaufssituation, in der Sie vier Kunden gleichzeitig bedienen.
Gehen Sie dabei davon aus, dass Sie nicht nur Kundenfragen beantworten, sondern auch von sich aus Kunden ansprechen, wenn Sie feststellen, dass diese Einkaufsprobleme haben.

Aufgabe 1

Gerade dann, wenn der Kundenberater gleichzeitig viele Kunden betreut, muss er durch Beobachtung erkennen, welche Einkaufsprobleme die Kunden haben. Stellen Sie dies in den folgenden Situationen fest:

a) Eine Kundin hält ihrem kleinen Sohn einen Pullover vor.
b) Ein Kunde liest aufmerksam das Etikett auf einer Weinflasche.
c) Ein Kunde hat einen Wecker in die Hand genommen und dreht an den Knöpfen.
d) Ein Kunde lehnt sich in einem Sessel zurück.
e) Eine Kundin schaut sich einen Teddybären von allen Seiten an.
f) Eine Kundin schaut prüfend in einen Pullover hinein.
g) Ein Kunde hat einen Tennisschläger in die Hand genommen.

4 Kunden bei Ladenschluss bedienen

Den ganzen Tag hat sich Klaus, der Auszubildende in der Hifi-Abteilung, schon auf den gemeinsamen Kinobesuch mit seinen Freunden gefreut. Endlich ist es kurz vor zwanzig Uhr. Nur die abendliche Kassenabrechnung trennt ihn und seine Kollegen noch vom Ladenschluss. Da eilt eine Kundin auf ihn zu.

Klaus: „Guten Abend!"

Kundin: „Gut, dass ich das noch geschafft habe. Mein Mann hat doch morgen Geburtstag und mir fehlt noch das Geschenk."

Klaus: ???

Arbeitsauftrag

Versetzen Sie sich in die Lage von Klaus und entwickeln Sie einen Lösungsvorschlag, wie Klaus reagieren sollte, wenn die Kundin
a) eine CD oder
b) eine Stereoanlage als Geschenk kaufen möchte.

Aufgabe 1

Beschreiben Sie zunächst eine typische Situation aus Ihrem Ausbildungsbetrieb, in der ein Kunde kurz vor Ladenschluss das Geschäft betritt. Entwickeln Sie dann eine geeignete Reaktion.

Aufgabe 2

Erstellen Sie eine Übersicht, welche Verhaltensweisen die Ausbildungsbetriebe in Ihrer Klasse gegenüber späten Kunden empfehlen.

Aufgabe 3

Entscheiden Sie, ob die folgenden Aussagen richtig oder falsch sind, und korrigieren Sie die falschen Aussagen.

a) „Das Ladenschlussgesetz besagt, dass sich nach 20:00 Uhr keine Kunden mehr im Verkaufsraum aufhalten dürfen."
b) „Das Ladenschlussgesetz regelt, zu welchen Zeiten Einzelhandelsgeschäfte geöffnet sein dürfen."
c) „Nach dem Ladenschlussgesetz müssen alle Einzelhandelsbetriebe bis 20:00 Uhr geöffnet sein."
d) „Das Ladenschlussgesetz gibt Auskunft darüber, wann ein Einzelhändler in den Ruhestand gehen soll."

Aufgabe 4

Sie sind Auszubildende(r) in einem Supermarkt und wollen gerade das Geschäft schließen, als eine Kundin heranstürzt und erklärt, dass sie noch dringend Mehl für einen Geburtstagskuchen benötige. Welche der folgenden Reaktionen ist angemessen?

① „Morgen sind wir ab 8:00 Uhr gerne wieder für Sie da."
② „Na, da hätten Sie besser planen sollen. Das Beste ist, Sie kommen morgen einfach noch mal wieder."
③ „Warten Sie einen Augenblick. Wenn Ihnen nur das Mehl fehlt, hole ich Ihnen gerne ein Paket."
④ „Wir haben leider schon zwanzig Uhr und danach ist es gesetzlich verboten noch etwas zu verkaufen."
⑤ „Mein Chef sagt auch immer: ‚Wer zu spät kommt, den bestraft das Leben!',,

Aufgabe 5

Immer wieder wird die Verlängerung der Öffnungszeiten von Einzelhandelsgeschäften diskutiert. Sammeln Sie Vor- und Nachteile längerer Ladenöffnungszeiten aus Sicht von

- Kunden,
- Kundenberatern,
- Einzelhändlern.

5 Kunden beim Geschenkkauf beraten

Verkaufsgespräch Nr. 1

In der Abteilung für Telekommunikation und Computer eines Warenhauses:

Kundenberater: *„Guten Tag, was kann ich für Sie tun?“*

Kundin: *„Guten Tag, ich suche ein Geschenk für meinen Mann. Er hat bald seinen 30. Geburtstag.“*

Kundenberater: *„Haben Sie schon eine bestimmte Vorstellung, was Sie Ihrem Mann schenken könnten?“*

Kundin: *???*

Verkaufsgespräch Nr. 2

In der Abteilung für Telekommunikation und Computer eines Warenhauses:

Kundenberater: *„Guten Tag, was kann ich für Sie tun?“*

Kundin: *„Guten Tag, ich suche ein Geschenk für meinen Mann. Er hat bald seinen 30. Geburtstag.“*

Kundenberater: *„Da kann ich Ihnen z. B. eine Freisprecheinrichtung empfehlen. Es gibt sie als Festeinbausatz für den Pkw oder als tragbares Gerät. Sehr beliebt sind im Moment auch elektronische Organizer für die optimale Terminverwaltung oder moderne Digitalkameras. Vielleicht kommt auch ein neuer Drucker, eine leistungsfähigere Festplatte, ein Laptop, eine neue Grafikkarte oder ein neuer Monitor in Frage.“*

Kundin: *???*

Verkaufsgespräch Nr. 3

In der Abteilung Elektro/Tonträger/Computer des City-Warenhauses Bauer. Klaus spricht eine Kundin an, die sich ratlos umschaut:

Klaus: *„Guten Tag, was kann ich für Sie tun?“*

Kundin: *„Guten Tag, ich suche ein Geschenk für meinen Mann. Er hat bald seinen 30. Geburtstag.“*

Klaus: *„Setzt sich Ihr Mann gerne mit technischen Dingen aktiv auseinander oder ist er mehr ein Nutzer?“*

Kundin: *„Ein bisschen Technik zum Selberbasteln darf's schon sein.“*

Klaus: *„Männer sind vielfach daran interessiert, die technischen Möglichkeiten der Handynutzung auszuweiten.“*

Kundin: *„Ja, das wäre auch etwas für ihn.“*

Klaus: *„Dann würde sich Ihr Mann bestimmt über eine Freisprecheinrichtung zum Festeinbau freuen, die er selber in sein Auto einbauen kann. Hier sehen z. B. ein Gerät von Siemens ...“*

usw.

Arbeitsauftrag

Übertragen Sie die Einstiegssituation auf Ihren Ausbildungsbetrieb und entwerfen Sie eine Verkaufssituation, in der Sie einen Kunden beim Geschenkverkauf beraten.

So sollten Sie vorgehen:

1. Mit einer weiten Eröffnungsfrage das Geschenkanliegen des Kunden in Erfahrung bringen.
2. Mit einer weiten Eingrenzungsfrage oder einem Denkanstoß die Interessenlage des Geschenkempfängers erkunden.
3. Mit einer weiten Zweckfrage oder einem Impuls (Denkanstoß) die Zahl der möglichen Geschenke eingrenzen.
4. Produktempfehlung(en) geben.

Aufgabe 1

Übertragen Sie die nachfolgende Verkaufssituation auf Ihren Ausbildungsbetrieb und setzen Sie das Verkaufsgespräch fort.

Kundenberater: *„Guten Tag, was kann ich für Sie tun?"*

Kundin: *„Ein Mitglied aus unserem Tennisclub hat Geburtstag. Dafür suche ich ein Geschenk. Es darf aber nicht mehr als (z. B. 25,00 €) kosten."*

Kundenberater: *„Wenn Sie mir bitte folgen würden, dort drüben kann ich Ihnen viele attraktive Geschenkideen zeigen."*

Kundin: *„Sehr schön."*

Kundenberater: *???*

Aufgabe 2

Erstellen Sie eine Übersicht mit Geschenkideen aus Ihrem Sortiment für bestimmte Anlässe:
Beispiel für ein Haushaltswarengeschäft

Anlass	Geschenkidee
Silvester	• Gläser-Sets • Sektkühler • Fondue-Sets • Stufenteller
usw.	

Aufgabe 3

In einem Drogeriefachgeschäft werden Kosmetikartikel, die als Geschenke verkauft werden, aufwändig verpackt. Das Personal bemüht sich, die Verpackung der Jahreszeit oder dem Geschenkanlass anzupassen. Zur Weihnachtszeit wird z. B. Geschenkpapier mit Weihnachtsmotiven verwendet, im Frühjahr sind freundliche Frühlingsfarben in hellem Gelb oder Blau angesagt.
Entwickeln Sie drei Vorschläge, wie Geschenke aus dem Sortiment Ihres Ausbildungsbetriebes attraktiv verpackt werden können.

6 Eine Botin angemessen bedienen

In einem Computerfachgeschäft

Eine Kundin betritt das Geschäft, holt einen Zettel aus ihrer Tasche und legt ihn auf die Verkaufstheke. Ein Kundenberater tritt hinzu:

Kundenberater: *„Guten Tag?!"*

Kundin: *„Guten Tag, das hat mir mein Mann aufgeschrieben. Ich soll das holen."*

Kundenberater: *(Betrachtet den Zettel, geht zu einer Vitrine, holt zwei Gegenstände heraus und legt sie auf die Theke.*

„So, das sind die beiden Speicher-Chips. Das macht 178,00 €."

Kundin: *(Gibt dem Verkäufer 178,00 €) „Vielen Dank."*

Kundenberater: *„Vielen Dank."*

Kundin: *„Auf Wiedersehen."*

Kundenberater: *„Auf Wiedersehen."*

In der Computerabteilung Elektro/Tonträger/Computer des City-Warenhauses Bauer
Eine Kundin betritt die Abteilung, holt einen Zettel aus ihrer Tasche und legt ihn auf die Kassentheke. Der Auszubildende Klaus tritt hinzu:

Klaus: *„Guten Tag?!"*

Kundin: *„Guten Tag, das hat mir mein Mann aufgeschrieben. Ich soll das holen."*

Klaus: *„Ah, Ihr Mann will den Hauptspeicher seines Computers mit Speichermodulen aufrüsten. Der Baustein ist sehr leistungsfähig; er verbessert die Fähigkeiten eines Computers ganz erheblich. Sie werden sehen, wenn Ihr Mann z. B. mit einem Textverarbeitungssystem arbeitet, bekommt er einen deutlichen Geschwindigkeitszuwachs. Auch Tabellenkalkulationsprogramme laufen beträchtlich schneller. Dann macht die Arbeit mit diesen Programmen erst richtig Spaß."*

Kundin: *„Sie reden wie mein Mann."*

Klaus: *„Ja, ich bin auch ein begeisterter Computerfreak. Man kann heute mit den modernen Techniken wirklich tolle Sachen machen. Das haut einen einfach um."*

Kundin: *„Mich haut um, wenn ich sehe, was im Haushalt alles liegen bleibt, nur weil mein Computerfreak nicht von dem Kasten loskommt."*

Klaus: *„Das dürfen Sie nicht so eng sehen. Ein Mann braucht einfach ..."*

Kundin: *(unterbricht) „Schon gut, wie teuer ist das Zeug?"*

Klaus: *„178,00 €"*

Kundin: *(Gibt dem Verkäufer 178,00 €)*

Klaus: *„Vielen Dank."*

Kundin: *„Auf Wiedersehen."*

Klaus: *„Übrigens, wenn Ihr Mann viel mit Grafik arbeitet, sollte er vielleicht auch eine bessere Grafikkarte in Erwägung ziehen. Denn nur dann kann der verbesserte Hauptspeicher seine Leistungsfähigkeit voll entfalten."*

Kundin: (Sie hat sich bereits abgewandt und geht in Richtung Ausgang; Klaus folgt ihr, indem er um die Kasse herumgeht.)

„Ich glaube, mein Mann braucht keine neue Grafikkarte, sondern ich brauche einen neuen Mann, der sich gelegentlich daran erinnert, dass er noch eine Familie hat."

Klaus: *„Vielleicht sollten Sie sich einfach mal für das Hobby Ihres Mannes interessieren. Sie werden sehen, wie viel Spaß man damit haben kann."*

Kundin: *„Vielen Dank für Ihren Ratschlag. Aber das ist das Letzte, was ich tun werde. Haben Sie eigentlich eine Freundin, junger Mann?"*

Arbeitsauftrag

Entwerfen Sie eine verkaufsaktive Lösung für einen Besorgungsverkauf.
So sollten Sie vorgehen:
- Übertragen Sie die Situation auf Ihren Ausbildungsbetrieb.
- Bemühen Sie sich um eine Lösung, die die Ansprüche des Auftraggebers des Boten (der Botin) in die Beratung einbezieht.

Aufgabe 1

In der Lebensmittelabteilung des City-Warenhauses Bauer kaufen häufig Kunden ein, die mit einem Einkaufszettel ausgestattet sind. Wenn diese Kunden aber Fragen haben, wo sie ein bestimmtes Produkt finden können, nutzt Sabrina regelmäßig die Chance, Ergänzungs- oder Zusatzprodukte anzubieten. Gerade Männer sind nach ihrer Meinung für solche Empfehlungen sehr aufgeschlossen.

Beispiel:

Kunde: *„Wo finde ich denn die Spaghetti?"*

Sabrina: *„Würden Sie mir bitte folgen, ich zeige Ihnen unsere reichhaltige Auswahl italienischer Nudeln dort drüben."*

(Am Regal) „Hier finden Sie Spaghetti in verschiedenen Preislagen. Dazu bieten wir fertig geriebenen Parmesankäse in der bequemen Streudose sowie pikante Soßen auf Tomaten-, Basilikum- oder Olivenbasis an."

Kunde: *„Wunderbar – das sieht gut aus."*

usw.

Übertragen Sie das Beispiel auf Ihre Branche und bieten Sie einem Kunden, der als Bote mit einer festen Einkaufsvorstellung in Ihr Geschäft kommt, Ergänzungs- und/oder Zusatzprodukte an.

7 Begleiter von Kunden in das Verkaufsgespräch einbeziehen

In der Abteilung Papier/Schreibwaren des City-Warenhauses Bauer. Eine Kundin betritt mit ihrer etwa acht Jahre alten Tochter die Abteilung, begibt sich zu einem Sonderstand mit Kinderbüchern und wendet sich an Ayse, die gerade den Stand aufräumt.

Ayse: „Guten Morgen. Was darf ich Ihnen zeigen?“
(zum Kind) „Hallo!“

Kundin: „Ich suche für meine wissbegierige Tochter ein Buch. Sie liest so gerne, dass wir die Bücher nicht so schnell heranschaffen können.“

Ayse: „Im Verlag Piper sind einige Sachbücher als Serie erschienen unter dem Titel ‚Erkläre mir!‘. Darf ich Ihnen die Serie einmal zeigen?“

Kundin: „Sehr gerne.“

Ayse: (zum Kind) „Wofür interessierst du dich denn am meisten: für Tiere, Blumen oder vielleicht für Indianer?“

Kind: „Für Blumen.“

Ayse: (zum Kind) „Dann möchtest du wohl später Gärtnerin werden, stimmt's? (Das Kind lächelt.)
(zum Kind) Wie findest du denn dieses Buch? Da steht zum Beispiel drin, wie man Blumen pflegt und wie viel Wasser sie brauchen, damit sie ihre Köpfe nicht ganz traurig hängen lassen. Schau – diese Blume kennst du sicher schon.
(zur Mutter) Die Blumen sind mit großformatigen Farbfotos abgebildet. Außerdem gibt es zu jedem Bild eine ausführliche Erklärung in kindgerechter Sprache. Es ist damit gerade für Leseanfänger geeignet.“

Kundin: „Wie teuer ist das Buch? Es scheint interessant zu sein.“

Ayse: „Dieses umfangreiche Sachbuch für Kinder kostet 17,00 €. Es ist mit einem aufwendigen Mehrfarbendruck ausgestattet.“

Kundin: „Das ist viel Geld für ein Buch.“

Ayse: „Ja, der Preis ist nicht niedrig. Allerdings handelt es sich um ein Buch, das besonders einfühlsam auf kindliche Fragen eingeht und sie anschaulich behandelt. Außerdem werden Kinder angeregt, ein solches Buch als Nachschlagewerk zu benutzen und ihre Kenntnisse selbstfindig zu erweitern.“

Kundin: „Ja, da haben Sie Recht.“

Ayse: (zum Kind) „Wenn du einmal eine Blume entdeckst, die du nicht kennst, brauchst du nur in diesem Buch nachzusehen. Dort steht drin, wie sie heißt, wann sie blüht und vieles andere mehr.“

Kind: „Mama, guck mal, da stehen auch Blumen drin, die bei uns auf der Wiese wachsen.“

Kundin: „Anne, gefällt dir das Buch?
(Das Kind nickt eifrig.)
Gut, wir nehmen es.“

Arbeitsauftrag

Übertragen Sie die Einstiegssituation auf Ihren Ausbildungsbetrieb und entwerfen Sie eine Verkaufssituation, in der Sie den Begleiter eines Kunden in das Verkaufsgespräch einbeziehen.

Aufgabe 1

Eine Kundin – Typ Hausfrau – sucht für ihren Mann ein Oberhemd. Sie wird von ihrer Tochter, ca. 17 Jahre alt, ausgefallen gekleidet, begleitet. Die Kundenberaterin legt ein Oberhemd vor.

Kundenberaterin: „Hier sehen Sie ein elegant geschnittenes City-Hemd mit traditionellen Kragenecken und runden Umschlagmanschetten. Das klassische englische Blockstreifen-Dessin ist eher zurückhaltend. Das Mischgewebe aus 65 % Polyester und 35 % Baumwolle garantiert Ihnen eine lange Lebensdauer.“

Kundin: „Dieses Hemd gefällt mir schon ganz gut.“

Tochter: „Das ist doch viel zu altmodisch. Davon hat Vater doch schon ein Dutzend im Schrank liegen.“

Kundenberaterin: (legt ein modisches blau-rot gestreiftes Hemd vor) *„Sportlicher wirkt dieses Hemd mit langem, abgesteppptem Button-Down-Kragen in aktuellem Streifen-Dessin sowie Brusttasche, Ärmelschlitzbesatz, abgeschrägten Manschetten mit Verstellknopf und Rückenpasse mit seitlich eingelegten Falten. Bei einem Synthetikanteil von 45 % erhalten Sie ein Hemd in haltbarer und pflegeleichter Qualität."*

Kundin: *„Vater trägt bestimmt kein Hemd mit diesem Knöpfchen-Kragen. Die Farbe gefällt mir auch nicht."*

Tochter: *„Mir gefällt es."*

Kundenberaterin: (zeigt ein hellblaues Hemd mit normalem Kragen und aufgesetzten Taschen, Feinpopeline mit Satinstreifen, aus 70 % Baumwolle und 30 % Polyester). *„Mit dieser klassischen Kragenform wirkt das Hemd dezenter. Die aufgesetzten Taschen und die Sportmanschetten mit zwei Knöpfen geben dem Oberhemd aber eine sportliche Note."*

Kundin: *„Das gefällt mir ganz gut. Es passt auch zu seiner Oberbekleidung. Was meinst du?"*

Tochter: *„Ja, das geht wohl."*

Kundin: *„Das nehmen wir."*

Kundenberaterin: *„Sie haben ein modisch-elegantes Hemd erworben, das Ihrem Mann bestimmt gefallen wird."*

a) Welche Ansprüche haben Kundin und Tochter?
b) Wie stellt sich die Kundenberaterin auf die Ansprüche ein?
c) Sind die beiden Kundinnen von dem erworbenen Hemd voll überzeugt? Begründen Sie Ihre Ansicht.

Aufgabe 2

Zwei Jugendliche (ein Mädchen von ca. 16 Jahren und ein Begleiter von ca. 18 Jahren) betreten das Geschäft.

Kundenberater: *„Guten Tag, was kann ich für euch tun?"*

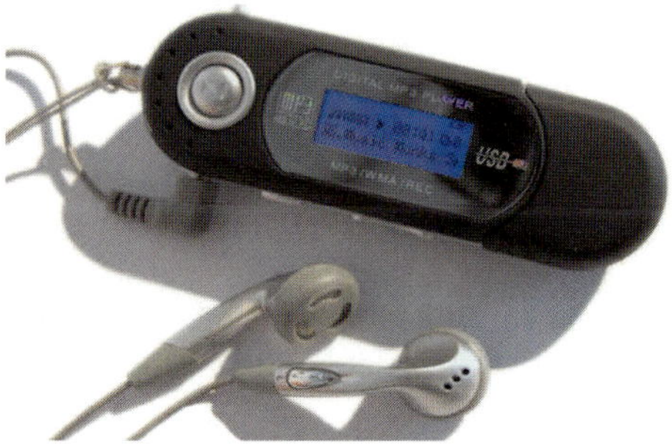

Kundin: *„Hallo, wir suchen einen MP3-Player."*

Kundenberater: *„Sehr gerne. Hier habe ich z. B. einen Flash-MP3-Player mit leuchtstarkem OLED-Display, das auch bei ungünstigen Lichtverhältnissen für eine gute Lesbarkeit sorgt."*

Kundin: *„Ja, der sieht gut aus, der gefällt mir."*

Begleiter: *„Wie hoch ist die Speicherkapazität?"*

Kundenberater: *„Die Geräte sind mit 256 Megabyte, 512 Megabyte oder 1 Gigabyte ausgestattet – also Platz für Musik ohne Ende."*

Kundin: *„Wie läuft das mit der Titelwahl?"*

Kundenberater: *„Der Player erstellt eine übersichtliche Abspielliste mit einfacher Titelnavigation. Durch das solide Aluminium-Magnesium-Gehäuse wird er zudem ein robuster Jogging-Begleiter."*

Kundin: *„Super. Wie lange hält die Batterie?"*

Kundenberater: *„Rund 25 Stunden; du kannst die Hintergrundbeleuchtung des Displays aber auch ausstellen, dann reicht die Kapazität noch viel länger."*

(Zum Begleiter gewandt:) „Der MP3-Spieler ist mit einem integrierten Lithium-Polymer-Akku ausgestattet. Der Datentransfer läuft über eine leistungsstarke USB-2.0-Schnittstelle."

Begleiter: *„Welche Dateiformate werden gelesen?"*

Kundenberater: *„Das Gerät spielt MP3- und WMA-Dateien ab und läuft mit Ogg-Vorbis-Unterstützung."*

Kundin: *„Kopfhörer sind doch sicher dabei – oder?"*

Kundenberater: *„Ja, selbstverständlich, sogar zwei Stück, sodass ihr auch gemeinsam Musik hören könnt."*

(usw.)

a) Welche Ansprüche werden bei der Kundin, welche beim Begleiter deutlich?
b) Wie stellt der Kundenberater sich auf die unterschiedlichen Ansprüche ein?
c) Wie behandelt der Kundenberater den Begleiter? Wird er als lästiger Fragesteller oder als technisch interessierter Begleiter angesehen?
d) Wer wird nach Ihrer Meinung in diesem Verkaufsgespräch am Schluss die Kaufentscheidung treffen?

8 Eine Kundenreklamation kundenorientiert abwickeln

In der Textilabteilung des City-Warenhauses

Eine Kundin betritt das Geschäft und begibt sich zu Frau Melcher, die gerade einem anderen Kunden einige Pullover zeigt.

Kundin: „Haben Sie mal eben Zeit für mich?"

Frau Melcher: (Blickt zu ihrem Kunden) „Eh – ja, was kann ich für Sie tun?"

Kunde: „Bedienen Sie die Dame ruhig. Ich schaue mich hier noch ein wenig um."

Kundin: (Während sie aus einer Tasche ein Hemd auspackt) „Ich habe vor kurzem dieses Hemd bei Ihnen gekauft. Nach der 5. Wäsche ist es bereits total zerschlissen. Hier – sehen sie einmal die Kragenspitzen und die Ärmel."

Frau Melcher: (Betrachtet das Hemd, schaut es prüfend an, wendet es hin und her.) „Kann es sein, dass Sie das Hemd vielleicht zu heiß gewaschen haben?"

Kundin: „So etwas passiert mir nie. Ich bin da sehr sorgfältig."

Frau Melcher: (Schaut wieder mit misstrauischer Miene auf das Hemd und betrachtet die beanstandeten Stellen sehr genau.) „Haben Sie eventuell ein zu scharfes Waschmittel verwendet?"

Kundin: „Ich mache das nicht zum ersten Mal. Ich weiß, welches Waschmittel geeignet ist."

Frau Melcher: „Solche Schäden entstehen oft, wenn die Schleuderzahl zu hoch gewählt wird."

Kundin: „In der Pflegeanleitung steht, dass man das Hemd schleudern darf. Also muss es das auch aushalten."

Frau Melcher: „Haben Sie das Hemd vielleicht in den Trockner gegeben? Das ruiniert jedes Hemd nach kurzer Zeit."

Kundin: „Meine Hemden werden alle auf der Leine getrocknet."

Frau Melcher: „Hm – Haben Sie das Hemd wirklich bei uns gekauft? Zeigen Sie mir doch mal Ihren Kassenbon."

Kundin: (Holt den Kassenbon aus der Tasche.) „Hier, bitte schön."

Frau Melcher: (Prüft den Bon eingehend.) „Also, wir können da nichts machen, aber ich werde das Hemd zum Hersteller schicken. Mal sehen, ob der Ihnen entgegenkommen kann. Wir benachrichtigen Sie, sobald wir mehr wissen. Es kann aber rund vier Wochen dauern."

Kundin: „Vier Wochen!?"

Frau Melcher: „Tja, bei solchen Verschleißschäden ist kein Hersteller großzügig."

Arbeitsauftrag

Entwerfen Sie eine kundenorientierte Reklamationsbehandlung.

So sollten Sie vorgehen:
- Entwickeln Sie eine Reklamationssituation aus der Sicht Ihres Ausbildungsbetriebes.
- Setzen Sie die Kundenzufriedenheit an die erste Stelle.
- Geben Sie dem Kunden Gelegenheit, seine Reklamation in Ruhe vorzutragen.
- Äußern Sie Verständnis für die Situation des Kunden.
- Machen Sie dem Kunden einen Lösungsvorschlag.
- Prüfen Sie erst jetzt die Berechtigung der Reklamation.

Aufgabe 1

In einem Fachgeschäft für Kfz-Zubehör: Ein Kunde kommt schnellen Schrittes in das Geschäft, geht auf den ersten Kundenberater zu und ruft laut:

Kunde: „Was ist das für ein altes Gerät, das Sie meiner Frau verkauft haben? Mit der können Sie das vielleicht machen, aber mit mir nicht. Schauen Sie sich mal das Autoradio in meinem Auto an. Schund ist der einzige Ausdruck, der …"

Kundenberater: (hatte den Kunden von oben bis unten gemustert, stemmt nur die Arme in die Hüften und sagt mit scharfer Stimme) „Moment mal, mein Herr. Ich soll Ihrer Frau ein Autoradio verkauft haben?"

Kunde: „Ja, vorgestern war meine Frau hier im Geschäft …"

Kundenberater: „Da befinden Sie sich schon im Irrtum. Bis gestern war ich nämlich auf einem Seminar für Verkaufspsychologie."

Kunde: „Was interessiert mich Ihre Verkaufspsychologie. Ich will ein neues Gerät, und zwar sofort. Aber mit Ihnen kann man ja gar nicht reden. Holen Sie mir Ihren Geschäftsführer."

Kundenberater: „Das ist leider nicht möglich. Unser Geschäftsführer besucht einen Kunden, einen guten Kunden. Also wird es einige Zeit dauern. Vielleicht nutzen Sie die Zeit für eine kleine Spazierfahrt, um sich etwas abzukühlen."

Kunde: *(zornbebend) „Ich lasse mich doch nicht beleidigen! Mein Anwalt wird sich in Kürze bei Ihnen melden. Dann werden wir ja sehen, wer hier Recht bekommt."*

(verlässt mit hochrotem Kopf das Geschäft, der Verkäufer lächelt ihm spöttisch hinterher)

Ein geschickter Kundenberater hätte das Reklamationsgespräch sicherlich in entspannterer Atmosphäre geführt. Beschreiben Sie Möglichkeiten, die Diskussion zu entschärfen.

Aufgabe 2

Welcher der nachstehenden Aussagen stimmen Sie zu?

1 Einen reklamierenden Kunden sollte man möglichst früh unterbrechen, damit man seine Einwände sofort widerlegen kann. Andernfalls steigert sich der Kunde nur in seiner Erregung.
2 Einem reklamierenden Kunden sollte man aufmerksam zuhören, ohne ihn zu unterbrechen, da der Kunde so „Dampf ablassen" kann.

Aufgabe 3

a) Welche Rechte kann ein Kunde bei mangelhafter Lieferung geltend machen?
b) Was ist der Unterschied zwischen dem Recht auf Umtausch und dem Umtausch aus Kulanzgründen?

Aufgabe 4

Welche der nachstehend geschilderten Verhaltensweisen halten Sie für sinnvoll, wenn Sie die Reklamation eines Kunden nicht anerkennen können?

1 Sie weisen das Ansinnen des Kunden mit Bestimmtheit zurück, sonst hält er das für Schwäche und beharrt auf seiner Meinung.
2 Sie begründen höflich, warum Sie die Reklamation nicht akzeptieren können.
3 Sie prüfen, ob eine Lösung auf dem Kulanzweg erreicht werden kann.

Aufgabe 5

Welche Aussagen halten Sie zum Abschluss eines Reklamationsgespräches für angemessen?

Die Beanstandung des Kunden wurde anerkannt:

1 „Heute konnten wir Ihnen noch einmal entgegenkommen."
2 „Fehler sind nie ganz auszuschließen. Ich hoffe, Ihre Meinung über unser Haus bleibt aber trotzdem positiv."

Nach einer Ablehnung:

3 „Da haben Sie leider Pech gehabt."
4 „Ich konnte Ihnen leider nicht entgegenkommen. Trotzdem hoffe ich, Sie weiterhin als unseren Kunden betrachten zu dürfen."

Aufgabe 6

Unterscheiden Sie Gewährleistung, Garantie und Umtausch aus Kulanz.

Aufgabe 7

Betrachten Sie folgenden Dialog und stellen Sie anhand der Informationen über das Produkthaftungsgesetz fest, ob die Kundin einen Haftungsanspruch hat.

In einem Warenhaus

Der 1. Verkäufer der Abteilung Zweiräder, Herr Gessner, wendet sich an den Abteilungsleiter, Herrn Thoma:

Herr Gessner: *„Da wollte Sie gestern eine Kundin wegen eines OMEGA-Fahrrades sprechen, das sie vor knapp einem Jahr hier gekauft hat. Sie sagte, ihr Sohn habe mit dem Rad einen Unfall gehabt, mehrere Zähne verloren und nun müsse sie eine Zahnarztrechnung über 4.000,00 € zur Hälfte übernehmen."*

Herr Thoma: *„Damit haben wir doch nichts zu tun."*

Herr Gessner: *„Die Kundin sieht das anders. In einer Werkstatt hat man ihr wohl gesagt, das Rad sei ein billiger Fernost-Import, bei dem die Bremsen aufgrund eines Konstruktionsfehlers zum Blockieren neigen und den Fahrer über das Lenkrad katapultieren – der Unfall sei ganz typisch und schon viele Male vorgekommen."*

Herr Thoma: *„Das Rad ist unsere Hausmarke, hundertfach verkauft, die Kunden sind damit zufrieden. Wenn die Bremsen defekt sind, können wir über eine Reparatur reden. Aber Schadenersatzansprüche anmelden – nein, das geht nicht."*

Herr Gessner: *„Die Kundin sagt aber, sie habe sich erkundigt: Da gibt es ein Produkthaftungsgesetz, nach dem der Hersteller für die Schäden haften muss, die von seinen Produkten ausgehen."*

Herr Thoma: *„Das mag sein, aber wir stellen doch die Räder nicht her, wir importieren und verkaufen sie nur. Soll sich die Kundin meinetwegen an den Hersteller unserer Fahrräder wenden – der sitzt irgendwo in Taiwan."*

Herr Gessner: *„Wir müssen haften, sagt die Kundin."*

9 Die Allgemeinen Geschäftsbedingungen berücksichtigen

Eine etwa 70-jährige Kundin marschiert in der Hifi-Abteilung wütend auf Klaus, einen Auszubildenden des City-Warenhauses, zu.

Kundin: *„Junger Mann, wo finde ich Ihren Kollegen Herrn Kramer?"*

Klaus: *„Herr Kramer ist zurzeit leider im Urlaub. Worum geht es denn?"*

Kundin: *(Die Kundin zeigt Klaus eine Rechnung des City-Warenhauses) „Heute Morgen habe ich diese Rechnung für meinen neuen Fernseher erhalten: Fernseher SX 900 für 399,00 €* ***plus*** *Lieferung, Anschluss, und Sendereinstellung 35,00 €. So eine Unverschämtheit!"*

Klaus: *„Wurde Ihnen der Fernseher denn nicht geliefert und eingestellt"*

Kundin: *„Natürlich, schließlich bin ich nicht mehr die Jüngste. Aber ich habe mit Ihrem Kollegen besprochen, dass diese Leistungen kostenfrei sind."*

Klaus: *„Das ist gar nicht möglich. Sie haben doch beim Kauf unsere Allgemeinen Geschäftsbedingungen unterschrieben."*

§ 4 Preise und Lieferung
Rechnungsstellung und Lieferung nur innerhalb Deutschlands. Die Lieferung erfolgt ab Lager an die vom Kunden mitgeteilte Adresse. Sämtliche Preise gelten ab Lager. Lieferung, Installation und andere Nebenleistungen werden entsprechend der aktuellen Preisliste zusätzlich berechnet.

Kundin: *„Ja und, was heißt das jetzt?"*

Arbeitsauftrag

Entwerfen Sie ein Verkaufsgespräch, in dem Sie auf das oben beschriebene Kundenproblem angemessen reagieren.
Das sollten Sie beachten:
- Klären Sie die Rechtslage.
- Bedenken Sie die Bedeutung von Kundenzufriedenheit für das City-Warenhaus.
- Zeigen Sie Verständnis für die Verärgerung der Kundin.

Aufgabe 1

Entscheiden Sie begründet, ob in den folgenden Fällen die Voraussetzungen für die Wirksamkeit der Allgemeinen Geschäftsbedingungen erfüllt sind.

(1) In einem Kaufhaus stehen an den Kassen Schilder mit der Aufschrift „Für alle Verträge gelten unsere Allgemeinen Geschäftsbedingungen. Diese liegen für Sie hier an der Kasse zur Einsicht bereit."

(2) Ein Verbrauchermarkt hat seine Allgemeinen Geschäftsbedingungen auf der Rückseite der Kaufverträge abgedruckt.

(3) Die Allgemeinen Geschäftsbedingungen werden dem Kunden von einem Möbelfachgeschäft immer bei der Möbellieferung ausgehändigt.

Aufgabe 2

Christian, Auszubildender in einem Elektrofachmarkt, hat mit einem Kunden beim Kauf einer Waschmaschine „Zahlung 10 Tage nach Lieferung" vereinbart. Zuhause stellt der Kunde fest, dass in den von ihm akzeptierten Allgemeinen Geschäftsbedingungen „Zahlung 7 Tage nach Lieferung" angegeben ist. Verwirrt fragt er einen Freund um Rat. Dieser weist ihn darauf hin, dass laut Gesetz sogar „Zahlung sofort bei Lieferung" vorgesehen ist. Schließlich ist der Kunde so verunsichert, dass er bei Christian noch einmal den genauen Zahlungstermin erfragt.
Geben Sie begründet an, welchen Zahlungstermin Christian nennt.

Aufgabe 3

Nehmen Sie zu folgender Aussage begründet Stellung:
„Allgemeine Geschäftsbedingungen erleichtern den Abschluss von Kaufverträgen."

Aufgabe 4

Entscheiden Sie, ob die folgenden Allgemeinen Geschäftsbedingungen rechtsgültig sind.

(1) „Beim Kauf eines Elektroherds ist der Käufer zu einem Jahresabonnement der Zeitschrift „Glücklich Kochen" zum Preis von 28,00 € verpflichtet."
(2) „Reduzierte Ware ist vom Umtausch ausgeschlossen."
(3) „Gerichtsstand ist grundsätzlich der Ort des Verkäufers."
(4) „Farb- bzw. Maserabweichungen bei Holz- und Lederwaren bleiben vorbehalten."
(5) „Reklamationen sind bei reduzierter Ware nicht möglich."
(6) „Preiserhöhungen nach Vertragsschluss gehen grundsätzlich zu Lasten des Käufers."

Aufgabe 5

Kaufverträge können
① allein nach gesetzlichen Vorschriften (BGB, HGB),
② zusätzlich nach Allgemeinen Geschäftsbedingungen oder
③ durch individuelle Vereinbarungen (die eventuell die Allgemeinen Geschäftsbedingungen ergänzen)
abgewickelt werden.

Machen Sie anhand der nachfolgend beschriebenen Situationen deutlich, welcher Weg jeweils beschritten wurde.

Situation 1
Stefan Schuster kann sich endlich von seiner (angesparten) Ausbildungsvergütung den ersehnten Gebrauchtwagen kaufen. 1.000,00 € war der Preis des Fahrzeugs. Der Vertrag mit dem Fahrzeughändler wurde schriftlich geschlossen. Allerdings hatte sich der Händler – weil er Stefan gut kannte und um das Fahrzeug endlich loszuwerden – ausnahmsweise zu einer kostenlosen Inspektion nach den ersten 1.000 km verpflichtet. Dieser Sachverhalt wurde in einem speziellen Feld auf der Rückseite des vorgedruckten Vertragsformulars am Ende der Allgemeinen Geschäftsbedingungen festgehalten („besondere Vereinbarungen").

Situation 2
Petra Steinig musste bei ihrem Pkw-Kauf auch diesen Vertrag unterschreiben (es war das gleiche Vertragsformular wie bei Stefan mit reichlich „Kleingedrucktem" auf der Rückseite). Spezielle Vergünstigungen gab es für sie aber nicht.

Situation 3
200,00 € bar auf die Hand – und Klaus konnte mit dem Uraltwagen vom Platz fahren. Kfz-Brief und Kfz-Schein hatte er natürlich in der Tasche, aber sonst gab's keinen Schriftkram.

10 Auf Kundeneinwände angemessen reagieren

Kundenorientierung wird im City-Warenhaus Bauer groß geschrieben. Dazu gehört auch, dass Einwände von Kunden ernst genommen werden und die Verkaufsmitarbeiter angemessen auf diese Einwände reagieren. Frau Bauer hat deshalb für die Schulung der Auszubildenden eine Reihe von typischen Kundeneinwänden zusammengestellt. Sie sollen von den Auszubildenden so beantwortet werden, dass die Kunden einerseits spüren, dass man ihren Einwand anerkennt. Andererseits müssen die Kundenberater alles tun, um den Kunden doch noch zum Kauf der Ware zu bewegen.
Die Einwände stammen aus verschiedenen Abteilungen des City-Warenhauses.

Siehe auch Lernfeld 2

Abteilung Elektro/Tonträger/Computer
Der Kunde wünschte eine attraktive Stereoanlage für sein Wohnzimmer. Der Kundenberater hat eine farbige Anlage empfohlen.

Kunde: *„Solch eine blaue Stereoanlage in meiner Schrankwand aus heller Eiche. Ich glaube, das sieht nicht gut aus."*

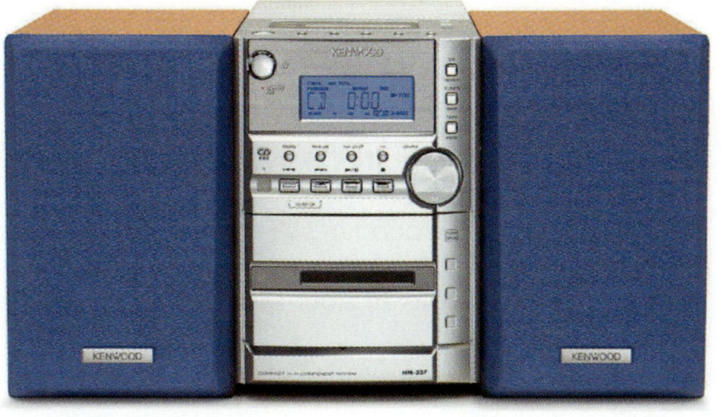

Für das 1. Beispiel hatte Frau Bauer auch einen Lösungsvorschlag entworfen:

Kundenberater: *„Sie haben Recht, an die farbige Anlage muss man sich erst gewöhnen. Durch den kräftigen Blau-Ton bekommen Sie in Ihrer Schrankwand aber einen interessanten Blickfang. Wenn Sie dann noch für weitere blaue Farbakzente sorgen, zum Beispiel durch blaue Kissen, Kerzen oder Bilder, haben Sie eine geschmackvolle Wohnzimmereinrichtung."*

Ja-aber-Methode beachten!

Abteilung Textilien
Die Kundenberaterin hat einer Kundin eine 7/8-Hose empfohlen. Hosen in dieser Länge sind zurzeit sehr aktuell.

Kundin: *„Ist die Hose nicht reichlich kurz?"*

Kundenberaterin: ?

Abteilung Möbel
Dem Ehepaar waren verschiedene Sitzgruppen vorgestellt worden. Eine Sitzgruppe mit Raulederbezug wurde nun in die engere Wahl gezogen. Dieses Leder sieht auf den ersten Blick sehr empfindlich aus, tatsächlich ist es aber sehr strapazierfähig und leicht zu pflegen. Man kann Flecken z. B. durch großflächiges Bürsten leicht entfernen.

Kundin: *„Diese Bezüge aus Rauleder muss ich sicher jeden Tag pflegen."*

Abteilung Lebensmittel
Aus Hygienegründen wird die Fleischtheke zweimal in der Woche sehr gründlich gereinigt. Eine Kundin, die gerade von Sabrina an der Käsetheke bedient wird, beobachtet die Reinigungsarbeiten und sagt zu Sabrina:

Kundin: *„Die Mitarbeiterinnen hinter der Fleischtheke haben ja ganz schmutzige Kittel an."*

Abteilung Schuhe/Lederwaren
Diese Abteilung des City-Warenhauses ist nicht besonders groß. Dafür werden aber Qualitätsprodukte zu günstigen Preisen angeboten.

Kunde: *„Verglichen mit dem Schuhfachgeschäft Maurer am Marktplatz haben Sie aber nur eine geringe Auswahl."*

Abteilung Sport
Der Kunde hatte sich schon fast für die Ski-Jacke von Schöffel entschieden. Als Frau Abel jedoch den Preis nennt, stutzt der Kunde merklich.

Kunde: *„379,00 € – das ist aber sehr teuer!"*

(Produkteigenschaften: hochwertige Funktionsjacke, wasser- und winddicht, trotzdem atmungsaktiv)

Siehe auch Lernfeld 2

Arbeitsauftrag

Antworten Sie in verkaufsaktiver Weise auf die Kundeneinwände.
So sollten Sie vorgehen:
1. Stellen Sie fest, wogegen sich die Kundeneinwände richten (Preis, Produkteigenschaften, Geschäft, Personal).
2. Verwenden Sie die Ja-aber-Methode, um auf die Kundeneinwände zu antworten.

Aufgabe 1

a) Formulieren Sie – bezogen auf Ihren Ausbildungsbetrieb – jeweils einen Kundeneinwand gegen
- den Preis,
- Produkteigenschaften,
- das Geschäft,
- das Personal.

b) Reagieren Sie auf diese Einwände angemessen mit der Ja-aber-Methode.

Aufgabe 2

In einem Schmuckfachgeschäft:

Kundenberaterin: *„Guten Tag!"*

Kundin: *„Guten Tag. Ich hätte gerne ein Silberkettchen."*

Kundenberater: *„Ja, gerne. Da kann ich Ihnen eine große Auswahl zeigen. Hier sehen Sie silberne Collierkettchen, die Sie kurz tragen können, zum Beispiel in dieser Flachpanzerstruktur. Diese Struktur empfiehlt sich besonders dann, wenn Sie einen Anhänger dazu tragen möchten. Es ist ein sehr ruhiges Muster."*

Kundin: *„Das ist nicht das Richtige für mich."*

Kundenberaterin: *„Es gibt natürlich auch Muster, die Sie ganz ohne Anhänger tragen können, wie dieses Kordelmuster, welches aus drei ineinander gewundenen Strängen besteht. Das Kordelmuster ist auch fülliger, stärker."*

Kundin: *„Das gefällt mir nicht."*

Kundenberaterin: *„Wenn Ihnen das Kettchen zu stark sein sollte, sehen Sie hier ein besonders zartes. Dieses Fantasiekettchen zeichnet sich durch seine erweiterten Ösen aus, die in rhythmischen Abständen eingesetzt sind. Es wirkt dadurch zart und verspielt. Diese feinen Muster sind gerade zum Sommer aktuell."*

Kundin: *„Nein, das ist nicht mein Geschmack."*

Kundenberaterin: *„Als Silbercollierkette gibt es noch die venezianische Struktur. Die Kette besteht aus vierkantigen Ösen, die in gleicher Größe geformt sind. Diese Collierkette strahlt einen starken Glanz aus, und Sie können sie natürlich in verschiedenen Längen erhalten."*

Kundin: *„Nein, ich hatte mir das ganz anders vorgestellt."*

Kundenberaterin: *???*

Siehe „Methode der Gegenfrage" im Informationsband.

a) Beschreiben Sie in dem oben stehenden Verkaufsgespräch die Schwierigkeit, in der sich die Kundenberaterin befindet.

b) Wählen Sie aus den darunter befindlichen Lösungsvorschlägen einen geeigneten aus.

① Weitere Ketten vorlegen, bis die Kundin etwas Passendes gefunden hat.
② Kundenberaterin: „Wenn Sie eine bestimmte Vorstellung haben, können Sie mir Ihren Wunsch gerne beschreiben."
③ Kundenberaterin: „Sagen Sie mir doch bitte einmal, was Sie eigentlich haben möchten."
④ Kundenberaterin: „Wenn Sie schon eine bestimmte Vorstellung haben, würden Sie mir Ihren Wunsch bitte etwas näher beschreiben?"
⑤ Kundenberaterin: „Ich habe Ihnen jetzt alle Kettentypen gezeigt, die wir im Sortiment haben."

11 Mit Rabattjägern sachgerecht und flexibel umgehen

Herr Bauer *(erbost) „Jetzt ist Schluss! Es muss etwas geschehen. Jeder Kunde will um den Preis feilschen. Und unsere Mitarbeiter sind viel zu nachgiebig."*

Frau Bauer: „Ich glaube, unsere Mitarbeiter geben in den Preisverhandlungen deshalb so schnell nach, weil sie gar nicht wissen, wie man sich gegenüber den Rabattjägern verhalten soll."

Herr Bauer: „Dann wird es Zeit, alle Mitarbeiter zu schulen – wohlgemerkt alle!"

Daraufhin hat Frau Bauer typische Situationen mit Kundenaussagen zu Preisverhandlungen entwickelt, die sie für die Schulung der Mitarbeiter einsetzen will.

Situation 1:
Achtung! Der Wettkampf beginnt! Wer gewinnt das Spiel?

Kunde: „Bei XYZ bekomme ich 20 % Rabatt."

„Mein Bruder sagte mir, Sie gewähren jedem Kunden 10 % Rabatt."

Situation 2:
Ich bin etwas Besonderes – dann bekomme ich auch einen besonderen Preis!

„Ich bin mit der Familie des Geschäftsinhabers befreundet."

„Ihr Chef hat mir gesagt, ich bekomme hier mindestens 10 % Rabatt."

„Ich komme von der Firma xxx. Wir erhalten überall Sonderkonditionen."

„Wie viel muss ***ich*** *denn dafür bezahlen?"*

„Wegen des Preises muss ich mit Ihrem Chef persönlich sprechen."

Situation 3:
Nicht jeder Experte hat auch tatsächlich den Durchblick.

„Ich bin selber Geschäftsmann. Ich weiß, wie viel Luft in Preisen steckt."

„Der Handel schlägt mindestens 100 % Gewinn auf."

Situation 4:
Schlussrunde im Verkaufsgespräch

„O. K., die Jacke gefällt mir. Nun müssen Sie mir nur noch im Preis entgegenkommen."

„Eines müssen wir jetzt noch klären: Wie viel Rabatt bekomme ich bei Ihnen?"

Situation 5:
Große Mengen – kleine Preise

„Ich nehme alle – und Sie geben mir einen Preisnachlass!"

„Wie viel Rabatt bekomme ich, wenn ich beide Teile nehme?"

Situation 6:
Irgendwie kann man immer etwas finden.

„Schauen Sie mal. Da sind ja Flecken auf der Jacke. Die hat wohl schon jemand getragen."

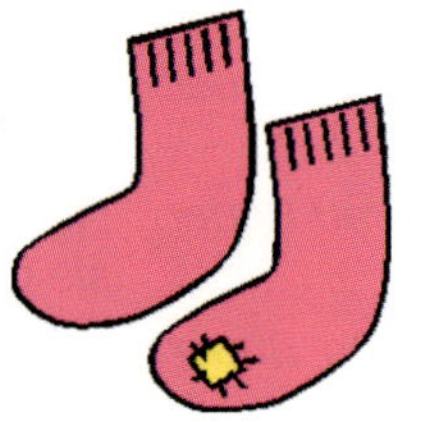

Situation 7:
Gibst du mir – geb' ich dir/ich geb' dir – du gibst mir

„Mein gesamter Fußballverein kauft hier bei Ihnen ein, seit ich dieses Geschäft empfohlen habe."

„Ich bin hier Stammkunde. Da werden Sie mir doch einen guten Preis machen!"

„Wenn Sie mir jetzt noch im Preis entgegenkommen, bin ich zukünftig Ihr Stammkunde."

„Eigentlich bin ich Stammkunde bei XYZ. Ich könnte Ihr Stammkunde werden, wenn Sie mir im Preis entgegenkommen."

„Nennen Sie mir einen guten Preis und ich werde Sie meinen Freunden weiter empfehlen."

Situation 8:
Der Kunde nennt (nachträglich) eine Preisgrenze.

„567,50 €? Mehr als 550,00 € zahle ich nicht!"

„Ich bezahle für einen Anzug grundsätzlich nicht mehr als 250,00 €."

„Ich habe leider nur xxx € bei mir."

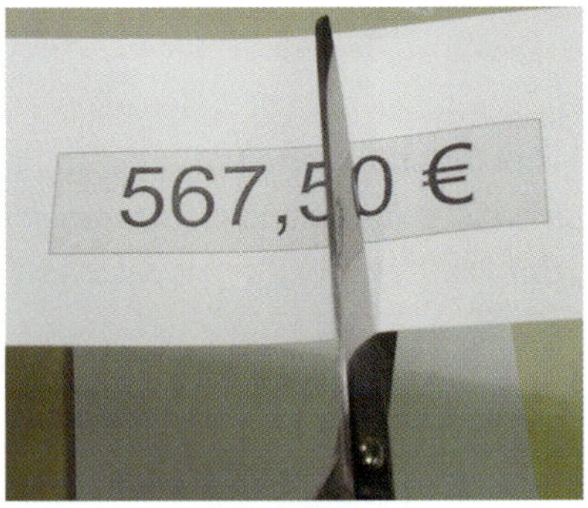

Arbeitsauftrag

Übertragen Sie die oben dargestellten Situationen 1 bis 8 auf die Bedingungen Ihres Ausbildungsbetriebes und reagieren Sie angemessen auf die Kundenaussage.

So sollten Sie vorgehen:
- Betrachten Sie die Kundenaussage zunächst als Einwand gegen den Preis. Versuchen Sie eine Preiseinwandbehandlung, um den Kunden vom Produktwert zu überzeugen.
- Lässt der Kunde sich nicht umstimmen, beginnt die Preisverhandlung.
- Versuchen Sie zunächst, den Ursprungspreis zu halten, indem Sie Serviceangebote machen und kleine Geschenke als Zugaben geben.
- Der Preisnachlass ist die letzte Maßnahme innerhalb des Preisgespräches.

Aufgabe 1

Entwickeln Sie eine Anweisung für Mitarbeiter, wie sie sich gegenüber Forderungen von Kunden nach Preisnachlässen verhalten sollen. Legen Sie dabei unter anderem fest:

1. Welche Vergünstigungen dürfen Mitarbeiter im Verkauf gewähren?
2. Ab wann ist der Vorgesetzte/Abteilungsleiter/Geschäftsführer/Inhaber einzuschalten?

12 Sich dem Leistungsvergleich mit Internetanbietern stellen

In der Abteilung /Tonträger/Computer

Der Auszubildende Klaus wendet sich an die 1. Kraft, Frau Gerdes:

Klaus: *„Immer mehr Kunden sagen mir am Ende des Verkaufsgespräches, dass sie den Artikel im Internet preisgünstiger kaufen können. Ich strenge mich bei der Beratung an, nehme mir Zeit und gehe auf die speziellen Ansprüche des Kunden ein – und dann verschwindet er mit dem Hinweis auf ‚Geizkragen.de'. Das ist schon sehr frustrierend."*

Frau Gerdes: *„Du bestellst doch sicher auch im Internet – oder?"*

Klaus: *„Ja, gerade Computerteile sind dort besonders günstig zu bekommen. Ich sehe aber auch die Nachteile, z. B. die fehlende Beratung oder die Unsicherheit bei der Bezahlung, wenn ich im Voraus zahlen muss und nicht sicher bin, ob die Ware auch geliefert wird."*

Frau Gerdes: *„Ich glaube, die Kunden sind sich der vielen Risiken beim Internetkauf gar nicht bewusst. Wir sollten sie ihnen immer wieder vor Augen führen."*

Klaus: *„Also, da fällt mir sofort eine Menge ein."*

Frau Gerdes: *„Wunderbar! Und dann musst du dem Kunden die Vorteile des stationären Einzelhandels verdeutlichen."*

Klaus: *„Auch da sehe ich viele Vorzüge, z. B. dass der Kunde bei uns die Ware sehen, in die Hand nehmen und ausprobieren kann."*

Frau Gerdes: *„Sehr schön! Und den nächsten Kunden, der mit dem Internet argumentiert, den lässt du nicht mehr einfach ziehen."*

Klaus: *„Genau so mache ich es."*

Arbeitsauftrag

Stellen Sie sich auf Kunden ein, die das Internet zum Preisvergleich nutzen.

So sollten Sie vorgehen:

- Stellen Sie die Nachteile von Internetanbietern dar.
- Tragen Sie Vorteile des stationären Einzelhandels zusammen.
- Entwickeln Sie eine Verkaufssituation, in der Sie einem Kunden die Vorteile des stationären Handels deutlich machen.

Aufgabe 1

Thomas Klein möchte bei einem Internet-Anbieter einen Marken-Gefrierschrank (Großgerät) zum Super-Sparpreis von 389,00 € bestellen. Allerdings entstehen ihm noch weitere Kosten für die Lieferung bis in seine Wohnung (2. Stock). Der nebenstehend abgedruckte Auszug aus den Allgemeinen Geschäftsbedingungen des Anbieters gibt über die zusätzlich entstehenden Kosten Auskunft.

Berechnen Sie den Endpreis, den Thomas zu zahlen hat, wenn der alte Kühlschrank noch mitgenommen und entsorgt werden soll und er den Rechnungsbetrag im Voraus bezahlen möchte.

- **Lieferung und Transport**

Die bestellten Waren werden im Rahmen der Lieferbarkeit des Artikels durch den Hersteller schnellstmöglich geliefert. Für die Lieferung innerhalb Deutschlands berechnen wir pauschal € 6,95 pro Bestellung. Bei Zahlung per Nachnahme wird zusätzlich eine Gebühr in Höhe von € 3,50 berechnet. Bei Lieferung von Elektrogroßgeräten wird zusätzlich ein Zuschlag von € 13,00 pro Gerät erhoben. Sämtliche Ware wird für den Kunden an die von diesem angegebene Anschrift versandt und bis zur ersten ebenerdigen Tür (in der Regel also bis zur Haustür) angeliefert. Eine weitergehende Anlieferung, etwa bis in die Wohnung des Kunden, kostet zusätzlich € 25,00. Die Mitnahme des Altgeräts und dessen umweltfreundliche Entsorgung (zertifiziert) kosten zusätzlich € 51,00.

Der Originaltext wurde an einigen Stellen gekürzt.

Aufgabe 2

Lösen Sie die nachfolgenden Teilaufgaben zu den Allgemeinen Geschäftsbedingungen des Internethändlers Amazon.

a) Erläutern Sie das Verfahren, nach dem Bestimmungen, die von den AGB des Interhändlers abweichen, wirksam werden.

AGB siehe Seite 233

Allgemeine Geschäftsbedingungen
§ 1 Geltungsbereich
Für die Geschäftsbeziehung zwischen Amazon.de und dem Besteller gelten ausschließlich die nachfolgenden Allgemeinen Geschäftsbedingungen in ihrer zum Zeitpunkt der Bestellung gültigen Fassung. Abweichende Bedingungen des Bestellers erkennt Amazon.de nicht an, es sei denn, Amazon.de hätte ausdrücklich schriftlich ihrer Geltung zugestimmt.

b) Stellen Sie grafisch dar, wie ein Kaufvertrag zwischen Besteller und Amazon.de zustande kommt.

§ 2 Vertragsschluss
Ihre Bestellung stellt ein Angebot an uns zum Abschluss eines Kaufvertrages dar. Wenn Sie eine Bestellung bei Amazon.de aufgeben, schicken wir Ihnen eine E-Mail, die den Eingang Ihrer Bestellung bei uns bestätigt und deren Einzelheiten aufführt (Bestellbestätigung). Diese Bestellbestätigung stellt keine Annahme Ihres Angebotes dar, sondern soll Sie nur darüber informieren, dass Ihre Bestellung bei uns eingegangen ist. Ein Kaufvertrag kommt erst dann zu Stande, wenn wir das bestellte Produkt an Sie versenden und den Versand an Sie mit einer zweiten E-Mail (Versandbestätigung) bestätigen.

c) Stellen Sie fest, welche der beiden Formulierungen aus den AGB
ca) einer gesetzlichen Verpflichtung entspricht,
cb) eine zusätzliche Leistung von Amazon darstellt.

§ 3 Widerruf
Der Besteller kann seinerseits schriftlich (auch per E-Mail) oder durch Rücksendung der Ware innerhalb von zwei Wochen nach Erhalt der Ware den Vertrag widerrufen. Sofern der Bestellwert mehr als 40,00 € beträgt, erstattet Amazon.de die Kosten der Rücksendung.
Ein Widerrufsrecht besteht nicht bei Audio- oder Videoaufzeichnungen (z. B. CDs, Videokassetten, DVDs) oder Software, die vom Besteller entsiegelt worden ist, ferner nicht bei Leistungen, die online (z. B. Software zum Download) übermittelt worden sind.

Unsere Rücknahmegarantie
Für Bücher, Musik, DVD/VHS, PC- und Videospiele, Software, Spielwaren sowie Küchen-, Haus- und Gartenprodukte (nicht elektrisch): Sie können alle bei uns gekauften Artikel aus den oben genannten Produktlinien innerhalb von 30 Tagen zurücksenden und erhalten umgehend den Kaufpreis erstattet, sofern die Ware sich in ungebrauchtem Zustand befindet. Eingeschweißte oder versiegelte Datenträger wie CDs, Audiokassetten, VHS-Videos, DVDs, PC- und Videospiele sowie Software nehmen wir nur in der Einschweißfolie bzw. mit unbeschädigtem Siegel zurück.

d) Prüfen Sie, ob die AGB-Regelung zur Mängelhaftung von den gesetzlichen Bestimmungen abweicht.

Siehe Lernfeld 7 Seite 65

§ 9 Mängelhaftung
Liegt ein Mangel der Kaufsache vor, kann der Besteller Nacherfüllung (Mängelbeseitigung oder Ersatzlieferung) verlangen. Schlägt die Nacherfüllung fehl, kann der Besteller bei einem nicht unerheblichen Mangel vom Vertrag zurücktreten, den Kaufpreis mindern oder Schadensersatz geltend machen.

13 Einen Finanzierungskauf abwickeln

Die Abteilung Elektro/Tonträger/Computer des City-Warenhauses Bauer bietet am 10. Juli 20(0) im Rahmen einer Sonderverkaufsaktion einen Digitalkopierer als Multifunktionsgerät zum Preis von 799,00 € an. Ein Kunde interessiert sich ganz offensichtlich für den Artikel und spricht einen Kundenberater an, der sich gerade in der Nähe aufhält.

kopieren, drucken, faxen, scannen

799,00 €

oder in 24 bequemen Raten zu 36,74 €

Kunde: *„Haben Sie diesen Digitalkopierer noch länger im Angebot?“*

Kundenberater: *„Leider nein, das Angebot gilt nur für diese Woche, wegen des günstigen Preises.“*

Kunde: *„Ich hätte den Drucker ja schon sehr gerne. Aber 799,00 €? Ziemlich viel, finde ich. Kann man denn gar nichts am Preis machen?“*

Kundenberater: *„Unsere Sonderangebote sind äußerst knapp kalkuliert. Weitere Nachlässe sind nicht möglich.“*

Kunde: *„Schade – dann eben nicht.“*

Kundenberater: *„Ich kann Ihnen aber noch unser Ratenzahlungsangebot vorstellen. Sie zahlen monatlich jeweils zum Monatsende einen geringen Teilbetrag, und schon sind Sie dabei.“*

Kunde: *„Das hört sich gut an. 36,74 € sind ja auch nicht viel. Und das geht so einfach?“*

Kundenberater: *„Selbstverständlich. Wenn Sie es wünschen, kann ich Ihnen gerne die Details erklären. Bitte nehmen Sie doch einmal dort Platz. Ich hole dann sofort die Unterlagen.“*

Arbeitsauftrag

Wickeln Sie den Finanzierungskauf im vorliegenden Fall ab.

1. **Stellen Sie fest, welche Mindestinhalte das City-Warenhaus Bauer in einem Kaufvertrag schriftlich vereinbaren muss, wenn der Kunde den Digitalkopierer mit einem Finanzierungskauf erwerben will.**
2. **Berechnen Sie den effektiven Jahreszinssatz.**
3. **Vervollständigen Sie die erforderlichen Angaben in dem Vertrag über einen Finanzierungskauf auf Seite 242.**
4. **Entwickeln Sie jeweils geeignete Formulierungen für die Vereinbarung eines Eigentumsvorbehaltes sowie einer Belehrung über das Widerrufsrecht des Kunden.**

Käufer: Klaus Schneider, Blücherstraße 90, 40878 Ratingen
Digitalkopierer: Printmax PC890 mit integrierter Kopier-, Druck-, Fax- und Scan-Funktion

Formulierungshilfen:

- Zwischen dem Verkäufer und dem Käufer wird vereinbart, dass die Ware bis … (Eigentumsvorbehalt)
- Ich bin darüber informiert worden, dass ich …, Die Frist erlischt am … (Widerrufsbelehrung)

Aufgabe 1

Erläutern Sie die Vorteile, die sich

a) für das City-Warenhaus,
b) für den Kunden

durch Finanzierungskäufe ergeben.

Aufgabe 2

Berechnen Sie den effektiven Jahreszinssatz für folgende Produkte:

a) Candy-Waschvollautomat CBL160
Barverkaufspreis: 449,00 €
24 Monatsraten zu 22,62 €.

b) Waschvollautomat Aqua-Stop XS21
Barzahlungspreis: 399,00 €
24 Monatsraten zu 18,42 €.

City-Warenhaus Bauer

Vertrag über Finanzierungskauf

Über den Finanzierungskauf des nachfolgend aufgeführten Kaufgegenstands werden zwischen dem Verkäufer und Käufer folgende Vereinbarungen getroffen:

City-Warenhaus Bauer
Oberstraße 17
40878 Ratingen

Verkäufer:	Käufer:
Kaufgegenstand:	Barzahlungspreis (in €):
Teilzahlungspreis:	Betrag, Zahl und Fälligkeit der Raten:

Erklärung über Eigentumsvorbehalt:

Widerrufsbelehrung:

Ort, Datum

Unterschrift Verkäufer

Unterschrift Käufer